한국인의
삶과 문화

한국인의
삶과 문화

최운식 지음

보고사

머리말

한국인은 한반도를 중심으로, 한국어를 사용하면서 오랜 세월을 살아오는 동안 다른 민족과 구별되는 민족문화를 형성하여 전승해 왔다. 국제화 시대에 사는 우리는 외국의 문화를 받아들이고, 이에 적응하는 일이 중요하다. 그러나 그보다 더 중요한 것은 우리 문화의 형성 배경과 의미를 이해하고, 세계 문화 속에서 우리 문화를 어떻게 계승 발전시켜 나가야 할까를 생각하고 실천하는 일이다.

30년 가까이 대학에서 구비문학과 민속학을 강의하면서 우리 전통문화의 실상과 의미에 관심을 기울여 왔다. 그래서 일반 교양인을 위해 이와 관련되는 글을 많이 썼고, 이를 정리하여 『민속적인 삶의 의미』, 『옛이야기에 나타난 한국인의 삶과 죽음』, 『함께 떠나는 이야기 여행』을 펴내기도 하였다. 이 책은 앞의 세 책에 이어지는 작업이기도 하다.

제 I 장에서는 한국 전통문화에 나타나는 다양한 현상 중에서 몇 가지를 뽑아 이의 실상과 의미를 적었다. 이것은 우리 문화의 특성을 이해하는 데에 도움을 줄 것이다. 제 II 장은 한국인이 생활을 통해서 전승해 오고 있는 민간신앙의 실상과 의미를 정리한 것이다. 이것은 한국인의 신앙적 심성을 이해하는 데에 도움을 줄 것이다. 제 III 장은 우리가 일생동안 거쳐야 하는 여러 가지 의례의 실상과 의미를 적은 것이다. 일생의례는 『민속적인 삶의 의미』에서 여러 제목으로 나누어서 다룬 내용을 체계를 세워 정리한 것이다. 제Ⅳ장은 민속놀이와 예술 중 중요하다고 생각하는 것을 골라 정리한 것이다. 제Ⅴ장은 신화, 전설, 민담의 주인공을 단편적으로 다룬 것이다. 「민담의 주인공들」과 「설화 속의 호랑이」는 앞의 책에서 다룬 내용인데, 이 책 편집의 필요와 널리 읽히고 싶은 마음에서 부분적으로 수정하여 다시 수록하였다.

이 책이 한국의 전통문화에 관심을 갖는 많은 사람들에게 한국인의 삶과 문화를 이해하고, 이를 계승·발전시켜 나가는 데에 도움이 되었으면 한다. 이 책의 출판을 쾌히 허락해 준 보고사의 김흥국 사장님의 넓은 마음에 감사한다.

서기 2006년 가을을 맞으며
최운식 적음

목 차

Ⅲ. 일생 동안 거쳐야 하는 의례[一生儀禮]

Ⅳ. 민속놀이와 예술

Ⅰ. 한민족의 생활과 민속문화

　문화는 한 지역에서, 같은 언어를 사용하면서 오랜 세월을 살아온 사람들이 생활 속에서 형성하여 전해 오는 행동 양식이나 생활 양식의 과정 및 그 과정에서 이룩하여 낸 물질적·정신적인 것 일체를 이르는 말이다. 한 지역에서 같은 언어를 사용하면서 오랜 세월을 함께 살아온 사람들을 민족이라 하고, 민족을 중심으로 형성되어 전해 오는 문화를 민족문화라고 한다. 한국인은 한반도를 중심으로 한국어를 사용하면서 오랜 세월을 살아오는 동안 다른 민족과 구별되는 민족문화를 형성하여 전승해 왔다.

　민족문화는 각각의 형성 배경과 의미가 있다. 우리 민족의 문화 역시 그 나름의 형성 배경이 있고, 그 속에 담겨 있는 의미가 있다. 다른 민족의 문화 역시 그 나름의 형성 배경과 의미가 있다. 그러므로 어느 한 문화를 대하는 자를 가지고 다른 문화를 재단(裁斷)하여 훌륭한 문화라고 치켜 올리거나 저급한 문화라고 깎아내려서는 안 된다. 여기서는 흥미로운 몇 가지 사례를 들어 우리 문화 이해의 첫걸음으로 삼고자 한다.

1. 서양인과 다른 한국인의 손짓

　요즈음에는 세계화의 물결을 타고 외래문화가 물밀 듯이 밀려오고 있다. 이에 따라 젊은이들 중에는 서구 문화에 기울어 우리 것, 우리 문화에 대해 무관심하거나 얕잡아 보려는 의식을 지닌 이들이 있다. 우리의 전통문화는 우리 조상들이 오랜 삶 속에서 형성하여 생활을 통해 전승해 온 것이다. 그 속에는 우리 조상들이 우주의 생성(生成)과 기원(起源)·삶과 죽음·행복과 불행을 어떻게 생각하였으며, 무엇에 가치(價値)를 두고 살았는가에 대한 여러 가지 관념이 녹아 있다. 그리고 이 세상에서의 건강과 행복, 내세(來世)에서의 평안을 기원하는 간절한 소망과 생활의 지혜가 들어 있다. 그러므로 전통문화를 바르게 이해하지 못하면, 우리 민족의 정체성(正體性)을 알 수 없으며, 한국인으로서의 삶의 의의와 가치도 깨닫지 못하게 된다.

　사람들은 비가 올 때 빗줄기가 눈에 보이지 않아 비가 얼마큼 오는지 모를 때에는 창 밖으로 손을 내밀어서 손에 떨어지는 빗방울을 보고 비가 얼마큼 오는지를 가늠한다. 이 때 한국인은 손바닥이 위로 가게 하여 창 밖으로 내민다. 그러나 서양 사람들은 손등이 위로 가게 하여 손을 내밀고, 손등에 내리는 빗방울을 보고서 비 오는 양을 가늠한다. 좀 떨어진 곳에 있는 사람을 오라고 손짓할 때, 한국인은 손바닥을 아래로 하고서 엄지를 제외한 네 손가락을 쥐었다 폈다 한다. 한국인은 이런 습관이 몸에 익었기 때문에 낯선 사람이 손바닥을 위로 가게 한 뒤에 검지를 까딱까딱하여 오라고 신호하면 불량배를 만난 것 같아 가슴이 철렁한다. 그러나 서양 사람들은 교사가 학생을 부를 때에도, 학생이 부모나 선생님을 이쪽으로 오라고 손짓할 때 손바닥을 위로 가게 한 다음 검지 또는 검지와 장지를 움직여 신호한다. 연필을 깎을 때 한국인은 칼의 날을 밖으로 향하여 움직여 깎는다. 그러나 서양 사람들은 칼날을 안으로 향하여 깎는다.

한국인과 서양인이 내리는 비의 양을 알아보기 위한 몸짓, 오라고 하는 신호, 연필을 깎는 동작에서 차이를 보이는 것은 무엇 때문인가? 이것은 한국인과 서양인이 오랜 동안 생활을 통해서 형성된 문화가 다르기 때문이다. 문화는 대개 민족에 따라 다른데, 그 나름의 형성 배경과 의미가 있게 마련이다.

한국인은 아버지가 돌아가시면, 명당(明堂)에 매장(埋葬)해야 장례를 잘 모셨다고 생각한다. 요즈음에 와서 화장(火葬)하는 쪽으로 장례문화가 조금씩 바뀌고 있기는 하다. 그러나 우리의 전통적인 의식에서는 명당에 매장하는 것을 선호(選好)하고 있다. 명당이라고 하는 자리에 매장을 해야 아버지를 잘 모셨다고 생각한다. 그런데 태평양 가운데에 있는 한 섬의 원주민들은 아버지가 돌아가시면 칼을 갈아 아버지 시신(屍身)에서 맛있는 부위의 살을 도려낸다. 도려낸 살은 아버지가 살아 계실 때 믿고, 따르고, 존경하던 사람들이 모여서 먹는다. 아버지의 살을 먹는 의식에 많은 사람이 참여하여야 장례를 잘 치렀다고 생각한다. 이렇게 다른 장례문화가 형성된 배경과 의미는 무엇일까?

한국인이 명당을 찾는 것은 풍수설(風水說)에 의한 것이다. 풍수설에 의하면, 이 세상에는 우주 만물을 주관하는 큰 기운이 있는데, 이것을 생기(生氣)라고 한다. 이에 따르면 인간의 길흉화복(吉凶禍福)이 생기의 작용 때문이라고 한다. 생기는 공중에 퍼져 있기도 하고, 땅속으로 흐르기도 한다. 땅속으로 흐르는 생기는 온 땅에 다 흐르는 것이 아니라, 우리 몸의 혈맥(血脈)을 통해서 피가 흐르는 것처럼 지맥(地脈)을 통해서 땅속을 흐른다. 지맥을 통해 흐르는 생기가 멈추는 곳이 명당(明堂)이다. 명당에다 집을 짓거나 대궐을 지으면 그 집안 또는 나라가 잘 된다고 하는데, 이것을 양택풍수(陽宅風水)라고 한다. 명당에 조상의 시신을 매장하면, 생기가 거기에 묻힌 백골(白骨)에 감응(感應)하여 후손이 잘 된다고 한다. 이것을 음택풍수(陰宅風水)라고 한다. 풍수설은 신라 말에 중국에서 들어왔는데, 고려 시대 이후에 깊이 연구되었다. 이것은 민간에 널리 퍼져 풍수신앙을 형성하였다. 한국인이 지금도 명당을 찾는 것은 후손이 잘 되기를 바라는 마음의 표현이다.

장례 때 아버지 고기를 먹는 이유나 의미를 설명하기 위해서는 유치원 어린이의 심리 상태를 예로 드는 것이 좋겠다. 4~5세 정도 된 남자아이가 이 세상에서 가장 멋있고, 훌륭하고, 힘이 세다고 믿으며, 장차 그대로 되려고 마음먹고 따르는 남자는 누구일까? 그것은 두말할 것도 없이 자기 아버지일 것이다. 태평양에 있는 한 섬의 원주민들의 장속(葬俗)은 이러한 유아의 심리 상태에서 형성된 것이다. 그들은 아버지처럼 되기를 결심하고, 아버지를 믿고, 따르고, 존경하며 살고 있었다. 그런 아버지가 갑자기 돌아가시자 아버지처럼 되는 가장 확실한 방법이 무엇일까를 깊이 생각하였을 것이다. 그러다가 아버지 고기를 먹어서 자기 몸속에 넣으면, 자기가 아버지처럼 될 수 있다고 믿었던 것이다. 그래서 그들은 아버지 고기를 먹는 장속을 형성한 것이라 생각한다.

한국인이 아버지를 명당에 매장하려는 것은 후손의 발복(發福)을 위한 것이다. 태평양에 있는 섬의 원주민이 아버지 고기를 먹는 것은 아버지처럼 되겠다는 각오와 결심의 표현이다. 이처럼 서로 다른 장례문화는 그 나름의 형성 배경과 의미를 지니고 있다. 이를 생각하지 않고 장례 때 명당을 찾는 것을 이기심의 발로라고 혹평하거나, 아버지 고기 먹는 것을 야만적인 식인(食人) 문화라고 깎아내리는 것은 적절하지 않다.

서양의 유명한 음악가가 한국에 와서 한국의 음악 연주회에 가보고 싶다고 하여서 판소리 공연장에 데리고 갔다고 한다. 그는 판소리 공연을 보다가 안내자에게 "저 사람 왜 화가 났습니까?" 하고 물었다. 안내자가 "판소리는 서양의 오페라와 같이 서사적인 내용을 혼자서 노래하는데, 지금 주인공이 상대방에게 화를 내는 장면을 노래하고 있는 것입니다." 하고 설명하니 알았다고 하였다. 얼마 후 그는 한국의 음악 청중은 듣는 태도가 나쁘다면서 불평을 하였다. 이것은 청중이 추임새를 하면서 흥을 돋워야 창자도 신이 나는 소리판의 특성을 몰랐기 때문이다.

서양 음악회에 가서는 조용히 앉아서 들어야 한다. 그러나 판소리 감상회에 가서는 가만히 앉아 있으면 안 된다. 몇 년 전 박동진 명창의 판소리 공연을 보러 갔을 때의 일이다. 박 명창이 나와서 허두가를 불렀는데 300여명의 관객이 가만히 앉아 있었다. 그러자 박 명창은 "아니, 이 잡것들, 이렇게 가만히 자빠져 있으려면 뭐 하러 왔당가-. 내가 노래를 잘하면, '잘한다'·'얼씨구-' 하면서 추임새를 하고, 손뼉도 치고 그래야지. 가만히 자빠져 있으려면 집에 가 낮잠이나 자-." 하고는 관객들에게 추임새를 하도록 일러 주었다. 판소리 감상회 가서 가만히 앉아 있으면 '잡것들' 소리를 듣고, 서양 음악회에 가서 '얼씨구-' 했다가는 미친놈 취급을 받는다. 이처럼 각 문화는 그 문화를 대하는 자(尺)가 있으므로, 그에 맞게 행동해야 한다.

문화는 한 지역에서, 같은 언어를 사용하면서, 오래 살아온 사람들, 즉 민족의 생활 속에서 형성되어 전해 오는 유형(有形)·무형(無形)의 것 일체를 말한다. 그러므로 문화는 민족에 따라서 다르다. 그런데 민족문화는 각각의 형성 배경과 의미가 있다. 우리 민족의 문화 역시 그 나름의 형성 배경이 있고, 그 속에 담겨 있는 의미가 있다. 다른 민족의 문화 역시 그 나름의 형성 배경과 의미가 있다. 그러므로 어느 한 문화를 대하는 자를 가지고 다른 문화를 재단(裁斷)하여서는 안 된다.

민족문화는 민족에 의해 생성·전승되는 문화여서 민족적 개성이 매우 강하다. 민족은 인간의 집단이어서 그 집단을 통솔하는 지배계층과 그들의 통솔을 받는 피지배계층이 있게 마련이다. 민족을 이등변삼각형에 비유하면, 지배계층은 삼각형의 꼭짓점에 위치한 최고 통치자와 그 주변의 사람들로 민족을 이끌어간다. 피지배계층은 삼각형의 아래 부분에 위치한 사람들이다. 삼각형의 위쪽으로 올라가면 올라갈수록 숫자가 줄어들고, 지배계층의 속성이 강해진다. 삼각형의 아래로 내려가면 내려갈수록 숫자가 많아지면서 피지배계층의 속성이 강해진다. 피지배계층은 흔히 민간(民間)·민중(民衆) 또는 서민(庶民)이라고 부른다. 이들은 민족의 심층부(深層部)를 이루고 있으며, 절대다수를 차지하고 있어서 그 민족의 주체를 이룬다.

민족문화의 경우, 지배계층에 속하는 상류층의 사람들은 외래문화를 수용하면서 고도로 발달된 문화를 창조해 왔다. 이를 표층문화(表層文化)·유동문화(流動文化)라고 한다. 이에 비하여 서민층의 사람들은 선조들이 남긴 유형·무형의 문화유산을 생활을 통하여 계승해 왔다. 이것은 간혹 상류층의 고급문화의 영향을 받아 변하기도 했지만, 그 본질은 바뀌지 않았다. 이를 기층문화(基層文化)·재래문화·전통문화, 또는 민속(民俗)이라고 한다. 이것은 민족의 절대다수를 차지하는 서민의 문화 현상이기 때문에 민족문화의 주류를 이루고 있다. 이렇게 볼 때 한국 문화를 대표하는 것은 서민들이 생활을 통해 형성하고 전승해온 전통문화 즉 한국의 민속이다.

우리 민족의 문화는 전통문화와 외래문화로 이루어져 있다. 이 둘의 관계를 수박의 속과 껍질에 비유할 수 있다. 전통문화를 수박의 속이라 한다면 외래문화는 수박의 껍질과 같다. 껍질 없는 수박은 존재할 수 없고, 속이 없는 수박은 존재 의의가 없다. 수박의 껍질 속에 잘 익은 속이 꽉 차 있어야 좋은 수박이다. 이와 마찬가지로 민족문화는 외래문화의 껍질 속에 전통문화가 제대로 자리 잡고 있어야 한다. 전통문화를 경시하고 외래문화를 추종한다면 우리의 민족문화는 설 땅을 잃게 되고, 외래문화에 종속하게 된다. 이와 반대로 전통문화를 지나치게 강조하여 외래문화를 배척하면 우리의 민족문화는 편협성(偏狹性)을 띠게 되어 세계 문화에서 따돌림을 받게 될 것이다.

우리는 많은 외래문화를 접하며 살고 있다. 외래문화를 대할 때에는 그 문화의 특성을 이해하고, 그에 맞는 처신을 해야 한다. 그러면서 전통문화의 의미를 이해하고, 이를 그대로 계승할 것인가, 변화시켜야 할 것인가를 생각해야 한다. 그래서 전통문화와 외래문화가 조화를 이루며 발전하도록 노력해야 한다. 그러기 위해서는 우리 문화의 형성 배경과 의미를 아는 일이 매우 중요하다. 이를 아는 사람의 가르침을 받거나 관련 도서의 독서를 통해 우리 문화의 의미를 폭넓게 이해할 수 있어야 한다.

2. 운명의 네 기둥

길을 가다가 집 짓는 곳이 있으면, 이리저리 살피곤 한다. 집 짓는 것을 보면, 집터를 닦은 뒤에 먼저 기둥을 세우는데, 세워 놓은 네 기둥을 보면, 그 집의 넓이와 높이 등 규모를 짐작할 수 있다. 이것을 사람의 운명에 비유해 보면, 집의 네 기둥은 사람이 세상에 태어나면서 정해지는 사주(四柱)이고, 집은 그 사람의 삶이 된다. 사람이 이 세상에 태어나면 운명의 네 기둥, 즉 사주가 정해지고, 그에 따라 그 사람의 운명이 결정된다고 하는 것을 '운명론(運命論)'이라고 한다. 한국인은 예로부터 이러한 운명론을 지니고 살아왔다. 모든 것을 과학적이고 합리적으로 따지며 사는 현대인들도 이런 의식을 지니고 있다.

운명의 네 기둥이란 뜻을 지닌 사주는 태어난 해, 달, 날짜, 시각을 각각의 기둥으로 하는 연주(年柱), 월주(月柱), 일주(日柱), 시주(時柱)를 말한다. 이것을 식물과 사람에 비유하면, 연주는 뿌리/조상, 월주는 싹/부모, 일주는 꽃/나, 시주는 열매/자녀에 해당한다.

사주는 흔히 10간(干) 12지(支)를 조합한 육십갑자[六甲]로 말한다. 연주는 태세(太歲)라고도 하는데, 해의 차례에 따라 육갑으로 나타낸다. 서기 2006년을 병술년(丙戌年)이라 하고, 2007년을 정해년(丁亥

年)이라고 하는 것은 연주 또는 태세를 말하는 것이다. 월주는 월건(月建)이라고도 하는데, 이 역시 달의 차례에 따라 육갑으로 나타낸다. 새해인 2007년 음력 1월의 월건은 임인(壬寅)이다. 일주는 일진(日辰)이라고도 하는데, 이 역시 하루하루를 차례에 따라 육갑으로 나타낸다. 2007년 설날(양력 2월 19일)의 일진은 계미(癸未)이다. 시주는 태어난 시각을 시 계산법에 따라 육갑으로 말하는 것이다. 밤 11시부터 새벽 1시를 자시(子時)라 하고, 그로부터 두 시간을 단위로 하여 축시(丑時), 인시(寅時), 묘시(卯時), 진시(辰時), 사시(巳時), 오시(午時), 미시(未時), 신시(申時), 유시(酉時), 술시(戌時), 해시(亥時) 등으로 말한다. 시 계산법에 따르면, 2007년 음력 1월 1일 낮 12시는 술오시(戌午時)이다. 그러므로 2007년 음력 1월 1일 낮 12시에 태어날 아이의 사주는 정해년, 임인월, 계미일, 술오시이다. 여기서 연, 월, 일, 시란 말을 빼고 말하면, 모두 여덟 글자[八字]가 된다. 우리는 흔히 '그 사람은 아주 팔자 좋은 사람이야.', '내 팔자는 왜 이 모양인가.' 등의 말을 하는데, 이것은 사주를 육갑으로 말하면 여덟 글자가 되기 때문에 하는 말이다.

　사람의 운명은 사주팔자에 따라 결정된다고 하는데, 사주는 이 세상에 태어나면서 정해지는 것이므로, 그 사람의 의사와는 아무 관련이 없는 것이다. 그런데도 그에 따라 그 사람의 운명이 정해진다고 하니, 이것이 타당성이 있는 것인가? 이것이 타당성이 있는 것이라면, 사주가 같은 사람의 운명은 똑같아야 하지 않을까? 나는 전부터 이런 의문을 가지고 있었으나, 이를 물어볼 만한 사람도 없고, 따로 공부할 기회도 없어 묻어두고 지냈다. 그러다가 몇 년 전부터 무속(巫俗)과 점복(占卜)에 관심을 가지고 조사하던 중 역리(易理)를 연구하는 사람들을 만나 이야기를 하는 동안 그들의 논리를 조금 이해할 수 있었다. 내가 만났던 역리학자 중의 한 사람은, 사람의 삶은 '숙명(宿命)'과 '운명(運命)'이 있다고 하였다. 그에 따르면, 사주로 타고난 것은 '숙명'이고, 그 외의 여러 가지 요인에 의해 조금씩 변하는 것이 '운명'이라고 하였다.

내가 아는 쌍둥이 형제는 20분 간격으로 태어나서 초등학교부터 중학교까지 같은 학교를 다녔다. 고등학교는 추첨에 의한 학교 배정으로 서로 다른 학교를 다녔다. 대학을 진학할 때, 형은 문과 계통의 학과에, 동생은 자연과학 계통의 학과를 진학하였다. 그 후 연락이 끊겨서, 그들이 대학을 졸업한 뒤에 어떻게 사는지는 알지 못한다. 그러나 전공이 다른 쌍둥이 형제의 삶의 모습은 똑같지 않을 것이라 생각한다. 이렇게 같은 부모 밑에서 자라 중학교까지 같은 학교를 다닌 쌍둥이 형제가 서로 다른 길을 걸으며, 서로 다른 삶을 사는 것을 역리학자들은 두 사람의 '이름'이 다르기 때문이라고 한다. 사주가 같아 같은 숙명을 타고났지만, 이름의 작용으로 운명이 달라졌다는 것이다.

내가 아는 쌍둥이 자매의 경우, 초·중·고교는 물론 대학교까지 같은 학교를 졸업하고 교사가 되었다. 두 사람 다 열성이 남다른 교사여서 일찍 교감이 되고, 머지않아 교장이 될 것이라 한다. 이 자매의 삶은 외양으로는 똑같으나 다른 점도 많이 있다. 이것은 이름이 다르고, 혼인으로 서로 다른 배우자를 만남에 따라 배우자의 운이 작용하여 자매의 운명이 달라졌기 때문이라고 하겠다.

사람은 누구나 험한 일, 괴롭고 슬픈 일은 당하지 않고 행복하게 살기를 원한다. 행복하게 살려면 어떻게 해야 할까? 이것은 오래 전부터 많은 사람들이 관심을 가지고 노력을 기울여 온 문제이다. 첫째는 좋은 사주를 타고나는 것이고, 그 다음으로는 타고난 운명을 미리 알아 이를 바꾸는 일이다.

좋은 사주를 타고나기 위해 사람들은 출산 시기를 계산해 보고, 좋은 사주를 타고 날 가능성이 있는 때에 출산할 수 있도록 임신 시기를 조절하려고 애를 썼다. 그래서 부부가 동침하는 것도 아무 때나 하지 않고, 이를 계산해서 하였다고 한다. 또 출산 예정일이 가까워지면 일주와 시주를 미리 따져보고, 좋은 날·좋은 시에 출산할 수 있도록 출산 일자와 시각을 앞당기거나 늦추기 위한 여러 가지 행위를 하였다고 한다. 요즈음에는 좋은 일주와 시주를 계산해 보고, 그 시각에 맞춰 제왕절개(帝王切開) 수술을 받기도 한다. 그런데 역리를 깊이 연구하였다는 사람의 말을 들으면, 제왕절개 수술에 의해 일주와 시주를 조절하는 것은 인위적인 조작이기 때문에 효험이 없다고 한다. 이러한 일은 자기의 사주는 이미 결정되어 어쩔 수 없으나 자녀나 손자만은 좋은 사주를 타고나게 하려는 배려에서 나온 것인데, 그리 쉬운 일이 아닌 것 같다.

사람들은 누구나 앞일을 궁금히 여기고, 알고 싶어 한다. 그래서 점복자(占卜者)를 찾아가 문복(問卜)을 하기도 한다. 문복하여 점괘를 받은 뒤에 좋은 일이 있을 것이라고 하면, 그 일이 이루어지도록 노력한다. 어떤 불행이나 재난이 있을 것이라고 하면, 그 일을 막기 위해 조심하며 부적(符籍)을 사용하기도 하고, 비손이나 굿 등 액(厄)을 막기 위한 여러 가지 행위를 한다.

점을 한 뒤에 좋은 일이 있을 것이라는 점괘를 믿으며 그 일의 성취를 위해 노력하는 것은 스스로 일의 성취를 예언하고, 노력하면

서울 도봉공원 뒷담 밑에서 점을 하던 점복자

이루어진다고 하는 '자성예언(自成豫言)'과 관련이 있는 것이어서, 어
느 정도 타당성이 있는 것이라 생각한다. 그러나 액을 막기 위한 여
러 가지 노력은 주술성(呪術性)을 띤 경우가 많아서 타당성을 말하기
어렵다. 그러나 매사에 삼가고 신중을 기하면 불행을 막을 수도 있
다는 점에서는 타당성을 인정할 수 있다.

　우리는 운명의 네 기둥, 사주를 어떻게 받아들여야 할까? 사주에
의해 사람의 운명이 결정된다는 운명론은 그 사람의 성장 환경, 교
육 환경, 본인의 의지와 노력을 고려하지 않은 것이므로 신뢰성이
희박하다. 나는 이런 운명론에는 회의(懷疑)를 품고, '성격이 운명'이
라는 생각을 가지고 살고 있다. 성격은 타고난 체질, 가정 환경, 교육
환경, 본인의 자각(自覺)과 노력에 의해서 형성된다. 이러한 성격을
바탕으로 자기의 가치관, 인생관, 결혼관, 직업관 등이 형성된다. 운

서울 돈암동에서 미아리고개를 올라가기 전
왼쪽에 즐비한 점복자의 집

명은 자기가 처한 환경에서, 자기의 성격과 가치관에 따라 일을 선택하고, 판단함에 따라 결정되는 것이다.

우리 둘레에는 매사를 긍정적으로 생각하는 사람이 있는가 하면, 부정적으로 생각하는 사람이 있다. 긍정적인 사고방식을 가진 사람은 어려운 일을 당하더라도 참고 견디며 노력한다. 그런 사람은 처음에 실패하더라도 다시 일어서서 그 일을 성취하고야 만다. 그러나 부정적인 사고방식을 가진 사람은 조금만 어려운 일을 당해도 남을 탓하고, 원망하며, 좌절하고 만다. 그래서 하루하루를 힘들고 괴롭게 살면서 팔자타령을 하기 일쑤이다.

우리는 운명론에 빠져 팔자타령을 하거나, 점복자의 말에 현혹(眩惑)되어 판단을 그르치는 일이 없어야 한다. 자기 여건에서, 긍정적인 사고방식을 가지고, 바르게 판단하고, 최선을 다하면, 밝은 미래가 올 것이라는 확신을 가지고 살아야 한다. 이것이 곧 운명을 개척하는 길이라 생각한다.

3. 꿈보다 해몽(解夢)

　사람은 누구나 잠잘 때 꿈을 꾸는데, 대개는 꿈의 내용을 잊어버려 기억하지 못한다. 그러나 꿈을 깬 뒤에도 꿈의 내용이 또렷이 기억되는 경우도 가끔 있다. 꿈에는 감각적인 꿈도 있고, 정신적인 꿈도 있다. 무거운 바위나 트럭에 눌리는 꿈을 꾸다가 깨어 보니, 옆 사람이 다리를 올려 놓고 자고 있었다든지, 물방울이 자기 몸으로 떨어지는 꿈을 꾸다가 깨어 보니, 실제로 머리 위에서 물이 떨어지고 있더라는 경우는 감각적인 꿈의 예이다. 정신적인 꿈은 잠자는 사람의 주변 환경이나 신체적 조건과는 관련이 없는 꿈으로, 잠재의식(潛在意識)과 관련된 경우가 많다. 우리가 특히 관심을 갖는 것은 정신적인 꿈이다.

　옛사람들은 정신적인 꿈을 신성시하고, 앞으로 일어날 일을 보여 주는 조짐으로 생각하였다. 그래서 해몽을 매우 중요시하였다. 이러한 생각은 과학 문명 시대라고 하는 오늘날에도 마찬가지이다.

　얼마 전에 복권에 당첨되어 많은 돈을 받은 사람을 조사해 보니, 대부분이 전날 밤에 돼지꿈, 용꿈을 꾸었다고 대답하였다고 한다. 이것은 해몽에 관한 민속적인 사고가 현대인의 의식에 작용하고 있음을 말해 준다. 해몽에 관한 민간 의식은 흥미로운 것이 많이 있는데,

두드러진 것 몇 가지만 예를 들어보겠다.

꿈을 풀이할 때, 돼지는 분뇨(糞尿)와 함께 재물, 운수를 상징하는 것으로 본다. 그래서 꿈에 돼지를 보면 재물이 생긴다고 한다. 돼지 꿈 중에서 돼지를 집으로 몰고 들어오는 꿈을 최고의 길몽(吉夢)으로 여긴다. 꿈에 돼지 새끼를 품에 안으면 복된 아들을 낳는다고 하여 태몽(胎夢)으로 해석한다. 길몽으로 여기는 돼지꿈은 그 효력이 한 번으로 끝나는 것이 아니고, 오래 지속된다고 믿었다. 그래서 돼지꿈을 정초에 꾸면 일 년 내내 효과가 있고, 혼인 초에 꾸면 일생 동안 효과가 있다고 한다.

용을 타고 하늘을 나는 꿈은 운수가 크게 상승할 대길몽(大吉夢)이라고 한다. 뱀이 용으로 변신하는 꿈 역시 대길몽으로 여긴다. 꿈에 뱀에 물리면 재운(財運)이 온다고 하는데, 독신자는 배우자를 만난다고 한다. 말을 타는 꿈은 지위가 높아질 꿈이고, 말이 왔다 갔다 하는 꿈은 먼 곳에서 기쁜 소식이 올 꿈이고, 마차를 보거나 타는 꿈은 멀리 여행할 꿈이라고 한다. 호랑이가 뛰어 다니는 꿈은 크게 비약할 징조로 보기도 한다.

꿈에 소가 새끼를 낳으면, 오랫동안의 고생이 결실을 맺을 징조라고 한다. 이를 선조의 도움을 받을 징조로 해석하기도 한다. 소가 대소변을 마당에 누면, 윗사람의 도움으로 재물을 얻을 것이라고 한다. 소가 피를 흘리는 꿈은 윗사람의 도움으로 금전상의 이익을 볼 징조로 해석한다. 이 때 소의 피가 몸에 묻으면, 더 좋다고 한다. 꿈에 소를 보면, 조상이 할 말이 있다는 뜻, 또는 제사나 성묘를 잘 하라는 뜻으로 해석하기도 한다. 소를 타고 산에 가면 죽는다고 하기도 하는데, 이것은 조상의 인도로 산을 찾아가는 것으로 해석하기 때문이다.

　물과 불에 관한 꿈 역시 길몽으로 해석한다. 불이 활활 타는 꿈은 재수가 좋을 꿈이라고 한다. 불에 타서 재가 남으면 재물이 수북이 쌓일 징조이고, 화상(火傷)을 입으면 승진 또는 영전을 하거나, 유산이나 기부금을 받을 징조라고 한다. 꿈에 물을 보았을 경우, 작은 물은 작은 재물이고, 큰물은 큰 재산이며, 빗물은 하늘의 은혜라고 한다. 샘물이 솟아오르면 재물이 샘솟듯 하고, 큰물이 논밭에 그득히 고이면 큰 재물을 모은다고 한다.

　문헌에 기록된 꿈 이야기 중 물과 관련된 것으로는 『삼국유사』에 실려 있는 신라 김유신 장군 여동생의 꿈 이야기이다. 김유신 장군의 여동생 보희(寶姬)가 꿈에 서쪽 산에 올라가 소변을 보니, 소변이 장안에 가득하였다. 이튿날 아침, 보희가 동생 문희(文姬)에게 꿈 이야기를 하니, 문희는 그 꿈을 사겠다고 하였다. 문희가 옷깃을 열고 받으려 하자, 보희는 "어젯밤 꿈을 네게 준다."고 하였다. 문희는 꿈을 사는 값으로 비단치마를 언니에게 주었다. 그런 지 10일이 지난 뒤에 김유신은 자기 집 앞에서 공놀이를 하다가 일부러 김춘추의 옷끈을 밟아 떨어지게 하고, 옷끈을 달자면서 자기 집으로 데리고 갔다. 김유신이 보희에게 김춘추의 옷끈을 달아 주라고 하니, 보희는 이를 사양하였다. 김유신이 문희에게 김춘추의 옷끈을 달아 주라고 하니, 문희는 오빠의 말을 따라 방으로 들어가 김춘추의 터진 옷을 꿰매고, 옷끈을 달아 주었다. 이 일을 계기로 김춘추와 문희는 친하게 되었고, 뒤에 정식으로 혼인하게 되었다. 진덕왕이 세상을 떠난 뒤에 김춘추가 왕위에 오르니, 그가 29대 태종무열왕이다.

　위 이야기에서 보희는 자기의 오줌이 장안에 가득 차는 꿈을 꾸고서도 이 꿈의 의미를 바로 알지 못하고 뜨악하게 여긴다. 그러나 이 꿈의 상징적 의미를 알아차린 문희는 언니에게서 그 꿈을 샀다. 그리고 그 꿈이 실현되도록 노력하여 마침내 김춘추와 혼인하고, 왕비가 되었다. 이것은 꿈의 의미를 바로 알고, 노력하여 실현시킨 예이다.

옛사람들의 꿈에 대한 생각은 우리들에게 꿈을 어떻게 받아들여야 할까를 생각하게 해 준다. 설화나 고소설에 나오는 꿈 이야기에는 비범한 인물의 출생을 알리는 태몽(胎夢)과 앞일을 예시하는 예시몽(豫示夢)이 있다.

태몽의 경우를 보면, 조선 태종의 왕비 원경 왕후는 북악에서 큰 소가 태양을 머리에 이고 뛰어내려 오다가 거꾸러지자 태양이 땅에 떨어졌는데, 그 소가 다시 일어나 태양을 집어삼키고 자기의 품으로 드는 꿈을 꾸고서 세종대왕을 잉태하였다고 한다. 신사임당은 용이 품안으로 드는 꿈을 꾸고 율곡 선생을 잉태하였다고 한다. 김유신 장군과 원효 대사의 어머니는 별이 떨어져 품에 뜨는 꿈을 꾸고서 김유신 장군과 원효 대사를 잉태하였다고 한다.

예시몽의 경우, 직접적인 예시몽과 상징적인 예시몽이 있다. 조선 숙종 때 김만중이 쓴 「사씨남정기」를 보면, 여주인공 사씨는 첩 교씨의 모함으로 집에서 쫓겨나 시아버지묘 앞의 여막(廬幕)에서 자다가 시아버지가 나타나 "어서 일어나 남쪽으로 가라."는 꿈을 꾸고 몸을 피하여 교씨가 보낸 자객(刺客)의 칼을 피하였다. 작자 미상의 고소설 「김학공전」에서는 강주 자사가 되어 부임하러 가는 김학공의 꿈에 한 노인이 나타나 "어렸을 때 헤어진 어머니가 가까이 있으니 찾아보라."고 하는 꿈을 꾸고 사람을 풀어 어머니를 찾는다. 어머니도 이와 비슷한 꿈을 꾸고서 사람을 시켜 아들을 찾는다. 그래서 자나 깨나 잊지 못하고 그리던 어머니와 아들이 서로 만난다. 이것은 꿈이 앞일을 직접적으로 예시해준 예이다.

고소설 「심청전」을 보면, 심봉사가 대궐에서 열리는 맹인 잔치에 들어가기 전날 밤에 '몸이 불에 들어가 보이고, 가죽을 벗겨 북을 메고, 나뭇잎이 떨어져 뿌리를 덮는 꿈'을 꾸고 마음이 상하여 어쩔 줄 모른다. 그 때 안씨 맹인이 '몸이 불 속에 들어가니 기쁜 일이 있을 것이오, 가죽을 벗겨 북을 멘 것은 대궐에 들어갈 징조요, 낙엽이 뿌리를 덮은 것은 자손을 만날 징조'라고 해몽하고, 심봉사를 격려하며 맹인 잔치에 참여하게 한다. 심봉사는 안씨 맹인의 말을 듣고 힘을 내어 대궐로 들어가 왕후가 된 심청을 만나고, 눈도 떴다. 이것은 꿈이 앞일을 상징적으로 보여준 예인데, 여기서는 해몽이 매우 중요한 몫을 한다.

이성계는 젊은 시절에 '거울이 깨지고, 꽃잎이 떨어지고, 지붕이 무너져 석가래 세 개가 자기의 몸에 떨어지는 꿈'을 꾸었다. 이것을 무학 대사는 '거울이 깨진 것은 나라가 망하는 것과 같은 큰 변화가 일어날 조짐이요, 꽃잎이 떨어진 것은 곧 열매가 열릴 조짐이요, 몸에 석가래 세 개가 떨어진 것은 임금 왕(王) 자를 뜻하니 왕이 될 징조'라고 해몽하였다. 이성계는 이 꿈을 마음에 두고, 자기 스스로를 왕의 재목으로 다듬으며 때를 기다리다가 결정적인 순간에 고려를 뒤엎고, 조선을 건국하였다고 한다.

신라 37대 선덕왕 때 부수상 자리에 있던 김경신(金敬信)은 '복두(幞頭)를 벗고 흰 갓을 쓰고, 열두 줄 가야금을 들고 천관사 우물 속으로 들어가는 꿈'을 꾸었다. 꿈을 깬 김경신이 하도 이상하여 사람을 시켜 해몽을 하게 하니, '복두를 벗을 것은 관직을 잃을 징조요,

가야금을 든 것은 칼을 쓸 조짐이요, 우물 속으로 들어간 것은 옥에 갇힐 징조'라고 하였다. 이 말을 들은 김경신은 몹시 근심하여 두문불출(杜門不出)하였다. 그 때 아찬(阿湌) 여삼(餘三)이 김경신을 찾아와 두문불출하는 연유를 물었다. 김경신이 꿈 이야기를 하자, 여삼은 '복두를 벗은 것은 위에 앉은 이가 없다는 것이요, 흰 갓을 쓴 것은 면류관을 쓸 징조요, 열두 줄 거문고를 든 것은 12대손이 왕위를 이어받을 조짐이요, 천관사 우물에 들어간 것은 궁궐로 들어갈 상서로운 조짐'이라고 해몽하였다. 김경신은 당시에 김주원(金周元)이 수상의 자리에 있었으므로, 부수상인 자기가 왕이 될 것이라는 생각을 감히 할 수 없었다. 그래서 여삼의 말을 선뜻 받아들이지 않았다. 여삼은 김경신에게 북천(北川)의 신에게 제사를 지내고, 스스로를 왕의 재목으로 다듬으며 여러 가지 준비를 하라고 하였다. 얼마 안 되어 선덕왕이 세상을 떠나자, 나라 사람들은 김주원을 왕으로 삼아 대궐로 맞아들이려 하였다. 그런데 갑자기 내린 비로 북천의 물이 불어서 김주원은 내를 건널 수 없었다. 이 때 김경신이 먼저 궁궐로 들어가 왕위에 오르니, 대신들이 모두 와서 따르며 축하하였다고 한다. 그가 신라 38대 원성왕이다.

위 이야기에서 김경신은 여삼의 해몽을 받아들여 북천신에게 제사를 지내는 한편, 왕이 되기 위한 여러 가지 준비를 하였다. 그래서 결정적인 순간에 북천신의 도움과 여러 대신들의 호응을 얻어 왕이 되었다. 이 이야기는 같은 내용의 꿈일지라도 그 꿈을 어떻게 해석하느냐에 따라 일이 잘 풀릴 수도 있고, 잘못 될 수도 있음을 말해 준다.

우리는 꿈을 어떻게 받아들여야 할까? 우리는 자주 꾸는 꿈을 일부러 기억하려고 애를 쓰거나, 꿈의 내용에 연연하여 마음을 빼앗길 필요는 없다. 그러나 잠을 깨고 난 뒤에도 또렷이 기억되는 꿈은 부정적인 쪽으로 해석할 것이 아니라 좋은 쪽으로 해석하고, 그 꿈이 실현될 수 있도록 노력해야 한다. 좋은 꿈을 꾸는 것도 중요하지만, 해몽을 어떻게 하느냐가 더 중요함을 잊지 말아야겠다.

4. 양기를 북돋우는 부추

　시장에 갔다 온 아내의 장바구니에 오이 몇 개와 부추 한 단이 들어 있다. 오이소박이김치를 담그려고 사왔다고 한다. 오이는 한겨울에도 사다가 먹었지만, 부추는 오랜만에 보는 것이어서 퍽 싱그럽게 보였고, 새 봄이 왔음을 실감하게 하였다.

　부추를 보니, 신혼 초의 일이 떠올랐다. 아내와 대화하던 중에 '부추'에 관해 말하게 되었는데, 내가 '졸'이라고 하니 아내는 '졸'이 무엇이냐고 물었다. 내가 잎과 줄기의 모양을 말한 뒤에 오이소박이김치를 담을 때 오이 속에 넣는 채소를 말한다고 긴 설명을 하자, 아내는 크게 웃으며 '부추'를 말하느냐고 하였다. 그리고는 충청도 사투리로 말하니, 어찌 알겠느냐고 하면서 나를 '촌놈'이라는 뜻으로 놀렸다. 나는 '졸'이 표준어이고,

다듬어 놓은 부추

'부추'가 사투리라고 우기다가 국어사전을 찾아 확인한 뒤에야 충청도에서 자란 내가 '부추'란 말을 몰랐던 것을 인정하였다.

부추는 지방에 따라 '졸', '솔' 또는 '정구지'라고 하기도 한다. 한방에서는 남자의 양기를 북돋우는 풀이라 하여 '기양초(起陽草)'라고도 한다. 민간에서는 이를 '파옥초(破屋草)'라고도 하는데, 이와 관련된 재미있는 이야기가 전해 온다.

전에 어느 농부가 하루 종일 들에서 일을 하고, 저녁에 이웃 사람의 생일잔치에 갔다. 이웃사람 몇 명을 초대한 그 집에서는 다른 때보다 몇 가지 음식을 더 장만하여 술을 대접하였다. 술과 음식을 맛있게 먹은 농부는 집으로 돌아와 아내와 잠자리를 같이 하였는데, 그날 밤 그의 아내는 크게 만족하였다. 아내는 기쁨을 감추지 못하며 남편에게 물었다.

"생일 집에 가서 무얼 먹었기에 오늘 밤 그렇게 힘이 좋았어요?"

"음, 그 집 음식 중에 부추 무침과 부침이 특히 맛이 있어서 그 걸 안주로 술 몇 잔 먹고 밥을 먹었을 뿐 별다른 것은 없었소."

이튿날 아침, 농부가 다른 날보다 좀 늦게 잠에서 깨어 밖으로 나와 보니, 아내가 아랫집을 헐고 있었다. 농부가 깜짝 놀라 왜 아랫집을 허느냐고 물으니, 아내가 말했다.

"부추가 남자에게 그렇게 좋은 채소인 줄은 미처 몰랐어요. 아랫집을 헐고, 그 자리에 당신한테 좋은 부추를 심으려고 하오."

이 이야기는 부추가 양기를 북돋운다는 것을 강조하여 표현한 것이다. 이러한 연유로 부추를 '집을 헐고 심는 채소'라는 뜻으로 '파옥초'라고 한다. 예로부터 공부하는 선비나 도를 닦는 수도자는 부추를 먹지 못하게 하였는데, 이것은 부추가 양기를 북돋우는 효능을 지니고 있기 때문이라고 한다.

부추의 원산지는 중국 서북부 지역으로 알려져 있는데, 지금은 세계 여러 지역에서 자생하고 있다. 부추는 돌보지 않아도 잘 자라기 때문에 '게으름뱅이풀'이라고도 한다. 한자로는 '韭(구)'라고 하는데, 『설문자해(說文字解)』에는 부추 잎을 여러 번 잘라도 계속 싹이 나오기 때문에 땅(一) 위에 자라는 형상을 따서 韭(구)라고 하였다 한다.

『시경(詩經)』에 '염소를 바치고, 부추로 제사를 지낸다(獻羔祭韭).'란 말이 있다. 이것으로써 부추는 오래 전부터 중국에서 먹었고, 제물로 바치기도 하였음을 알 수 있다. 우리나라 문헌으로는『향약구급방(鄕藥救急方)』(1236), 『향약집성방(鄕藥集成方)』(1433), 『훈몽자회(訓蒙字會)』(1527) 등의 문헌에 부추에 관한 기록이 있다. 이로 보아 부추는 우리나라에서도 오래 전부터 먹었음을 알 수 있다.

우리나라에서는 부추를 병마(病魔)나 액(厄)을 쫓는 힘이 있다 하여 김치를 담글 뿐만 아니라 각종 찌개나 찬을 만드는 데 양념처럼 몇 가닥씩 집어넣곤 하였다. 이것은 부추가 줄기는 희고, 잎은 파라며, 싹은 노랗고, 뿌리는 붉은 빛을 띠며, 씨앗은 검은 '오색 채소'이기 때문이다. 그리고 부추는 겨울에도 죽지 않으며, 뿌리를 찢어 심어도 잘 살고, 몇 번씩 잎과 줄기를 잘라도 바로 싹이 나기 때문이다. 우리나라에서는 예로부터 다섯 가지 색을 지닌 채소에 큰 의미를 부여하여 병마나 액을 쫓는 데에 특별한 효능이 있는 것으로 여겼으며, 다른 식물에 비해 생명력이 강한 식물을 신성시하였다.

부추는 서양 사람에게도 관심의 대상이었다. 셰익스피어가 쓴 「한여름밤의 꿈」에서는 이성을 마비시키는 매혹적인 눈매를 '부추눈매'

라고 표현하였다. 이것은 푸른 눈으로 쏘아보면, 부추처럼 얼얼해진다는 데서 온 표현이라 생각한다. 이탈리아의 시실리 지방에는 부추와 관련된 다음과 같은 이야기가 전해 온다.

옛날에 예수의 수제자인 베드로의 어머니가 죽어서 저승에 갔다. 저승을 주관하는 저승왕이 이승에 있을 때 그녀가 한 일을 적은 문서를 살펴보니, 그녀는 거지에게 부추잎 하나를 준 것밖에는 남에게 베푼 것이 없었으므로 지옥으로 보냈다. 얼마 후 베드로도 죽었는데, 그는 살았을 때 좋은 일을 많이 하였으므로 천당의 문지기가 되었다. 어느 날, 베드로가 귀에 익은 여인의 신음소리를 듣고 자세히 살펴보니, 어머니가 저 아래 지옥에서 신음하고 있었다. 베드로를 본 어머니는 주님께 잘 말씀드려 지옥에서 꺼내 달라고 하였다. 베드로가 주님을 찾아가 지옥에 떨어진 어머니를 구해 달라고 하니, 주님께서는 이렇게 말했다. "너의 어머니가 적선한 것은 부추잎 하나뿐이니, 부추잎 하나로 너의 어머니를 끌어올려라."
부추잎 하나로 어머니를 끌어올릴 수 없음을 안 베드로는 어머니를 보며 슬피 울었다고 한다.

이 이야기에서 연유되어 이탈리아에서는 부추를 '절망 속의 실현할 수 없는 희망'을 뜻하는 말로 쓴다고 한다.
한방에서는 부추가 마늘·파·양파 등과 같이 온열성(溫熱性)이 있으므로, 따뜻한 기운이 있으면서 솟는 힘이 강하다고 한다. 그래서 기(氣)의 운행을 도와주고, 혈(血)이 뭉쳐진 것을 풀어주어 간과 신(腎)을 튼튼하게 하는 작용을 한다고 한다. 그래서 부추는 몸이 냉해 비위(脾胃)의 기능이 저하된 소음인(少陰人)에게 효과가 있다고 한다.

찬 음식을 급히 먹어 체한 경우에는 부추를 된장에 끓여 먹으면 막힌 속이 풀린다고 한다. 부추는 양기를 올리는 꿀과 함께 먹는 것은 좋지 않다고 하는 데, 이 역시 부추의 특성과 관련지어 하는 말이다.

요즈음에도 한국인은 부추를 나물, 김치, 부침 등으로 많이 먹고 있다. 오이소박이를 담글 때에는 반드시 부추를 썰어 넣는다. 중국 음식점에서는 부추잡채의 인기가 높다고 한다.

얼마 전에는 부산대학교 연구팀이 부추김치에 항암 효과가 크다는 연구 결과를 발표하였다. 김치가 항암 작용을 한다는 것은 널리 알려진 사실인데, 김치 중에도 부추김치가 으뜸이라고 한다. 배추김치의 위암 세포 억제 효과가 70%인데 비하여 부추김치는 85~94%에 이른다고 한다. 더욱이 배추김치는 익어야 효과가 있는데 비하여 부추김치는 풋김치일 때에도 그 효과가 있다고 한다. 민간이나 한방에서 건강에 좋다고 전해 오는 부추가 항암 효과가 있다고 하니, 건강 증진을 위하여 부추를 많이 먹어야겠다.

5. 복을 가져다주는 두꺼비

　며칠 전 동창회 모임에 참석하기 위해 고향에 갔었다. 초등학교와
중학교 시절에 학교에 오가면서 건너다니던 냇가에 이르니, 친구들
과 '두껍아 두껍아/ 헌집 줄게/ 새집 다오.' 하고 노래를 부르며 두꺼
비집짓기 놀이를 하던 기억이 떠올랐다. 그 때 우리는 두꺼비집을
다 지은 뒤에 두꺼비를 잡아다가 각기 지은 집에 넣고, 누구의 집에

전북 정읍시 북면 마정리 도로변에 있는 거북바위

든 두꺼비가 나오지 않고 오래 있는가 내기를 하기도 하였다. 우리 둘레에 많이 있어 친근하게 느껴졌던 두꺼비는 민속적으로 여러 가지 의미를 지니고 있다.

몇 년 전 봄에 정읍 지역의 민속을 조사하던 중에 정읍시 북면 마정리에 갔었다. 승용차를 타고 정읍에서 칠보 가는 길로 10분쯤 달리니, 4차선 도로변의 언덕에 두꺼비가 앉아 있는 것과 같은 모양의 바위가 있었다. 이 바위는 가로 1m 90cm, 세로 90cm, 두께 70cm, 땅에서 입까지의 높이 80cm, 땅에서 궁둥이까지의 높이 50cm 가량 되는 자연석이다. 이 바위가 있는 곳은 풍수지리상으로 아름다운 매화꽃잎이 떨어지는 연못의 형상을 지닌 '매화낙지(梅花落池)'라고 전해 온다. 그래서 자연마을 이름을 '매타실(梅墮實)' 또는 '연지동(蓮池洞)'이라고 한다. 이 바위는 원래 칠보산 용추봉에 있었는데, 천지조화의 힘을 얻어 풍광이 좋은 이곳으로 왔다고 전해 온다. 그런데 이 바위의 꼬리 부분이 향하는 마을은 풍년이 들고 좋은 일이 겹쳐 일어나지만, 머리가 향하는 마을은 여자들이 바람난다고 전해 온다. 두꺼비바위가 있는 곳에서 건너다보이는 마을은 북면 월천동, 연지동과 평촌, 태인면 태남리 장재울 등 네 마을인데, 전에는 이 마을 사람들이 몰래 두꺼비바위의 꼬리 부분이 자기 마을을 향하도록 돌려놓곤 하였다고 한다. 그 일로 이웃 마을 사람들끼리 서로 싸우는 일이 있어서 몇 년 전에 북면 태곡리에 사는 정씨 등 몇 명이 두꺼비바위의 머리 부분을 마을이 없는 부분으로 향하게 한 뒤에 시멘트로 고정해 놓았다고 한다.

지난 1995년 10월에는 경남 진해시 용원동 녹산공단 조성 공사장에서 공사를 하던 중에 땅 속에 묻혀 있던 두꺼비 모양의 바위가 모

경남 진해시 용원동에 있던 두꺼비바위 녹산공단조성 공사 때 없어졌다.

습을 드러낸 일이 있다. 가로 10m, 세로 8m, 높이 10m 가량의 이
바위는 두꺼비가 용원 앞 바다를 향해 뛰려고 움츠리고 있는 것과
같은 모습이었다. 이 바위가 발견되자 용원 마을 사람들은 이 바위
가 마을의 수호신이므로 훼손하지 말고 보존해야 한다고 주장하였
다. 내가 신문 기사를 보고 이곳을 찾아갔을 때는 바위를 깨는 작업
이 진행되어 몇 조각으로 깨진 뒤였는데, 이를 두고 마을 사람들은
여러 가지 이야기를 하였다. 바위를 깨는 작업을 맡은 중장비 기사
의 꿈에 두꺼비가 나타나 다른 곳으로 옮겨 갈 터이니 며칠 만 기다
려 달라고 하였다. 이 말을 듣지 않고 공사를 강행한 기사가 교통사
고를 당해 죽었다고 하기도 하고, 마을에서 뜻하지 않은 사고로 죽
은 사람이 있었다고도 하였다.

　이런 일을 보며 두꺼비에 대한 한국인의 의식에 관해 생각해 보았

다. 우리 민속에서 두꺼비는 족제비, 구렁이 등과 함께 집지킴이 또는 재물을 관장하는 신을 상징한다. 지킴이란 한 집안이나 어떤 장소를 지키고 있는 신령한 동물 또는 물건을 말한다. 이 지킴이는 가신(家神) 또는 수호신의 성격을 띠는데, 재복(財福)을 관장한다고 믿는다. 그래서 두꺼비나 족제비, 구렁이는 부잣집에 낀다고 전해 온다.

무당의 굿거리 중 대감거리에서 부르는 「대감타령」에, "부자 되게 도와주마. 장자(長者) 되게도 도와주마. 곳간도 채우고, 단지도 채워서 멍의 노적 쌓아놓을 적에 노적 더미에 꽃이 피고, 금구렁이 굽을 치고, 업두꺼비 새끼치고, 금족제비 터를 잡아 밑의 노적 싹이 나고" 하는 구절이 있다. 여기에는 두꺼비가 재복을 관장하는 업신으로 나타난다.

충북 청원군 오창에는 처녀를 구한 두꺼비 이야기가 전해 온다.

옛날에 한 처녀가 끼니때마다 찾아오는 두꺼비에게 자기의 밥을 한 숟가락씩 덜어주곤 하였다. 얼마 지나자 그 두꺼비는 커다랗게 자랐다. 그 마을에서는 일 년에 한 번씩 당집에 처녀를 제물로 바치는 풍습이 있었는데, 그 해에 두꺼비를 기른 처녀가 제물로 뽑혔다. 제물로 바쳐진 처녀가 밤에 당집에 들어가 보니, 두꺼비가 먼저 와 있었다. 한밤중에 천장에서 지네가 파란 불꽃을 뿜으며 처녀를 잡아먹으려 하자 두꺼비가 빨간 불을 토하며 지네와 싸웠다. 밤새도록 싸움을 한 두꺼비는 지네를 죽여 처녀를 구한 뒤에 기운이 다하여 죽었다.

「지네장터」 설화로 알려진 이 이야기는 전국적인 분포를 보인다. 이 이야기에서 두꺼비는 의리가 있고, 희생정신이 강한 동물로 나타난다.

두꺼비와 관련된 이야기 중에는 「나이 자랑」이야기도 있다.

옛날에 노루가 잔치를 베풀고, 여러 짐승을 초대하였다. 잔치에 초대받은 짐승 중 여우와 토끼, 두꺼비가 서로 어른이라면서 윗자리에 앉으려고 하였다. 먼저, 여우가 나이 많음을 드러내기 위해 자기는 천지개벽(天地開闢)할 때 하늘에 별을 붙였다고 하였다. 이 말을 들은 토끼는, 여우가 별을 붙이기 위해 딛고 올라간 사다리를 만든 나무가 바로 자기가 심은 나무라고 하였다. 이 말을 들은 두꺼비가 눈물을 흘리며 슬피 울었다. 여우와 토끼가 왜 우느냐고 묻자 두꺼비는, 토끼가 심었다는 그 나무로 망치를 만들다가 죽은 손자 녀석이 생각나서 운다고 하였다. 이 말을 들은 여우와 토끼는 상좌(上座)를 두꺼비에게 양보하였다.

이 이야기에서 두꺼비는 의뭉스럽고, 지혜가 많은 동물로 나타난다.

평남 강서고분의 천장에 있는 일월화(日月畵)의 달 속에는 두꺼비가 그려져 있다. 이것은 두꺼비를 달의 정령(精靈)으로 보는 의식의 표현이라 하겠다. 중국 신화에는 천하제일의 궁사(弓師) 예(羿)가 서왕모(西王母)로부터 불사약(不死藥)을 얻어다 놓았는데, 아내인 항아(姮娥)가 이를 남편 몰래 먹고, 남편의 활에 맞아 죽을 것이 두려워 달로 도망가서 미운 두꺼비로 변했다고 한다. 이와 같은 이야기가 우리나라에 전해지면서 두꺼비가 달의 정령으로 인식되었던 것 같다.

경남 양산 통도사에 있는 자장 율사의 사리탑(舍利塔) 전설도 두꺼비와 관련이 있다. 자장 율사의 사리를 보러 온 조정의 사신이 사리탑의 돌 뚜껑을 열게 하고 보니, 그 곳에 커다란 두꺼비가 앉아 있고, 그 뚜껑의 안쪽에는 뒷날 아무개 성을 가진 사람이 이것을 열 것이라고 쓰여 있었는데, 그 아무개 성이 바로 그 사신의 성이었다고 한다. 이것은 두꺼비를 신령스러운 동물, 영혼의 표상으로 생각하는 의식의 표현이라 하겠다.

『삼국사기』를 보면, 신라 애장왕 10년 6월에 벽사(碧寺)의 두꺼비가 뱀을 잡아먹었는데, 그 해 왕의 숙부 언승(彦昇)과 아우 이찬 제옹(悌邕)이 군사를 이끌고 대궐로 들어와 왕을 죽이고 정권을 잡았다고 한다. 또 백제 의자왕 20년 4월에는 두꺼비 수만 마리가 나무 위에 모였는데, 그 해에 백제가 망했다고 한다. 이들 이야기에서 두꺼비는 국가에 변란이 일어날 것을 알고 알려준 동물이다.

강원도 영월군 주천에는 술이 나오는 술샘, 즉 주천(酒泉)이 있었다고 한다. 이 샘에서는 전에 술이 나왔는데, 양반이 오면 약주가, 상사람이 오면 막걸리가 나왔다고 한다. 어떤 상사람이 양반 차림으로 가서 물을 뜨니 막걸리이므로 샘물마저 사람 차별한다고 화가 나서 개를 잡아넣은 후로 술이 나오지 않는다고 한다. 그 곳을 가보니, 주천의 전설을 적은 비석이 서 있고, 그 옆에는 돌로 만든 두꺼비의 입에서 물이 흐르고 있었다. 두꺼비의 입에서 물이 흐르도록 한 것은 두꺼비가 물의 저장 및 조절 기능을 지니고 있다는 의식의 표현이다.

전기를 사용하는 가정에는 전기의 사용량과 전압이 적정량을 초과할 때 퓨즈가 끊어지게 함으로써 안전을 도모하는 장치가 있는데, 이를 '두꺼비집'이라고 한다. 전에 연탄불을 피울 적에 사용하던 철판 덮개를 '두꺼비'라고 하였다. 전기 안전장치나 연탄 덮개에 이런 이름을 붙인 것은 두꺼비가 불을 조절한다는 의식에 의한 것이라 하겠다.

　이처럼 한국인의 의식 속에 있는 두꺼비는 여러 가지 모습으로 나타난다. 이를 보면, 정읍에서 두꺼비바위의 꼬리가 자기 마을로 오게 하려고 애쓰던 마을 사람들의 마음, 녹산공단 조성 공사 중에 나타난 두꺼비바위를 보존해야 한다던 마을 사람들의 주장을 알 것 같다. 두꺼비 이야기를 많이 하였으니, 자녀 갖기를 원하는 분들께 떡두꺼비 같은 아들을 낳아 잘 기르라는 덕담 한 마디를 하고 끝을 맺어야겠다.

6. 들돌놀이와 들돌제

  요즈음은 그리 많지 않지만, 전에는 마을 앞 정자나무 밑이나 사람들이 많이 모이는 곳에 무게가 약 140~150근(84~90Kg) 되는 둥근 돌이 놓여 있는 마을이 많이 있었다. 이 돌이 '들어 올리는 돌'이란 뜻의 '들돌'이다.

  전에는 음력 정월 대보름이나 2월 초하룻날 마을 사람들이 많이 모인 자리에서 젊은이가 이 돌을 들어 올리면, 그 때부터 그는 어른으로 인정받았다. 그래서 어른들의 품앗이에 끼게 됨은 물론, 품값을 받을 때에도 어른의 품값을 받을 수 있었다. 머슴들의 경우에는 들돌을 들어 올리면, 어른 몫의 사경(농가에서 머슴에게 주는 일 년치 품값)을 받을 수 있었다. 나이가 스물이 채 안 되었어도 들돌을 들어 올린 사람은 어른 품값을 받았으나, 스물이 훨씬 넘었어도 들돌을 들지 못한 사람은 반 품값밖에는 받지 못하였다.

  마을의 젊은이들은 자기 마을에서 들돌 들어올리기를 하는 정월 대보름이나 2월 초하루 전에 그 돌을 수없이 들어 올려 보며 힘을 길렀을 것이다. 그래서 자신 있는 사람은 그 날 들돌 들기에 나서고, 그렇지 못한 사람은 그 자리에 참석하지 않거나, 참석은 하여도 들돌 들기에 나서지 않았을 것이다. 들돌 들기에 성공한 사람은 나이

들돌들기 장면을 그린 그림 (국립민속박물관 소장)

가 적어도 어른 대접을 받았지만, 그렇지 못한 사람은 평생 힘쓰는 일과 관련하여서는 어른 대접을 받지 못하였을 것이다. 이것은 농사꾼이들이 거치는 일종의 성년식이었다. 이것은 요즈음 흔히 쓰는 말로 표현하면 성과급 제도였다고 할 수 있다. 이것은 체력을 매우 중요시하는 농경사회의 일면을 짐작하게 해 준다. 서울 경복궁 안에 있는 국립민속박물관에는 들돌이 전시되어 있고, 그 뒤에 그림이 붙어 있다. 그 그림에는 마을 사람들이 모여 있는 자리에서 한 젊은이가 들돌을 들어 올리고 있고, 그 옆에는 젊은이의 어머니와 여동생인 듯한 여인이 마을 사람들에게 술을 따라 주는 모습이 보인다. 들돌을 들어 올리는 젊은이의 아버지와 어머니를 비롯한 가족들은 체력 면에서 당당한 어른이 된 그의 모습을 보면서 자랑스럽게 여겼을 것이다. 아마도 젊은이의 애인은 나무 뒤에 숨어서 자기 애인이 그 돌을 들어 올리는가를 지켜보며 가슴을 조이다가 성공하는 순간에 벅찬 감격을 느꼈을 것이다.

세월이 변하면서 농사꾼들의 성년식 성격을 지닌 들돌 들기 풍습도 사라졌다. 그에 따라 들돌의 의미도 퇴색하여 들돌은 담쌓기나 둑쌓기, 집짓기 등의 공사를 할 때 다른 잡석들과 함께 파묻혀 버려 지금은 찾아보기 어렵게 되었다. 그러나 들돌 들기의 의미를 되새기며 '들돌놀이'를 하는 마을이 있는가 하면, 들돌이 질병을 물리쳐 준다는 믿음으로 '들돌제'를 지내는 마을도 있다.

전남 보성군 노동면 거석리에서는 매년 정월 대보름날 당제를 마치고 들돌놀이를 한다. 이것은 전부터 해 오던 놀이인데, 한 때 중단되었다가 1986년 군민의 날에 재현되었다. 이것은 직경 50cm, 무게 80Kg 정도 되는 돌을 들어 넘기는 놀이인데, 장원으로 뽑힌 사람에게는 상으로 황소를 준다. 놀이가 끝나면 술과 음식을 나누어 먹고, 노래 부르고 춤을 추면서 마을 사람의 건강과 풍년을 기원한다. 이런 놀이는 전북 부안에도 있다.

제주도에서는 청년들이 힘을 겨루기 위해서 들어 올리는 돌을 '뜽돌'이라고 한다. 이 돌은 동네 어귀에 있어서 누구나 자유롭게 들어 올릴 수 있다. 특히 추운 겨울에 젊은이들이 뜽돌이 있는 '뜽돌거리'에 모여 제각기 힘자랑을 한다. 그 방법에는 두 손으로 잡아 들어올리기, 들고 허리를 펴기, 들고 일어서기, 땅에서 조금만 들기, 돌을 들고 몇 걸음 걷기 등이 있다. 이 중 뜽돌을 들고 가슴과 허리를 완전히 편 채 두 다리를 꿋꿋이 디디는 방식을 제일로 친다. 다른 마을의 청년이 지나다가 뜽돌을 보고 클 경우에는 '이 마을 청년은 힘이 세다.'고 한다. 그러나 작을 경우에는 '이것도 뜽돌이냐!'고 비아냥거리면서 집어던진다. 이를 본 그 마을 청년들은 그에게 뜽돌을 들어보라고 한다. 그가 뜽돌을 들어 올리면 괜찮으나, 들어 올리지 못하면 그는 마을 청년들에게 실컷 두들겨 맞고 빌거나, 술을 사서 대접하고서야 그 마을을 빠져나갈 수 있다. 이것은 들돌 들기가 마을 청년들이 신체를 단련하고, 힘을 겨루는 구실을 하였을 뿐만 아니라, 마을과 마을의

충남 홍성군 구항면 황곡리 하대 마을의 선돌(왼쪽)과 들돌(오른쪽) 두 곳에 제를 올린다.

젊은이들이 힘을 드러내 보이는 잣대의 역할도 하였음을 말해 준다.

충남 홍성군 구항면 황곡리 하대 마을에서는 '들돌제'를 지낸다. 이 마을 어귀에는 고려 때 심었다는 큰 정자나무가 있다. 이 정자나무 밑으로 난 길을 따라 마을 쪽으로 10미터쯤 가면 길 왼쪽에 높이 약 1.2미터, 밑 둘레 약 2미터, 위쪽 둘레 약 1미터쯤 되는 '선돌'이 있다. 거기서 50미터쯤 더 들어가면 길 왼쪽에 시멘트로 만든 받침대 위에 힘 센 장정이 들어 올릴 수 있는 크기의 둥근 돌이 있는데, 이 돌이 '들돌'이다. 이 마을에서는 이 선돌과 들돌 앞에서 음력 2월 초하룻날 새벽 6시에 마을 공동제의를 올린다. 마을의 평안과 풍년 기원에 목적을 둔 이 제의는, 선돌은 마을을 지켜주는 남성신, 들돌은 여성신을 상징한다는 의식에서 나온 것이다.

2월 초하룻날 새벽에 마을 사람들이 마을회관 앞에 용대기를 세운 뒤에 풍물을 치고 한 바탕 논 뒤, 용대기 앞에 흰무리떡과 삼색실과와 포를 놓고 술잔을 올린 뒤에 제관이 재배한다. 그 다음에 용대기를 앞세우고 풍물을 울리며 선돌 앞으로 가서 흰무리떡과 삼색실과와 포를 놓고 술잔을 올린 뒤에 제관이 재배한다. 다시 들돌 앞으로 와서 흰무리떡과 삼색실과와 포를 놓고 술잔을 올린 뒤에 제관이 재배한다. 그 뒤에 그 앞에서 간단히 음복(飮福)을 하는데, 날씨가 추운 때이므로 가까이에 있는 마을회관으로 와서 음복하기도 한다. 제관은 한복 두루마기를 입으며, 독축(讀祝)이나 소지(燒紙)는 하지 않는다.

전에는 정월 대보름날 4~5미터쯤 되는 장대에 짚을 묶어서 세우고, 세 곳에 말뚝을 박고 동아줄로 매어 볏가릿대를 세운 뒤에 풍물패가 집집마다 다니며 걸립(乞粒)을 하여 제의 비용을 마련하였다. 그러나 요즈음은 볏가릿대 세우는 일도, 걸립하는 일도 하지 않는다. 이 마을은 모두 40여 호가 되는데, 들돌제에 참여하는 사람은 20명 내외이다. 마을 사람들은 오래 전부터 들돌제를 지내왔다. 그래서 그런지 마을에 큰 일 없이 잘 지내고 있다고 한다. 전에는 아침밥을 먹고 나서 들돌제를 지냈는데, 일제 말기에 이를 못하게 하였으므로 몰래 하느라고 새벽 미명에 조용히 지냈다고 한다. 그 때부터 지금까지 새벽에 제를 지낸다.

들돌제의 대상신인 선돌과 들돌에는 다음과 같은 이야기가 전해 온다.

아주 오래 전에 이 마을에 힘이 매우 센 장사(壯士)가 살았다. 그 장사가 전염병에 걸려 오랫동안 앓다가 완쾌되었다. 그는 자기의 힘을 시험해 보기 위해 나무로 만든 신을 신고 이 돌을 들다가 댕기가 발에 밟혀 뒤로 넘어지는 바람에 이 돌에 눌려 죽었다. 그 후 죽은 장사의 영혼을 위로하고자 선돌을 위했다고 한다.

들돌은 옛날에 하대 마을 청년들과 오봉 마을 청년들이 서로 돌 들기 놀이를 할 때 들던 돌이라 한다. 두 마을에서는 그 돌을 들어다가 자기 마을 앞에 갖다 놓아야 질병이 없어진다 해서 서로 빼앗고 빼앗기는 놀이를 하였다. 그런데 하대 마을의 한 힘센 장사가 그 돌을 들어다가 하대 마을에 갖다 놓았다. 그 이후 오봉 마을에서는 이 돌을 들을 만한 장사가 나타나지 않아 지금껏 하대 마을에 있다고 한다. 그 후 하대에서는 이 선돌과 들돌을 매년 음력 2월 1일 아침에 성의를 다하여 위하고 있다.

위 이야기는 하대 마을 들돌이 마을 공동제의의 대상이 된 유래를 설명하고 있어 흥미롭다. 하대 마을의 들돌 역시 전에는 젊은이들이 성년식에 쓰던 들돌이었을 것이다. 그 후 이 돌이 질병을 물리치는 기능을 지니고 있다고 믿게 되어 두 마을의 장정들이 그 돌을 자기 마을 앞으로 가져다 놓곤 하였을 것이다. 마을 사람들이 모두 이 돌을 들 수 있을 정도로 건강하다면, 질병 걱정은 하지 않아도 될 것이니, 이 돌이 질병을 물리치는 주술적인 힘을 지니고 있다고 생각하는 것도 무리가 아니었을 것이다. 옛사람들은 영속성(永續性)과 특이성(特異性)을 지닌 자연물을 신성(神聖)하게 여겨 신앙의 대상으로 삼았다. 황곡리 하대 마을의 들돌은 암석을 신성시하는 암석신앙과 암석이 질병을 물리칠 수 있다는 주술적 심성에 의해 신앙의 대상이 되었다.

마을 젊은이들이 신체를 단련하고, 힘을 겨루는 구실을 하였을 뿐만 아니라, 마을과 마을의 젊은이들이 힘을 드러내 보이며 화합을 강조하던 들돌 들기 풍습은 사라졌다. 이를 다시 돌이킬 수는 없지만, 들돌놀이나 들돌제가 행해지는 마을이 있다는 것은 다행스런 일이다. 이를 통해 그 의미를 되새겨 보는 것은 뜻있는 일이라 하겠다.

7. 풍농(豊農)을 기원하는 볏가릿대

  경기도 용인에 있는 한국민속촌에 가면 초가집 앞에 가늘지만 키가 큰 소나무에 '농사는 천하의 근본이다.'는 뜻의 한자어인 '농자천하지대본(農者天下之大本)'이라고 쓴 천이 걸려 있고, 그 위에 가로로 묶은 막대기에 오쟁이, 바람개비, 나무로 깎은 남자 성기, 수수이삭, 곡식을 넣은 주머니 등이 매달려 있다. 그 앞에 적어 놓은 설명문에

는 풍농(豊農)을 기원하는 뜻에서 세운 볏가릿대[禾竿]라고 적혀 있다. 이곳을 지나는 관람객 중에는 무심히 지나가는 사람도 있지만, 유심히 살펴보고, 설명문을 읽어본 뒤에 고개를 끄덕이는 사람도 있고, 안내자나 옆에 있는 사람에게 이게 무어냐고 묻는 사람도 있다. 외국인 중에는 이를 아주 신기하게

경기도 용인 한국민속촌에 있는 볏가릿대

여겨 안내자에게 설명을 부탁하기도 한다.

볏가릿대는 음력 정월 열나흗날이나 보름날에 세웠다가 음력 2월 초하룻날 내린다. 2월 초하루는 '머슴날'이라 하여 농사가 시작되기 직전 마지막으로 한바탕 놀 수 있는 농부들의 명절이다. 볏가릿대는 농가에서 개인적으로 세우기도 하지만, 마을에서 공동으로 세워 풍농을 기원한다. 볏가릿대 세우기는 충청남도 서산·당진·태안 지역을 비롯한 충청 서북 지역과 전라도 진도·해남 일부 지역, 그리고 경상도 일부 지역 등 한강 이남 지역에서 널리 행하여 졌다. 그러나 일제강점기에 급속히 소멸되어 요즈음에는 일부 지방에서만 행해지고 있다. 볏가릿대의 형태는 지방에 따라 조금씩 다르다.

충남 서산의 볏가릿대

충남 서산 지방에는 요즈음에도 볏가릿대를 세우는 마을이 여럿 있다. 그 중 2002년 음력 정월 대보름(양력 2월 26일)에 세웠다가 음력

충남 서산시 지곡면 장현리 볏가릿대
음력 2월 1일에 마을 사람들이 제사를 지내고 있다.

2월 초하룻날(양력 3월 14일)에 철거한 서산시 지곡면 장현 2리의 볏가릿대를 소개하면 다음과 같다.

정월 대보름날 아침에 마을 사람

제상 앞에 앉은 제관이 술을 따르고 있다.

들이 마을회관 옆의 밭가에 볏가릿대를 세웠다. 볏가릿대는 긴 대나무 끝에 두 줌 정도의 수수목을 묶고, 그 아래에 벼·팥·조·수수 등의 곡식을 백지로 싸서 묶었다. 그리고 그 아래 부분에 짚으로 꼰 동아줄 세 가닥을 묶은 뒤에 장대를 세우고, 동아줄 세 가닥을 잡아당겨 땅에 박은 말뚝에 묶어 고정하였다.

볏가릿대는 음력 2월 1일에 내렸다. 이날 정오 무렵에 마을 사람들이 마을회관 앞에 모여 한바탕 풍물놀이를 한 뒤에 볏가릿대 앞에서 제사를 지냈다. 제물은 볏가릿대 앞에 자리를 깔고 상 두 개를 놓은 뒤에 한 상에는 돼지머리와 사과·배·귤·과줄·약과·두부 등을 진설하였다. 다른 한 상에는 쌀과 팥을 넣어 찐 떡시루와 촛대를 올려놓았다. 제물 진설이 끝나자 도포를 입고 두건을 쓴 3명의 제관(祭官)이 차례로 술잔을 부어 올리고 절을 하였다. 역시 도포를 입고 두건을 쓴 축관(祝官)이 풍농을 기원하는 내용의 축문을 읽은 뒤에 축문을 불에 태웠다. 제관들이 음복(飮福)을 하고 옆으로 비켜서자, 마을 사람들이 차례로 만 원짜리 지폐를 한 장 또는 두세 장씩 돼지 입에 끼운 다음 절을 하였다.

볏가릿대에 매달았던 곡식을 열어 불은 정도를 본 뒤에 섬에 담는다. 볏가릿대에 매달았던 곡식을 담은 섬을 지고 곳간으로 간다.

    제사를 마치고 땅에 고정했던 동아줄을 풀어 볏가릿대를 눕혔다. 볏가릿대를 고정하였던 동아줄은 서려서 짚으로 만든 섬에 넣었다. 종이에 싼 곡식을 차례로 풀어 싹이 텄는가를 본 뒤에 다시 싸서 동아줄을 서려 넣은 섬 안에 넣었다. 곡식의 싹이 텄으면 풍년이 들고, 그렇지 않으면 흉년이 든다고 한다. 그리고 곡식이 가득 든 섬을 묶듯이 새끼줄로 묶었다. 그 섬을 한 사람이 지게에 얹어 짊어지고 앞을 서니, 제복을 입은 제관들이 그 뒤를 따르고, 그 뒤에 풍물패가 풍물을 울리며 따라갔다. 그 뒤에 마을 사람들이 줄을 지어 따랐다. 섬을 진 사람은 자기 집으로 가서 곳간에 섬을 내려놓았다. 뒤따라온 마을 사람들은 그 사람에게 축하의 말을 하고 마을회관으로 돌아갔다. 마을 사람들은 마을회관에 모여 푸짐하게 차린 음식과 술을 나눠 먹으며 즐거운 시간을 가졌다.

    볏가릿대 세우기는 농사철이 되기 전에 미리 농사짓는 것을 가장하여 풍년을 기원하는 농경의례(農耕儀禮)로, 가농작(假農作) 또는 내농작(內農作)이라고도 한다. 서산 지방에서 볏가릿대에 매달았던 곡식 봉지를 섬에 넣어 지고 가서 곳간에 둔 것은 곡식을 추수한 것을 의미한다. 제사의 규모나 절차를 보면, 볏가릿대를 세울 때에는 간단히 제를 올리지만, 볏가릿대를 내릴 때에는 먼저보다 규모가 큰 제사를 올린다. 이것은 곡식을 추수한 뒤에 추수 감사의 뜻으로 큰 규모의 제사를 지내는 것과 같은 것이라 하겠다.

주술적인 힘을 지닌 볏가릿대

볏가릿대를 세워 풍농을 기원하는 의미는 무엇일까? 볏가릿대의 상징적인 의미는 여러 가지로 해석할 수 있지만, 다음과 같이 해석할 수 있다. 하늘로 곧게 선 장대는 신목(神木)으로, 천상의 신이 지상을 오르내리는 통로(通路)의 의미를 지닌다. 볏가릿대는 대나무나 소나무를 사용한다. 대나무는 휘어지지 않고 곧게 뻗어 올라가므로 마을의 운수가 대나무와 같이 곧게 뻗어 가기를 바라는 마음에서 사용한다. 소나무는 솔잎처럼 푸르고 곧은 절개를 닮으라는 의미에서 사용한다. 장대는 짚으로 꼰 동아줄 세 가닥으로 고정한다. 짚은 땅에서 자란 다산(多産)의 식물로, 우리의 주식(主食)이 되는 벼를 타작하고 남은 줄기여서 신성(神聖)의 의미를 지닌다. 땅에서 장대 밑까지 매놓은 동아줄 세 가닥 역시 신성의 의미를 지닌다.

신이 오르내리는 통로로 신성의 의미를 지닌 장대에 벼, 수수, 조, 팥 등을 백지에 싸서 매다는 것은 그와 같은 결과가 나타나기를 기원하는 모방주술(模倣呪術) 심리에서 나온 것이다. 이러한 모방주술 심리에서 보면, 생생력(生生力, 또는 생산력)을 지닌 최고의 존재인 달이 새해 들어 처음 뜨는 정월 대보름날 볏가릿대를 세워 풍년을 기원하면, 반드시 좋은 결과가 올 것이다. 그래서 정월 대보름에 볏가릿대를 세우는 것이다.

용인 민속촌에 세운 볏가릿대에 매달은 짚으로 만든 오쟁이나 수수이삭, 곡식을 넣은 주머니 등은 곡식 농사가 잘 되기를 비는 뜻에서일 것이다. 그런데 바람개비나 남자 성기 모양의 나무를 매단 것은 무슨 의미일까? 바람개비는 바람을 조절하여 제 때에 비가 내리고, 햇볕이 쬐기를 비는 뜻을 담은 것이다. 남자의 성기는 생산력을 지닌 성기처럼 농작물이 번성하고 열매를 맺어 풍년이 들기를 비는 마음에서 매달은 것이다. 이런 것을 매다는 것 역시 이러한 것들이 주술적인 힘을 발휘하여 풍년이 들게 할 것이라고 믿는 심리에서 나온 것이다.

볏가릿대는 풍농을 기원하는 농경의례이므로, 물과 밀접한 관련을 맺고 있다. 그래서 어떤 마을에서는 우물가에 볏가릿대를 세운다. 마을회관 옆에 볏가릿대를 세운 서산시 지곡면 장현 2리에서는 2월 초하룻날 제사를 지내기 직전에 맑은 물을 그릇에 담아놓고 풍물을 울리면서 '뚫어라 뚫어라! 물구녕만 뚫어라!' 하고 고사소리를 하였다. 이것은 일 년 내내 물 걱정 없이 농사지을 수 있기를 기원하는 것이다.

풍년을 비는 마음

조선 후기에 홍석모가 쓴 『동국세시기(東國歲時記)』에 "시골 민가에서 보름 전날 짚을 묶어서 깃대 모양으로 만들고, 그 안에 벼·기장·피·조의 이삭을 넣어서 싸고, 또 장대 위에 매달아 집 곁에 세우고, 새끼를 내려뜨려 고정시킨다. 이것을 화적(禾積, 볏가리 또는 낟가리)이라 하는데, 풍년을 비는 것이다. 아이들이 새벽에 일어나 이 화적을 둘러싸고 노래를 부르며 빙빙 돌면서 풍년이 들라는 기원을 하다가 해가 뜨면 그만 둔다."는 기록이 있다. 이것은 조선 후기에 볏가릿대를 세우는 풍속이 있었음을 말해 준다. 조선 후기에 유득공이 쓴 『경도잡지(京都雜志)』에도 이와 비슷한 기록이 보인다.

『동국세시기』에는 "대궐 안에서 경작(耕作)하고 수확하는 모양을 본떠서 좌우로 편을 갈라 승부를 겨루는 풍습이 있었는데, 이것도 풍년을 비는 것이다."라고 적혀 있다. 이것 역시 첫 보름달이 뜨는 정월 대보름에 농사짓는 일을 흉내 내어 풍년이 들기를 기원하는 농경의례의 성격을 지닌 것이다.

『조선왕조실록』 세조 9년 조에 "민간에서 매년 상원(정월 대보름)에 농잠상(農蠶狀)을 만들어 놓고, 풍년의 징조를 삼았다."는 기록이 있다. 이것은 앞에서 말한 바와 같이 풍농을 기원하는 가농작(假農作)의 의식이었을 것이다. 이것은 뒤에 농사를 권장하는 정책에 따라 궁중의 의식이 되어 매우 다양하게 진행되었다고 한다. 이런 궁중의 의식은 그 폐해가 노출되어 뒤에 없어졌지만, 민간으로 전파되어 전국적으로 행하여 졌을 것이다. 그래서 『동국세시기』와 『경도잡지』와 같은 문헌에 기록되고, 단원 김홍도의 「경직도(耕織圖)」에도 보이게 되었을 것이다. 이와 유사한 풍속이 일본에도 있는데, 이것은 우리의 볏가릿대가 일본에 영향을 끼친 것이라 하겠다.

새 해 들어 첫 보름달이 뜨는 정월 대보름에 농사의 핵심 절차를 미리 행하여 풍농을 기원하는 농경의례인 볏가릿대 세우기는, 비슷한 행위를 하면 그와 비슷한 결과가 온다고 믿는 모방주술 원리를 바탕에 깔고 행하여지는 민속이다. 이것은 주술을 바탕으로 한 것이므로 과학적으로 설명할 수는 없지만, 풍농을 기원하는 농사꾼의 간절한 마음은 확인할 수 있다. 농사꾼들은 풍농을 기원하는 볏가릿대 세우기를 통하여 마을 사람들끼리 지연(地緣) 공동체의 의식을 다지고, 따뜻한 정을 나누면서 새해 농사에 전념할 것을 다짐하곤 하였다. 그러고 보면, 볏가릿대 세우기는 농촌 사람들의 축제의 한 마당이라 하겠다.

8. 풍요로움과 감사가 넘치는 추석

음력 8월 15일 추석(秋夕)은 설과 함께 우리 민족이 매우 중요시하는 명절이다. 이 날에는 가족이 함께 모여 조상께 차례(茶禮)를 지내고, 성묘(省墓)한다. 그리고 이웃과 함께 술과 음식을 나눠 먹으며 노래와 춤, 갖가지 민속놀이로 흥겨운 명절을 지낸다. 추석이면 고향을 떠났던 사람이 고향을 찾거나 성묘하느라 오가는 사람들이 많아 마치 민족 대이동을 보는 것과 같다. 이것은 한국인이 추석을 매우 소중히 여기고 있음을 말해 준다.

추석의 유래, 음식과 차례

옛날부터 추석은 '가위', '한가위', 또는 '중추절(仲秋節)'이라고 불렀다. 추석은 높고 푸르른 가을 하늘에 두둥실 떠 있는 둥근 달의 모습을 보고 붙인 이름이다. '가위'는 신라 때부터 쓰던 우리 겨레 고유의 말인데, 『삼국사기(三國史記)』에 나오는 '가배(嘉俳)'가 변하여 된 말이다. '가위'는 명절을 뜻하고, '한가위'는 '큰 명절'이란 뜻이다.

고유 명절로서 한가위 즉 가윗날은 신라 시대까지 거슬러 올라간다. 『삼국사기』에 의하면 왕이 신라를 6부로 나눈 후, 공주 두 사람으로 하여금 각 부를 통솔하여 무리를 만들고, 7월 16일부터 날마다 넓은 마당에 모여 길쌈을 하게 하였다. 8월 15일에 어느 편이 많이 하였는가를 살펴서 지는 편은 술과 음식을 내놓아 이긴 편을 축하하고, 노래와 춤과 온갖 놀이를 즐겼는데, 이를 '가배(嘉俳)'라 하였다. 가배는 '가운데'라는 뜻으로 8월 15일이 우리의 대표적인 명절이며, 또한 오곡백과(五穀百果)가 풍성하여 일 년 가운데 가장 넉넉한 때라는 뜻으로 붙인 이름으로 여겨진다.

추석날 아침에는 햇곡식으로 빚은 송편과 햇과일, 토란국을 비롯한 각종 음식을 차려 놓고, 조상 차례를 지내고, 아침 식사를 마친 뒤에 다 같이 성묘한다. 차례라는 말에는 차를 올리는 제례의 뜻이 있지만, 우리나라에서는 오래 전부터 차를 올리지 않는다. 조선 시대에 나온 『사례편람(四禮便覽)』에도 "차는 중국에서 썼고, 우리 풍속은 차를 쓰지 않기 때문에 찻잔을 놓지 않고, 차를 따르지 않는다."고 하였다. 그래서 요즈음에는 차례라는 말이 명절에 다소 간략하게 지내는 제례라는 의미로 쓰이고 있다.

차례 음식은 기제사(忌祭祀)와 거의 같지만, 명절에 나는 특식(特食)을 조상께 드리는 제례이므로, 추석 차례에는 밥과 국 대신에 송편을 올린다. 시접에도 숟가락은 담지 않고, 젓가락만 담는다. 기제사나 차례 상에는 복숭아와 개고기는 올리지 않는다. 복숭아는 귀신을 쫓고, 개는 인간의 혼령과 밀접한 관련이 있다는 말이 민간에 전해 오기 때문이다.

추석에는 새 옷을 마련하거나, 입던 옷을 깨끗이 손질하여 입는데, 이를 '추석빔'이라고 한다. 추석은 겨울옷으로 갈아입는 기준이었으므로 새로 옷을 마련하여 입었는데, 뒤에 추석빔으로 변한 것 같다.

이것은 단오가 여름옷으로 갈아입는 기준이어서 새 옷을 마련하여 입던 것이 뒤에 변하여 '단오빔'이 된 것과 같다.

추석 며칠 전에는 조상의 묘를 찾아가 잡초를 뽑고, 잔디를 깎는다. 이를 벌초(伐草)라고 하는데, 벌초를 할 때에는 가까운 친척들이 모여서 함께 하는 것이 보통이다. 요즈음에는 교통이 혼잡하므로 벌초와 성묘를 미리 하고, 추석 당일에는 집에서 차례만 지내는 가정이 늘어가고 있다.

제주 지방에서는 음력 8월 초하루를 택해서 벌초를 한다. 그래서 지금도 각급 학교에서는 '벌초 방학'을 하여 학생들이 벌초에 참가하게 하고, 조상의 은덕을 기리는 기회를 갖도록 한다. 이곳에서는 '추석 전에 벌초하지 않으면 조상이 가시덤불 쓰고 온다.'고 하여 늦어도 추석 2~3일 전까지는 성묘와 벌초를 하는 것이 후손의 도리라고 생각하고 있으며, 추석 당일 성묘하는 것을 불효로 여긴다.

추석이 가까워지면 일가, 친척, 친지 사이에 차례에 쓸 선물을 주고받는다. 예를 들면, 올벼 농사를 지은 집에서 햅쌀 한 말을 보내면, 밤을 딴 집에서 햇밤 두 말을 보내는 것이다. 이것은 지금 도시에서도 지켜지고 있는 아름다운 풍속이다.

농가에서는 추석날의 비를 대단히 꺼려, 이 날 비가 오면 이듬해에 보리농사가 잘 되지 않는다고 한다. '추석날 날씨가 흐려 달을 보지 못하면, 토끼가 새끼를 배지 못하고, 민물조개도 알을 낳지 못하며, 메밀도 결실을 못한다.'고 한다(『松南雜識』 참조). 이 말은 추석날 비가 오거나 날씨가 흐리면 좋지 않고, 밝은 달을 보아야 풍년이 든다는 생각을 표현한 것이다.

추석에는 조상에 대한 차례와 성묘뿐만 아니라, 햇곡식으로 떡과 음식을 장만하여 조왕신, 삼신, 성주 등의 가신(家神)에게 드리고, 집안의 평안과 가족의 건강을 기원하기도 한다.

　농부들은 추석을 전후하여 잘 익은 벼나 수수, 조 이삭을 한 줌가량 베어다가 묶어서 방문 위나 기둥에 걸어둔다. 이 때, 음식을 장만하여 고사를 지내고 나눠 먹기도 한다. 또 햇곡식을 베어다가 쪄서 말린 후 방아를 찧어 그 쌀로 밥을 지어 조상께 제사지내고, 샘·당산·마당·곳간 등에 놓기도 한다. 이것을 전라도 지방에서는 '올기심리' 또는 '오리심리'라고 하고, 충북 지방에서는 '홀게심니'라고 한다. 이것은 그 해 곡식의 수확에 감사하고, 내년 농사도 잘 되게 해 달라는 기원의 의미를 담고 있다.

　조선 시대에도 추석은 일 년 중 가장 큰 명절로 여겼다. 살림이 넉넉한 집은 말할 것도 없고, 산골에 사는 가난한 집에서도 쌀로 술을 빚고, 닭을 잡아 찬도 만든다. 또 온갖 과일을 풍성하게 마련하여 차례를 지낸 뒤에, 먹고 마시며 즐겼다. 그래서 '더도 말고 덜도 말고 늘 가윗날만 같아라.'란 말이 나왔다. 사대부 집에서는 설날, 한식, 추석, 동지의 네 명절에는 산소에 가서 제사를 지냈다. 설날과 동지에는 혹 안 지내는 사람이 있으나, 한식과 추석에는 성대히 지냈다.

추석의 놀이

　추석에는 마음과 곡식이 풍요롭기에 사람들은 여러 가지 놀이로 즐기면서 풍년을 기원한다. 대표적인 한가위 민속놀이로는 거북놀이, 소놀이, 강강술래, 줄다리기가 있다.

　거북놀이는 두 사람이 엎드린 위에 맷방석을 덮고, 그 위에 수숫

잎이나 짚을 써서 거북의 모양을 만들어 노는 놀이이다. 길라잡이가 거북을 끌고 방문한 집 대문 앞에 서서 "천 석 거북 들어갑니다. 문을 열면 만복이 들어가고, 땅을 쓸면 황금이 쏟아져 나오니, 이 댁의 문을 활짝 열어 주소서." 하면, 주인은 문을 활짝 열어준다. 문을 열면 풍물패가 안마당으로 들어가 길라잡이의 덕담과 함께 용왕굿을 하면서 집안의 평안을 비는 말을 한다. 그리고 거북이 죽었다가 살아나는 과정을 마당놀이로 한다. 그런 뒤에 "거북아 이 댁 문전 들어왔으니 마당 돌고, 울안 돌고, 잡귀 잡신 몰아다가 깊은 물에 두둥실 띄울지어다." 하면서 마당을 한 바퀴 돌고, 문턱에 큰절을 하게 한 후 한바탕 놀다가 다른 집으로 간다. 이 놀이는 경기, 충청남북도를 중심으로 한 중부 지방에서 하였다. 거북은 십장생(十長生, 죽지 않고 오래 사는 것 열 가지)에 드는 신령스런 동물로, 수신(水神) 또는 농경신의 기능을 한다고 믿는다. 이런 거북을 놀이의 대상으로 삼아 잡신을 몰아내고, 가뭄과 홍수를 막으며, 가정의 평안과 농사의 풍년을 기원한다.

소놀이는 경기, 충북, 강원, 황해도 등 중서부 지방에서 대보름과 한가위에 멍석을 쓰고 소 모양으로 가장하여 집집마다 찾아다니며 즐겁게 놀아주고 음식을 나누어 먹는 풍년 기원 놀이이다. 두 사람이 서로 엉덩이를 맞대고 엎드린 후, 그 위에 멍석을 씌운다. 앞사람은 멍석 속에서 잘 깎은 막대기 두 개를 내밀어 마치 소의 뿔처럼 보이게 하고, 뒷사람은 동아줄을 한 가닥 늘어뜨려 마치 쇠꼬리처럼 보이게 한다. 이 때 한 사람이 앞에서 소의 고삐를 잡고 끌고 간다. 소 뒤에는 풍물패가 따르며 흥을 돋운다. 소를 앞세운 일행이 부잣집을 찾아가 "소가 배가 고파 왔습니다. 여물과 뜨물을 주십시오." 하

양주 소놀이굿의 한 장면

고 소리치면, 주인은 일행을 맞이하여 크게 대접한다. 이렇게 여러 집을 찾아다니며 노는 동안 소는 여러 가지 동작을 보이고, 마을 사람들은 풍물에 맞춰 노래 부르고 춤을 춘다. 소는 농사에 큰 도움을 주며, 생산과 풍요를 주관하는 힘을 지니고 있다고 믿었다. 또, 소를 식구(食口)라 하여 가족의 일원으로 생각하는 의식이 있었다. 그래서 소놀이를 하면서 풍년을 기원한다.

전라남도 남해안 일대에서는 부녀자들이 강강술래를 한다. 전에는 다른 지방에서도 하였으나, 요즈음에는 전남의 남해안 지역에서만 한다. 이 놀이는 추석날 밤 추석빔으로 단장한 여인들이 손에 손을 잡고 둥글게 원을 그리며 노는 놀이이다. 강강술래는 늦은강강술래, 중강강술래, 잦은강강술래, 남생아 놀아라, 고사리 꺾자, 청어 엮자, 기와 밟기, 덕석몰이, 쥔새끼놀이, 문열어라, 가마등, 도굿대 당기기 등 여러 가지 놀이를 한다. 이 놀이의 성격을 잘 드러내는 것은 둥근 원을 그리며 춤을 추는 원무(圓舞)이다. 보름달을 상징하는 여인들의 원무는 달의 생산력을 빌어 풍년이 들기를 기원하는 뜻을 지닌 놀이이다.

제주도에서는 마을마다 체육대회를 열어 줄다리기, 그네뛰기, 씨름을 한다. 여기서는 오래 전부터 추석에 남녀가 함께 모여 노래하고 춤추며 좌우로 편을 갈라 큰 줄의 양쪽을 잡아당겨 승부를 겨루는 줄다리기를 하였다. 또, 닭 붙잡기 놀이도 하였다(『동국세시기』 참조). 닭 붙잡기 놀이 뒤에는 닭싸움을 시키기도 하였다.

수탉들이 만나기만 하면 싸우는 습관을 이용한 닭싸움은 구경거리로 즐기지만, 돈을 걸어 내기를 하기도 한다. 이런 닭싸움은 동남아 여러 나라에서 볼 수 있는데, 우리나라에서는 경상남도에서 많이 한다. 우리나라 닭싸움으로는 재래의 잡종인 '우두리'가 유명한데, 목이 길고 동작이 매우 민첩한 것이 특징이다. 싸움을 잘 하게 하려고 미꾸라지와 달걀, 또는 뱀을 먹이며, 동전을 갈아서 고추장에 섞어 먹이기도 한다. 싸움은 서로 주둥이로 쪼고, 발로 차면서 싸우는데, 앞치기·뒤치기·턱치기 등의 기술이 있다. 주저앉거나 주둥이가 땅에 닿으면 진다.

경남에서는 추석에 소싸움을 시키고 즐긴다. 우리나라의 소는 원래 유순하여 싸움이 격렬하지 않으나 소주 따위를 먹여 흥분시켜 싸움을 붙이는데, 매우 단순하고 소박하다. 소싸움은 여름에 소를 먹이는 아이들이 마을의 소끼리 싸움을 붙여 마을에서 가장 힘센 소를 뽑았다가 추석 다음에 큰판에 나가 마을과 마을끼리 대항하는 소싸움을 시작한다. 소 주인이 소고삐를 잡고 상대 마을의 소 가까이 끌고 가서 굴레를 벗기고 콧두레를 빼 버리면, 소끼리 맞붙어 싸운다. 뒤로 밀리거나 달아나면 진다. 싸우다가 서로 떨어지지 않아 다칠 염려가 있을 때에는 옷을 벗어 때리거나 암소를 끌고 가서 떼어놓는다. 이긴 소에는 목과 뿔에 비단과 꽃으로 장식한 다음, 주인이 타고 돌아와 잔치를 벌인다.

송편

추석에는 벼를 비롯하여 여러 가지 곡식과 과일이 익는 때이므로, 시절 음식도 다양하다. 추수의 계절이므로 햇곡식으로 밥, 떡, 술을 만든다. 또한 가족들이 둘러앉아 함께 만든 송편을 솔잎을 깔고 쪄서 먹는 맛도 일품이다. 추석 음식인 송편은 달떡이라고도 한다. 또한 닭고기나 쇠고기 국물에 토란을 넣어 토란국을 끓인다. 추석에 송편이나 토란국을 먹는 것은 생산과 풍요를 상징하는 달의 형상을 한 음식을 먹으며, 한 해의 수확과 풍요에 감사하고, 다음해의 풍년을 기원하는 의미를 지닌다.

반보기

요즈음 시골 초등학교에서는 추석 다음날이나 그 다음날에 운동회를 한다. 이는 고향에 사는 사람과 고향을 떠나 살다가 추석을 쇠러 온 사람이 만나는 만남의 광장, 한데 어우러져 즐기는 축제의 마당이라는 점에서 뜻이 있다.

전에는 추석 무렵에 자주 만나지 못하는 친척의 부인들 사이에 '반보기'를 하는 풍속이 있었다. 전에는 부녀자들의 외출이 자유롭지 못하여 친정 부모나 친구 등 만나보고 싶은 사람을 자주 만날 수 없었다. 그런데 8월 중순쯤에는 서로 연락하여 날짜를 정하고, 두 마을의

마산의 만날고개

중간에 있는 경치 좋은 곳으로 가서 만났다. 특히 친정어머니와 시집간 딸이 서로 보고 싶어 하다가 이렇게 만났다고 한다. 이렇게 하여 만난 사람들은 서로 마련해 간 맛있는 음식을 나눠 먹으며 정을 나누다가 저녁때에는 집으로 돌아갔다. 그래서 하루를 함께 지내는 '온보기'가 되지 못하고, 겨우 한나절 정도 정을 나눌 수 있었기에 '반보기'라고 하였다. 요즈음에도 바빠서 친정에 자주 가지 못한 새댁들이 추석 뒤에 친정에 다녀온다.

경남 마산시 월영동 뒷산에 '만날고개'가 있는데, 이 지역 사람들은 오래 전부터 누구인가 보고 싶은 사람이 있으면 음력 팔월 열이렛날 이 곳으로 간다. 그러면 그와 같은 생각을 가진 사람들이 많이 모이기 때문에 따로 약속을 하지 않았어도 만날 수 있다. 이것은 '반보기'의 옛 풍습에서 유래된 것인데, '만날고개'가 전에 반보기 하던 곳이 아닐까 하는 생각이 든다.

마산시에서는 음력 8월 17일에 만날고개에서 '만날제'를 여는데, 마산 시민의 평안과 풍요를 기원하는 산제(山祭)를 올리고, 풍물놀이를 한다. 수만 명의 사람이 모이는데, 사람들은 이 날 이곳에 와서 그 동안 만나지 못하던 사람들을 만나 정겨운 하루를 보낸다.

만날고개에는 옛날에 팔려가다시피 하여 고개너머 마을의 정신장애자에게 시집간 마산포의 색시가 남편마저 여의고 혹독한 시집살이 하다가 친정 식구가 보고 싶어 시부모 몰래 이 고개에 왔는데, 그녀의 어머니와 동생도 그녀가 보고 싶어 이곳에 왔다가 만났으므로, '만날고개'라고 하였다는 전설이 전해 온다. 이러한 전설이 서려 있는 만날고개에서 '만날제'를 열어 '만남의 광장'이 된 이 고개에는 전통을 이으면서 따스한 정을 나누는 마산 사람들의 훈훈한 마음이 깃들어 있다.

북한에서는 1967년 5월에 '봉건 잔재를 뿌리 뽑아야 한다.'는 김일성 주석의 교시에 따라 추석을 공식 명절에서 제외하였다. 이것은 추석이 '봉건 잔재'라는 것 외에도 조상에 대한 차례가 소비적인 행사이며, 먼 거리에 있는 가족들이 일터를 떠나게 되어 노동력의 손실이 생기는 한편, 가족들이 모여 정부를 비판할 우려가 있다는 이유에서였다. 그러나 1970년에 들어 일과에 큰 지장이 없는 범위 내에서 성묘나 차례는 다소 묵인하는 입장을 취해 왔다. 농촌에서는 하루 휴가를 주고, 세상 떠난 지 3년이 넘지 않는 조상의 묘에 성묘하는 것을 허용하였다. 그러다가 1988년부터 공식적인 고유 명절로 부활시키면서 공휴일로 정했다. 그러나 차례를 지내고 성묘를 다녀오는 것 외의 민속놀이는 활발하지 못하다.

Ⅱ. 한국인이 모시는 신과 신앙

　인간은 능력, 건강, 수명, 힘 등에서 일정한 한계를 지닌 존재이므로 삶에는 제약과 고난이 따르게 마련이다. 인간은 삶의 제약과 고난을 해결하고 삶의 궁극적인 의미를 추구하기 위한 노력의 일환으로 신이나 초자연적인 절대자 또는 힘에 대한 믿음을 가지고 신앙 행위를 하였다. 이것은 생활 속에서 형성되어 생활을 통하여 전해 왔으므로 민간에 널리 퍼져 있다. 이를 민간신앙이라고 한다.

　민간신앙은 집안에 신을 모셔 놓고 의례를 올리는 가신신앙, 마을 수호신에게 공동으로 제의를 올리는 동신신앙, 무당을 중심으로 한 무속신앙, 앞일의 예측과 관계된 점복신앙, 명당(明堂)에 대한 의식을 바탕으로 한 풍수신앙 등이 있다. 여기서는 우리의 생활에 널리 퍼져 있는 민간신앙의 실상과 의미를 짚어 보고자 한다.

1. 집안에 모신 신들

한국인은 예로부터 살고 있는 집의 요소(要所)에 집안을 보살펴 주는 신(神)이 있다고 믿고, 그 신에게 정기적으로, 또는 필요에 따라 의례를 행하여 왔다. 이를 가신신앙(家神信仰)이라고 한다. 가신은 각각의 기능(機能)이 있는데, 봉안(奉安) 장소와 형태가 다르다.

충북 옥천군 동이면 적하리 박씨 댁 성주

성주신

성주신은 그 집안의 으뜸 신으로, 집안의 길흉화복(吉凶禍福)을 관장하는 신이다. 이 신이 있는 자리는 그 집의 모양에 따라 다르지만, 대개 그 집의 중심이 되는 마루의 대들보 밑이나 상기둥의 윗부분이다.

성주신을 상징하는 신체(神體)는 지방에 따라, 모시는 집에 따라

경북 안동시 이천동 조씨 댁 성주   충남 홍성군 갈산면 기산리 김씨 댁 성주

다르다. 어떤 집은 대청의 대들보 밑이나 상기둥의 윗부분에 백지나 무명을 직사각형으로 접어서 실타래로 묶어 놓았다. 어떤 집은 막걸리에 적신 한지(韓紙)를 떡과 함께 손으로 주물러 반구형(半球形)으로 만들어 붙여 놓았다. 대청의 한편에 쌀을 넣은 성주단지나 성주독을 놓는 집도 있다.

　성주신에 대한 의례는 집을 새로 짓거나 이사한 뒤에 성주맞이굿을 하고 신체를 봉안(奉安)한다. 매년 봄과 가을에 드리는 안택고사(安宅告祀)는 성주신을 대상으로 한다. 설날·추석과 같은 명절이나 재수굿을 할 때에도 성주신에게 제를 올리고 기원한다.

　성주단지나 성주독에 넣은 쌀은 주로 음력 10월에 햇곡식으로 바꿔 넣는다. 이 속에 넣었던 곡식은 집 밖으로 내보내지 않고, 밥을 지어 가족들만 먹는다. 그 곡식을 밖으로 내보내는 것은 복을 내보내는 것으로 생각하기 때문이다.

조상신

　조상신은 후손을 보살펴 주는 신이다. 이 신이 있는 자리는 안방의 윗목 벽 밑인데, 대체로 신체가 없다. 대개의 가정에서는 돌아가신 조상의 기일(忌日)에 제사를 지낼 때 안방 윗목 벽에 지방을 붙이고 제상(祭床)을 차린다. 이것은 윗목 벽 밑을 조상신이 있는 자리로 생각하는 의식이 있기 때문이다.

　가신으로서의 조상과 제사를 받는 조상은 차이가 있다. 유교식 제사를 받는 조상은 서열(序列)이 명확하다. 그러나 가신으로 모시는 조상은 서열이 확연하게 정해져 있지 않다. 가신으로 모시는 조상은 가족들에게 자주 현몽(現夢)하여 모신 조상이다. 집안에 우환(憂患)이 있거나 좋지 않은 일이 계속되어 점을 하고, 점사(占辭)에 따라 모신 조상도 있다. 이들은 주로 한(恨)을 품고 세상을 떠났거나 색다르게 살다가 돌아가신 분이다.

　조상신에 대한 의례를 보면, 차례 때 조상상(祖上床)을 따로 차려 제하고, 햇곡식이 나면 성주신과 함께 천신(薦新)한다. 굿을 할 때에도 조상상을 따로 차려 제하며, 별식(別食)을 하면 한 그릇 바친다.

조왕(竈王)

　조왕은 부엌에 있는 신인데, 신이 있는 자리는 부뚜막이다. 이 신은 삼신과 더불어 육아(育兒)를 담당한다. 간혹 재물신으로 여기기도 하는데, 이는 부엌에 불이 있기 때문으로 보인다.

　불은 재산을 상징한다. 그래서 화재가 난 꿈을 꾸면 재물이 생기

조왕 부뚜막 위 작은 선반에 정화수를 떠놓는다. 왼쪽은 온양민속박물관, 오른쪽은 한국민속촌에서 찍은 것임.

는 것으로 여긴다. 요즈음에는 없어졌지만, 전에는 새로 이사 간 집에 성냥이나 양초를 가지고 갔다. 이것은 불이 타듯 재산이 불라는 의미가 있다. 예전에 불씨를 꺼뜨리는 며느리는 집안을 망하게 할 것이라 하여 쫓아내기도 하였는데, 이것은 불과 재산을 직접적으로 관련시키는 의식 때문일 것이다.

조왕신에 대한 의례는 매일 아침에 조그마한 주발에 정화수(井華水)를 떠서 부뚜막에 올려놓는다. 별식을 마련하였을 때에도 이를 부뚜막에 올려놓는다. 부뚜막은 조왕신의 자리여서 주부들이 부엌에서 일할 때 아무리 피곤해도 부뚜막에는 걸터앉지 않는다.

조왕신은 섣달그믐 무렵 하늘에 계신 옥황상제를 찾아가서 지난 일 년 동안의 일을 고한다고 한다. 그래서 이 때 각별히 말조심을 하고, 때론 부뚜막에 엿을 붙여두기도 한다. 혹 하늘에 가더라도 옥황상제에게 좋지 않은 말을 전하지 말아달라고 미리 입을 막는 것이다.

조왕신은 자녀들을 지켜준다고 믿기 때문에 평소 조왕을 모시지 않는 집에서도 아들이 군대에 가거나, 그밖에 자녀들에게 커다란 변화가 생기면 조왕을 모셔 정화수를 올리며 기도한다. 그러다가 아들이 무사히 제대하게 되면 조왕중발을 거둔다. 매우 실리적이고 공리적(功利的)이라 할 수 있다.

삼신

삼신은 자녀를 점지(點指)하여 태어나게 하고, 길러주는 신이다. 이 신이 있는 자리는 안방 아랫목이다. 신체는 그리 흔하지 않으나 삼신자루라 하여 한지로 만든 자루 속에 쌀을 넣어 아랫목 구석의 벽에 높직이 달아매 놓는다. 쌀을 바가지나 동이에 담고, 시렁을 만들어 거기에 얹어 놓기도 한다. 이를 각기 삼신바가지 또는 삼신동

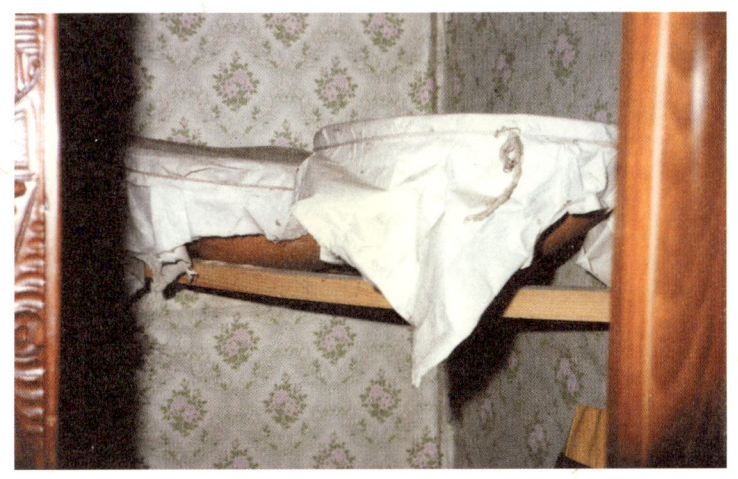

경북 안동 지방의 삼신바가지 안방 시렁 위에 쌀을 넣어 올려놓았다. (김명자 교수 제공)

이라고 한다.

삼신을 한자로 '三神'이라고 표기하기도 하는데, 이것은 적절하지 않다. 삼은 '태아를 싸고 있는 막과 태반'을 가리키는 순수한 우리말이어서 이에 해당하는 한자가 없다. 그러므로 삼신을 한자로 쓰고자 할 때에는 '태신(胎神)' 또는 '산신(産神)'이라고 쓰는 것이 좋겠다.

삼신은 일반적으로 '삼신할머니'로 통칭되고 있으나, 지역에 따라서 달리 부르기도 한다. 전라도 지역에서는 삼신을 '지앙'이라 하고, 경상도와 강원도 일부 지역에서는 '세존할매'라 일컫는다. 집안에 따라서는 삼신할머니와 삼신할아버지 부부를 상정(想定)하기도 한다.

어린아이가 태어나면 엉덩이에 파란 점이 있다. 이를 민간에서는 아기를 점지해준 삼신할머니가 엄마 뱃속에서 열 달을 지낸 아기에게 '이제 그만 나가거라!' 하고 엉덩이를 때려서 생긴 점이라고 한다. 이것은 몽골리안 반점이 생긴 내력을 설명하는 것이어서 흥미롭다.

삼신에게는 기자(祈子)와 육아(育兒)의 제의를 올린다. 차례 때에 제를 올리기도 하고, 별식을 마련하였을 때에도 한 그릇 바친다.

삼신바가지 혹은 삼신단지에 담긴 쌀은 일 년에 한 번씩 햇곡이 나면 갈아 넣는다. 묵은 쌀은 집안 식구끼리만 먹으며 절대 남에게 주지 않는 것은 다른 가신과 마찬가지다.

터주신

터주는 지신(地神)이라고도 하는데 집터를 맡아보며 집안의 액운을 걷어주고, 재복(財福)을 주는 신이다. 가정에 따라서는 터주 대감, 또는 터 대감이라고도 한다. 터주를 상징하는 신체는 집의 뒤뜰 장

터주가리 항아리에 쌀을 넣고 짚으로 덮어놓았다.

독대 옆에 '터주가리'를 만들어 신체로 모신다. 터주가리는 서너 되들이 옹기나 질그릇 단지에 벼(요즈음에는 주로 쌀)를 담고 뚜껑을 덮은 다음, 짚을 원추형으로 덮는다. 이 터주가리에 담았던 곡물은 해마다 추수 때에 갈아 넣는데, 역시 묵은 곡식은 집 밖으로 내보내지 않고 가족들이 먹으며 복을 빈다. 가을에 햅쌀로 갈아 넣을 때 메를 지어 올리는 경우도 있다.

터주신에 대한 제의는 특별히 지신제(地神祭)를 올리는 경우가 있다. 정초나 그 밖의 명절에 떡을 한 접시 올리고, 별식(別食)이 있을 때에 한 그릇 올린다.

업신(神)

업신은 광이나 곳간과 같은 은밀한 곳에 머물러 있으면서 재복(財

福)을 관장한다는 가신이다. 민간에서는 '업'이라는 말과 함께 '지킴이', '집지킴이' 등으로 부르기도 한다.

업신은 다른 가신과는 달리 업구렁이라든가 업족제비·업두꺼비와 같은 동물을 신으로 상정(想定)한다. 또 사람에게 붙어 다닌다는 인업을 업신으로 삼기도 한다. 인업은 사람에게 붙어 다니면서 그 사람에게 복을 주는 신으로, 형상은 그 사람과 같다고 한다. 그래서 인업과 인업을 달고 있는 사람과는 별개의 존재인데도, 그 사람 자신이 인업으로 인식되기도 한다.

업신에 대한 의례는 정기적으로 지내거나 필요에 따라서 수시로 지낸다. 정기 의례는 설날·추석·동지 등 주로 큰 명절에 다른 가신과 함께 올린다. 업신이 사람 눈에 띄었을 때에는 단독으로 올리기도 한다. 이것은 업신이 눈에 띄는 것을 예사롭게 생각하지 않기 때문이다.

업신과 관련된 이야기가 있다. 부자 영감이 따로 사는 머슴에게 벼 한 섬을 주었는데, 머슴이 볏섬을 지고 가서 열어보니 그 속에 큰 구렁이가 들어 있었다. 그는 주인집의 업을 돌려주어야 한다는 생각에서 볏섬을 지고 가서 그 말을 하였다. 그는 주인 영감의 말대로 다른 볏섬을 지고 갔는데, 역시 구렁이가 들어 있었다. 그 후 그는 부자가 되고, 부자는 망하였다고 한다. 또 한 젊은이가 눈 오는 날 밤에 부잣집 곳간에서 업구렁이가 자기 집으로 온 것처럼 자국을 내 놓고, 업구렁이를 돌려주는 조건으로 전답을 받은 이야기도 있다. 두 이 이야기에는 업이 그 집을 나가면 패가망신(敗家亡身)하거나, 커다란 변화가 생긴다고 하는 의식이 바탕에 깔려 있다.

경북 안동, 예천, 풍기, 상주 등 경북 북부 지역에서는 용단지를 섬긴다. 용신(龍神)은 바람과 비, 물 등을 관장하는 신이다. 이러한 용신을 가신으로 모실 때에는 농경신, 재산신의 성격을 띤다. 재산을 맡고 있다는 점에서는 업신 또는 터주신의 성격을 지니고 있다. 그래서 안동 사람들은 용단지를 터주신이라고도 하고, 업신과 동일한 개념으로 보는 경우도 있는데, 후자의 경우가 더 많다.

이 외에도 여러 가신이 있다. 장독대에는 간장과 된장을 보살펴 주는 '철륭'이 있다. 우물에는 물을 마르지 않게 하는 '우물신[井神]'이 있고, 마굿간에는 소와 말을 지켜주는 '우마신(牛馬神)'이 있다. 대문 에는 '문신(門神)'이 있어 액살(厄煞)이 접근하는 것을 막아준다. 변소 에는 '측간신(厠間神)'이 있어 항시 조심해야 한다고 한다. 가신은 대 체로 집안의 평안을 돌보는 착한 신이지만, 측간신은 좀 사악한 성 정이 있다 하여 우리 스스로 조심해야 한다고 믿는다. 충남에서는 '왕신단지'라는 사나운 가신을 모시기도 한다.

가신은 생업과 관련된 직능신이기 때문에 필요에 따라 생성되기도 하고, 사라지기도 한다. 인삼 농사를 하는 경북 풍기 지역에서는 생 업과 관련된 인삼신(人蔘神)을 상정하여 인삼고사를 지내기도 한다.

가신은 집안의 요소에 있는 여러 신이므로, 가신신앙은 다신(多神) 신앙이다. 한국인은 오랜 옛날부터 삼신의 점지로 태어나서 여러 가 신들의 보살핌을 받으며 살아왔다. 그래서 심성의 밑바탕에는 여러 신들에 대한 친근감과 신앙심이 자리 잡고 있다. 한국인은 다른 민 족에 비해 종교적 심성이 강한 민족이라고 한다. 이것은 오랜 옛날 부터 가신들의 보호를 받으며 살아온 때문이라 하겠다.

2. 마을을 지켜주는 신들과 동신제

　동신신앙(洞神信仰)은 마을의 수호신(守護神)을 마을 신당에 모셔 놓고 제액초복(除厄招福)을 위해 마을 사람들이 합동으로 제의를 올리는 마을의 공동 신앙이다. 마을신을 모신 곳은 동신당, 동제당, 신당, 당, 당산 등 여러 이름으로 불린다. 마을 신당에서 올리는 제의를 동신제(洞神祭), 동제(洞祭), 동고사(洞告祀) 등으로 부른다. 경우에 따라 마을 제사, 또는 마을굿이라는 용어도 사용하고 있다. 이러한 신앙을 그 동안 '동신신앙'이라고 하였는데, 요즈음에는 '마을신앙' 또는 '마을공동체신앙'이라고 하기도 한다.

　일제강점기에 일본 학자들이 마을을 '부락(部落)'이라 하고, 동신제를 '부락제(部落祭)'라고 하였다. 그런데 부락이라는 말은 일본에서, 의식 수준이 낮은 마을을 가리키는 말로 쓰고 있으므로 우리나라에서 이 말을 그대로 쓰는 것은 적절하지 않다는 의견이 나왔다. 그래서 최근에는 부락, 부락제라는 말은 잘 쓰지 않는다.

마을신의 신격과 종류

　마을신당에 모셔져 있는 마을신은 하나의 신일 수도 있지만, 여러

충북 단양군 대강면
용부원리에 있는 죽령 산신당

신을 모신 곳도 있다. 여러 신이 모셔져 있는 곳은 무당에 의해서
행해지는 당굿을 하는 지역에 많은데, 주신(主神)을 중심으로 그 밖
의 신들이 모셔져 있다. 예를 들어 서낭당 안에 주신인 서낭신을 중
심으로 지신, 산신, 장군신 등의 신상이 함께 봉안되어 있다. 유가식
(儒家式) 동제를 행하는 마을 신당에도 마을신이 둘이나 셋이 모셔져
있는 경우가 있다.

우리나라의 농촌 마을은 대개 산을 등지고 남향해 자리 잡고 있
다. 마을 뒷산 중턱에 산신을 모신 산신당이 있고, 마을로 들어오는
동구 길옆에 서낭신을 모신 서낭당이 있으며, 그 옆에 장승이나 솟
대가 있는 것이 동신신앙의 일반적인 형태다. 그러나 요즘은 장승과
솟대가 없어지고, 산신당과 서낭당만 남은 곳이 많다.

마을신의 명칭은 40여 종이 된다. 이는 크게 자연신 계통과 인신
(人神) 계통의 둘로 나눌 수 있다. 자연신 계통에는 천신(天神), 산신

죽령산신제 우집사가 제관이 든 잔에 술을 따르고 있다.(왼쪽)
제관 이하 참석자가 절을 한다.(오른쪽)

(山神), 칠성신(七星神), 서낭신, 용신(龍神), 국사신, 도당신, 토지신, 사해용신(四海龍神) 등이 있다. 인신에는 단군신, 공민왕신, 태조대왕신, 김유신 장군신, 최영 장군신, 남이 장군신, 임경업 장군신, 부군신, 송씨 부인신(단종비), 각씨신, 애기씨신 등이 있다. 이밖에 도교 계통의 옥황상제라든가 노인신도 있다.

마을신은 이처럼 다양하지만, 신이 마을 사람의 꿈이나 환상 중에 나타날 때에는 모두 사람의 모습으로 나타난다. 마을 사람들은 마을 신이 밖에서 들어오는 잡귀(雜鬼)와 액살(厄煞), 재앙(災殃) 등을 막아 마을 사람들이 잘 살 수 있도록 보살펴 준다고 믿는다.

공주 장승제

마을 신당의 형태와 종류

  마을신을 모신 신당을 보면 대체로 당나무만 있는 신수(神樹) 형
태, 신수 밑에 장방형의 바위로 된 제단이 있는 형태, 신수와 당집이
함께 있는 형태가 보통이다. 신수와 당나무가 함께 있다가 신수가
죽으면 당집만 남아 있기도 한다. 강원도 삼척시 원덕읍 신남 마을
의 해신당은 신나무만 있었는데, 20여 년 전에 전각 모양의 당집을
지어 신수와 당집이 함께 있다.

  마을 신당은 신앙하는 마을신에 따라 성격과 명칭이 다르다. 전국
적으로 분포되어 있는 마을 신당은 국수당과 산신당, 서낭당이다. 중
부 지역에서는 이 세 종류의 마을 신당이 한 마을에 복합되어 있다.
마을의 배후 높은 산정에 국수당이 있고, 그 산 중턱에 산신당이 있
다. 마을로 들어오는 동구에 서낭당이 있고, 그 옆에 장승과 솟대가
함께 있는 예가 많았다. 근래에는 국수당과 장승, 솟대가 점차 사라

충남 홍성군
금마면 송암리
미륵당

져 산신당과 서낭당만 남아 있는 마을들이 많다.

호남 지역에는 당산(堂山)이라 일컫는 마을 신당이 집중적으로 분포되어 있다. 당산은 산신을 신앙하는 산신당의 변형 형태로 보인다. 영남 동해안 지역에는 골매기당이 많이 분포되어 있는데, 이것은 골[곡=谷] 즉 마을을 수호해 주는 터신과 방어신을 신앙하는 것이다. 서해안 지역에는 임장군당이 많은데, 풍어 전설의 주인공인 임경업 장군을 어업신으로 모시고 있다. 제주도는 본향당이 많은데, 이것은 근원 상징 신앙으로의 성격을 지닌다. 서울과 경기도 지방에는 부군당(府君堂)이 집중되어 있었다. 이것은 생산력을 지닌 성신(性神)을 신앙하여 마을의 풍요와 안전을 기원하던 신앙이다. 부군당에 목제 남근(男根)을 네 벽에 걸어 봉납하였다는 기록이 조선 후기에 이규경이 쓴 『오주연문장전산고(五洲衍文長箋散稿)』에 전한다. 1932년에 조선 총독부에서 발행한 『朝鮮の巫覡』의 부록에도 목제 남근과 짚신의 사진이 실려 있다. 이것은 이규경의 기록을 입증해 주고 있으며,

1930년대까지도 부군당에 목제 남근을 봉납(奉納)하는 신앙이 있었음을 말해 준다. 최근에는 동해안 지방에 목제 남근을 바치고 동제를 지내는 성신앙(性信仰)이 남아 있다.

서낭당은 산신 신앙과 관련이 있는 것인데, 이와 명칭이 비슷한 것으로 성황당(城隍堂)이 있다. 이 둘은 애초에 다른 것이었으나 복합되어 오늘날에는 같은 의미로 쓰고 있다. 서낭신앙은 우리 고유의 신앙인 반면 성황신앙(城隍信仰)은 중국의 성지신앙(城池信仰), 즉 성을 방어하기 위해 성의 외곽에 해자(垓字)를 파서 그 파낸 흙을 해자 밖에 쌓은 흙더미에 방어적 의미를 부여해 신앙하는 것이다. 중국의 성황신앙은 고려 문종 때 들어왔다고 하는데, 한국 재래의 서낭신앙과 성황신앙의 구성 내용과 그 명칭이 비슷한 관계로 서낭을 성황이라 일컫는 예가 많아졌을 것이라 생각한다.

동제의 목적과 형태

동제는 농촌에서는 풍년(豊年) 기원과 재해(災害)의 방지에, 어촌에서는 풍어(豊漁)의 기원과 해상 사고의 방지에 주된 목적이 있다. 도시와 그 주변 지역은 농촌도 어촌도 아니어서 풍년이나 풍어에 목적이 있는 것이 아니고, 마을의 평안에 그 목적이 있다. 화재와 질병 없이 마을 전체가 평안하기를 빌면서 상업이 잘되기 위해서 동제를 지내기도 한다.

동제를 지내는 시기는 음력 정초에 택일하여 정월 초이틀이나 초사흘에 하는 마을이 있고, 대보름 첫 시간, 즉 자정에 하는 마을도 있다. 또 3월 3일, 3월과 9월의 정일(丁日), 10월의 오일(午日)에 지내

충남 홍성군 구항면 내현리 장승 장승제를 지낸 후 방위에 맞게 세워놓았다.

는 마을도 있다. 임금이나 장군 등 인신을 당신으로 모신 마을에서
는 그 인물의 탄신일(誕辰日)이나 기일(忌日)에 제를 올리기도 한다.

  동제는 산제, 산신제, 당산제, 서낭제, 용왕제, 산고사, 동고사, 별
신굿, 장승제, 미륵제, 용궁맞이, 풍어제, 배서낭굿 등 그 지역의 생
태적인 조건에 따라 다양한 이름으로 치러진다. 동제는 당제와 당굿
의 두 가지 유형으로 구분된다. 당제는 마을에서 동회를 열어 제관
을 선출하여 동신당에 제를 올리는 것이고, 당굿은 대대적인 동제로
무당을 불러다 굿으로 동신에게 제의를 올리는 것이다. 당제는 초헌
(初獻)과 아헌(亞獻), 종헌(終獻)의 삼헌(三獻)과 독축(讀祝)의 순으로
유가(儒家)의 제례에 준한다. 당굿은 먼저 당제를 지내고, 당굿을 하
여 유가식과 무속이 복합된 형식이다.

홍성의 백월산신제

충남 홍성군 홍성읍의 서쪽에 홍성의 진산(鎭山)인 해발 394m의 백월산이 있다. 이 산의 정상에 조선 선조 임금 때 이몽학(李夢鶴)의 난을 평정한 홍가신(洪可臣)의 사당이 있는데, 여기서 백월산신제를 지낸다. 1997년에 필자가 조사한 백월산신제의 신격, 당의 유래와 형태, 제의의 목적, 제일(祭日), 제의 주관자, 금기 사항 등을 간단히 적어보겠다.

백월산신제의 제의 대상은 산신(山神)과 청난공신(淸難功臣)이다. 홍가신 사당에는 백월산 산신과 조선조 이몽학의 난을 평정한 홍주 목사 홍가신(洪可臣)을 비롯하여 다섯 분의 위패를 모셨다. 약 2평 정도인 이 사당의 벽은 돌로 쌓아 올렸고 지붕은 기와로 덮었다. 이곳에 홍가신의 사당을 세우고 위패를 모신 것은 홍주 목사였던 홍가신이 임진왜란 직후에 일어난 이몽학의 난을 평정한 공이 있고, 학질을 비롯한 여러 가지 질병 때문에 주민들이 많은 고통을 당하고 있을 때 홍 목사가 특유의 지혜와 혼신의 노력으로 질병을 퇴치하였기 때문이다. 그래서 당시의 주민들이 홍가신을 신처럼 받들게 되어서 그의 사당을 짓고 위하기 시작하였다고 한다.

사당 안의 중앙에는 '백월산신지위(白月山神之位)'라고 쓴 위패가 있고, 오른쪽에는 이몽학의 난을 평정하는 데에 공이 큰 박명현(朴名賢), 최호(崔湖), 홍가신(洪可臣), 신경행(辛景行), 임득의(林得義) 등 정난공신(靖難功臣)의 위패 5개가 차례로 있다. 이 위패는 밤나무로 만든 것인데, 1974년에 만들어 모신 것이다. 왼쪽에는 정난공신을 상징하는 목상(木像) 다섯 개가 붉은 비단옷을 입고 있다. 위패 위에는

충남 홍성의 백월산신제 가운데에 백월산신의 위패가 있고, 우측에는 정난공신 다섯 분의 위패, 왼쪽에는 정난공신인 홍가신과 그 가족의 목상 5개가 있다.

태극기를 넣은 액자가 걸려 있다. 가운데에 있는 목상은 나이 든 남자상으로 제일 크고, 오른쪽에 조금 작은 앳된 남자상이 있다. 그 옆에는 더 작은 여인상이 있고, 왼쪽에는 나이가 들어 보이는 여인상이 둘 있다. 이들은 380년 전에 밤나무로 만든 목상인데, 홍가신의 어머니와 부인, 아들과 딸이라고 한다.

산신제의 목적은 홍성읍민의 건강과 평안, 제의에 참여하는 사람의 평안과 번영을 기원하는 뜻에서 올린다. 제일은 음력 정월의 첫 오일(午日)나 인일(寅日) 중에 편리한 날을 선택한다.

제의를 주관한 사람은 홍성읍 오관리 124에 사는 김세환(남, 70세, 서산농고 졸업, 조양인쇄소 사장) 씨와 홍성읍 오관리 113−7에 사는 복선채(남, 73세, 초등학교 졸업, 상업) 씨이다. 전에는 한 달 전에 생기복덕(生氣福德) 가려서 당주를 뽑았는데, 뽑힌 사람은 그 날부터 매일 찬물에 목욕하면서 말과 행동을 조심하였다고 한다. 그러나 요즈음은 며칠 전부터 목욕재계(沐浴齋戒)한다.

제물은 대추·밤·배·사과·귤·감 등의 실과, 떡, 밥, 돼지머리, 북어포, 김, 조기, 과줄, 사탕, 고사리·도라지·숙주나물 등의 나물, 감주, 술 등으로 비교적 간소한 편이다. 술은 청주를 준비하였다. 제물을 만들 때에는 고춧가루를 쓰지 않고, 간을 놓지 않는다. 제물은 다섯 공신과 산신령의 위패 앞과 목상 앞에 각각 한 몫씩 벌여 놓는데, 술은 11잔을 올렸다. 제의를 주관하는 김세환 씨와 복선채 씨는 동네 아주머니 10여명과 함께 새벽 5시경에 도착하여 백월산 정상에 있는, 홍가신 사당에서 동쪽인 읍내 쪽으로 70미터쯤 아래에 있는 샘물을 떠다가 밥을 지어 오전 6시 30분경에 제사를 시작하였다.

제의 절차는 유교식으로 하였는데, 김세환 씨가 제의 진행을 맡고, 홍성읍 총무계장이 좌집사를 맡아 진행하였다. 제의의 진행 절차를 적어 보면 다음과 같다.

김세환 씨가 "지금부터 제380주년 선조 조 5공신의 제향을 거행하겠습니다." 하고 제의의 시작을 선언하였다. 초헌관인 홍성읍장 최영섭(남, 60세, 홍성읍 오관리 358-1) 씨가 제단 앞에 나아가 꿇어 앉아 향을 사르고, 술을 따라 올린 뒤에 재배하였다. 뒤를 이어 헌관 이하 참여자가 일제히 재배하였다. 참여자가 모두 엎드리자, 김세환 씨가 축문을 읽었다. 축문의 내용은 다음과 같다.

유세차 1997년 정월 임인 초 이른 신사삭 십사일 갑오 홍성읍장 최만섭은 선조조 청난공신 오공신 앞에 고하나이다. 제380주년 정월 대제를 맞이하여 영원군 홍가신, 영창군 박명현, 계성군 재흥, 영성군 신경행, 형성군 임두귀 제 신위 선조조 이몽학의 난을 제거 평정하여 이 고장 홍주를 도탄에서 구하고 종묘사직을 위기에서 수호한 호국정신은 홍주 군민이 영세불망(永世不忘)토록 추모합니다. 올해에도 무사안녕과 대풍을 맞게 하고 만사여일(萬事如一) 신통케 하여 주옵길 기도드리며 온 군민이 정성을 모아 주포로써 제전을 마련하였사오니 강림하여 분양하시옵소서.

아헌관으로 복선채 씨가 앞에 나가 술잔을 올리고 재배하였다. 종헌관으로 복익채 씨가 앞에 나가 술잔을 올리고 재배하였다. 소축(燒祝)의 순서가 되자, 읍장이 축문을 불에 태웠다.

홍성 군수, 경찰서장, 읍장, 제관, 참여자의 순으로 소지(燒紙)를 올리며 소원을 빌었다. 군수와 경찰서장은 참석하지 않았으므로 김세환 씨가 대신 소지를 올렸다. 최만섭 읍장과 총무계장, 김세환 씨, 복선채 씨, 복익채 씨 등과 그 자리에 참여한 마을 아주머니 10여명은 각자 자기의 소지 올리며 소원을 빌었다. 김세환 씨는 조사자인

백월산신제 유가식으로 제를 올린 뒤에 참석자들이 소지하면서 소원을 빌고 있다.

필자의 소지도 올려 주었다.

음복은 제사상에 놓았던 밥 냄비와 김을 내려놓고, 김을 자르지 않은 채 밥을 싸서 제관과 참석자들이 나누어 먹었다. 제사상에 놓았던 술과 안주도 함께 나누어 먹었다. 음복하고 남은 제물과 집에 남겨 둔 음식은 홍성읍 노인회관으로 가지고 가서 노인들을 대접한다고 하였다.

사당 안에는 땅에 반쯤 묻힌 맷돌바위가 있다. 제의를 마친 뒤에 소원을 빌면서 작은 돌을 맷돌 돌리듯 문지르면서 돌리면 어느 순간에 돌이 맷돌에 붙는다. 그러면 그의 소원이 이루어진다고 한다. 전에는 제사 지낸 뒤에 돌을 문지르는 사람이 많았으나 요즈음은 그리 많지 않다고 한다.

제의에 소요되는 비용은 약 40만원 정도인데, 뜻있는 사람들이 성의껏 돈으로 내기도 하고, 제물을 직접 만들어 오기도 한다. 그래서 정확한 비용은 말하기 어렵다. 전에는 마을 사람들 수백 명이 성금을 내기도 하였으나, 금년에는 40여명이 성금을 냈다. 남는 돈은 모아 두었다가 사당에 올라오는 길을 보수하는 데에 쓰기도 한다.

마을 사람들의 신앙 태도 및 관련된 이야기를 간단히 살펴보겠다. 홍성읍 오관리에 사는 사람들이 중심이 되어 제사를 지내는데, 제사를 지내면 집안이 평안하고 하는 일이 잘 된다고 한다. 제사는 제관으로 뽑힌 사람은 물론 원하는 사람은 모두 올라와 참여하고, 소지(燒紙)하면서 소원을 빈다. 이들은 제의를 통하여 마을의 무사 안녕과 개인의 복을 기원하는 의미도 있지만, 참여하는 사람들이 서로 우의를 다지고 화합하는 계기로 삼고 있다. 이날 올린 제의에 관해 초헌관인 최만섭 읍장은 주민들이 오래 전부터 전통적으로 해 오던 것으로, 마음의 위안을 얻기 위한 것이라고 하였다.

지금으로부터 20년 전만 하여도 제사를 지내기 4~5일 전부터 서문 밖에서 홍성역 앞까지 차에 황토 흙을 싣고 다니며 뿌려 읍내를 정화하였다. 그리고 4~5일 동안 짚으로 큰 인형을 만들어 '洪可臣之神位(홍가신지신위)'라고 써 붙이고, 리어카에 싣고 끌고 다니며 풍물패가 걸립(乞粒, 마을의 경비를 마련하기 위해 패를 짜서 각처로 돌아다니며 풍물을 치고 곡식이나 돈을 걷는 일)을 하여 제비를 마련하였다. 그러나 요즈음은 이런 일이 없어졌다. 그리고 생기복덕 가려서 당주를 선출하여 제사를 진행하였으나, 지금은 뜻을 같이하는 사람 몇이서 제의를 주관하고 있다.

백월산신과 홍가신신은 매우 영검하다고 한다. 그래서 날이 밝기 전에 제물을 지고 올라다니는 사람이 미끄러져 다치는 사람이 없었다. 추운 날에 백월산샘에서 찬물에 목욕하여도 감기 걸리는 사람이 하나도 없었다. 늦도록 자식이 없던 사람이 이곳에 와서 정성껏 기도한 뒤에 아들을 낳았다. 지금으로부터 50여 년 전에 이곳에 왔다가 홍가신의 목상을 만져 왼쪽 귀를 떨어뜨린 사람이 있었다. 그 때 그의 부인이 둘째 아이를 임신 중이었는데, 아들을 낳고 보니 왼쪽 귀가 없었다. 그것은 아이의 아버지가 홍가신 목상의 귀를 상하게 하였기 때문이라고 하였다. 이렇게 영검하기 때문에 마을 사람들은 매년 제의에 참여하고, 부득이한 일로 참여하지 못할 때에는 성금을 보낸다고 한다.

마을 사람들은 마을의 수호신이 마을을 평안하게 해 주고, 자신의 생업도 번창하게 해 줄 것이라 믿고, 제의에 참여한다. 이것은 마을 사람들의 신앙심에 의한 것이다. 마을신앙은 마을 사람들이 정신적

유대를 공고히 하고, 단합하는 계기를 마련해 준다. 그래서 지연 공동체(地緣共同體) 의식을 고양(高揚)하고, 향토애(鄕土愛)를 배양하는 기능을 하게 한다. 마을신앙은 이를 통하여 마을 사람들이 전통문화를 이어가는 계기도 마련해 준다. 또 제관 선출, 제비의 마련과 결산, 음복(飮福) 등을 통하여 민주주의 의식을 기르고, 훈련하는 계기가 된다. 이러한 점에서 동신신앙은 종교적, 사회적, 문화적 의미와 기능이 있다.

3. 앞일의 예측과 점복(占卜)

　한국인 중에는 요즈음에도 신년 초가 되면 그 해의 운세를 알아보기 위하여 『토정비결(土亭秘訣)』을 보기도 하고, 점쟁이를 찾아가 일생의 운세와 함께 그해의 신수를 보는 사람이 많이 있다. 그들은 신년 초가 아니더라도 일이 있을 때마다 점쟁이를 찾아가 점을 하는데, 그 경우는 아주 다양하다. 점쟁이를 찾아가 앞일을 알아보는 것을 '점친다', '점본다', '문복(問卜)한다'고 하는데, 이를 '점복(占卜)'이라고 하기도 한다.

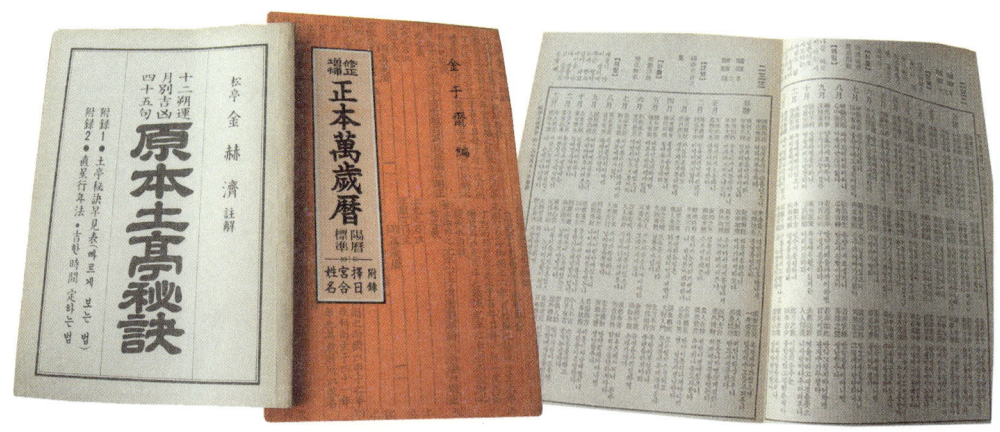

토정비결과 만세력　　　　　　　　토정비결 본문

점복의 종류와 방법

점복이란 인간의 생활에 따르는 모든 조짐을 신비적인 방법으로 미리 알아내어 인간의 생활을 유리하게 이끌어 가기 위한 정보라고 할 수 있다. '인간의 생활에 따르는 모든 조짐'이라고 할 때의 '조짐'은 한 개인이나 가족 또는 집단의 과거, 현재, 미래의 길흉화복(吉凶禍福)에 대한 조짐을 말한다. 이러한 조짐을 미리 알아보는 방법 중의 하나가 점복이다. 요즈음에 주로 행해지는 점복에는 신점(神占), 역리(易理)에 의한 점, 상점(相占), 몽점(夢占), 풍수점 등이 있다.

신점은 신이 내린 무당이 신의 영력(靈力)을 이용하여 점을 하는 것이다. 그러므로 강신(降神) 체험이 없는 세습무(世襲巫)인 '단골'은 신점을 하지 못한다. 앞일을 알고 싶은 사람이 무당을 찾아가면, 무당은 손님의 생년월일시를 묻는다. 그 다음에 자기의 몸주신을 부르는 주문(呪文)을 외우면서 신을 청하고, 신에게 그 사람의 사주를 말

충남 홍성의 무녀가 두 여대생의 점을 봐주고 있다.

충남 홍성의 무녀와 점상

하면서 그 사람의 앞일을 알려 달라고 한다. 신이 무당의 청을 받아들여 그 사람에게 맞는 점사(占辭)를 알려주면, 무당은 그 점사를 손님에게 풀어서 설명한다.

무당이 신을 청하여 점사를 얻는 방법은 무당에 따라 다르다. 어떤 무당은 주문(呪文)을 외우며 방울을 흔들어 신을 부른 뒤에 신의 계시를 받아 점괘(占卦)를 말한다. 어떤 무당은 주문을 외우며 엽전 7개를 두 손안에 넣고 흔든 뒤에 엽전을 점상(占床) 위에 뿌려 엽전이 앉는 모양을 보고 점괘를 말한다. 어떤 무당은 점상 위의 쌀을 이용하여 점을 하고, 어떤 무당은 알이 큰 염주를 돌리며 신을 불러 신의 계시를 받기도 한다.

신점을 하는 무당들은 사람의 출생과 성장·혼인·자녀·부귀·건강과 질병·수명 등 인간의 모든 일이 신의 뜻에 따라 정해지고, 그 뜻대로 되는 것이라고 믿는다. 그래서 점복을 통하여 신의 뜻을 알

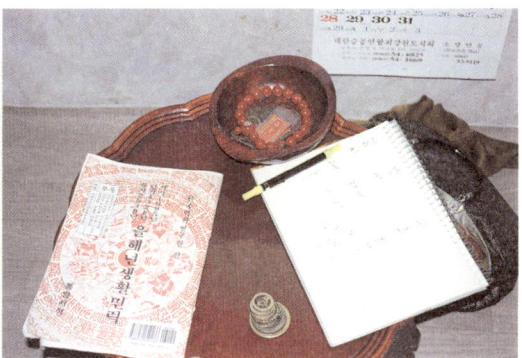

↓ 강원 고성 무녀의 점상
생활민력과 옛동전, 묵주 등이 놓여 있다.

➡ 충남 홍성의 무녀와 점상

아보고, 그에 맞는 대책을 강구해 준다. 점을 치러 온 손님에게 앞으로 좋은 일이 있을 것이라고 하면, 신의 뜻에 감사하고 근신(勤愼)하면서 그 일이 이루어지도록 노력하라고 한다. 그러나 앞으로 좋지 않은 일이 있을 것이라고 하면, '부적(符籍)'을 써 주기도 하고, '비손'이나 '굿'을 하게 하여 질병과 재난을 물리치고, 복을 받게 해 준다.

역리에 의한 점은 역학(易學)에 관한 이론을 학습한 사람이 역리를 풀어서 하는 점이다. 역리를 학습한 사람을 흔히 '철학가(哲學家)', '역학가(易學家)', '역술인(易術人)'이라고 한다. 이들 중에는 집안기도·산기도 등을 통하여 강신 체험을 한 사람도 있고, 강신 체험 없이 학습과 연구를 통하여 역리를 깨우친 사람도 있다. 강신 체험이 있는 사람의 경우에는 학습한 역학의 이론 위에 신의 계시가 겹침으로써 점사의 적중률이 높다고 한다. 이들은 모두 사람의 운명은 이 세상에 태어남과 동시에 정해지는 네 기둥, 즉 사주(四柱)에 의해 정해진다고 믿는다. 그래서 사주를 역리로 풀어서 정해진 운명을 미리 알아 좋은 일이 예정되어 있을 때에는 그에 순응하여 맞아들이라고 한다. 질병이나 재난이 있을 때에는 부적, 독경(讀經), 비손, 굿 등을 통하여 이를 예방하거나 물리쳐야 한다고 한다.

상점에는 얼굴의 형상을 주로 보는 관상(觀相), 손의 모양과 손금을 주로 보는 수상(手相) 등이 있다. 상점은 관상과 수상을 공부한 사람이 보는데, 이들은 관상이나 수상뿐만 아니라 역리(易理)도 함께 공부한 사람들이 대부분이어서 상점과 역리점을 겸하는 것이 보통이다. 상점은 오랜 동안 사람의 관상과 수상을 보아서 얻은 경험과 통계를 바탕으로 한 것이어서 적중률이 높다고 한다.

몽점은 해몽(解夢)을 통해 조짐을 알아보는 것이다. 대개의 경우 꿈을 꾼 사람이나 가족이 꿈을 풀이하기도 하지만, 전문적인 해몽가에게 해몽을 의뢰하는 경우도 있다. 해몽가는 신점을 하는 무당이나 역리점을 하는 역학가, 상점을 하는 관상가 등이 겸하는 경우가 많다.

풍수점(風水占)은 풍수설을 연구한 사람이 집터나 조상의 묏자리를 보고 점을 치는 것이다. 풍수설을 연구한 사람은 집터나 조상의 묏자리가 그 사람과 맞으면 발복(發福)하여 모든 일이 잘 되지만, 맞지 않을 때에는 재난을 당하게 된다고 믿는다. 그래서 그 사람과 맞지 않은 집터에서 이사를 하거나, 조상의 묏자리를 옮겨야 재난을 물리침은 물론, 복을 받아 잘 살 수 있다고 한다.

이 외에도 점복자가 대나 뼈로 만든 산가지를 넣은 산통(算筒)에서 산가지를 뽑은 뒤에 산가지에 적인 점괘를 읽어 점을 치는 산통점(算筒占)이 있다. 또 점괘의 여섯 가지 획을 이용하여 하는 육효점(六爻占), 새에게 점괘를 적은 종이를 물게 하여 점을 치는 새점 등이 있

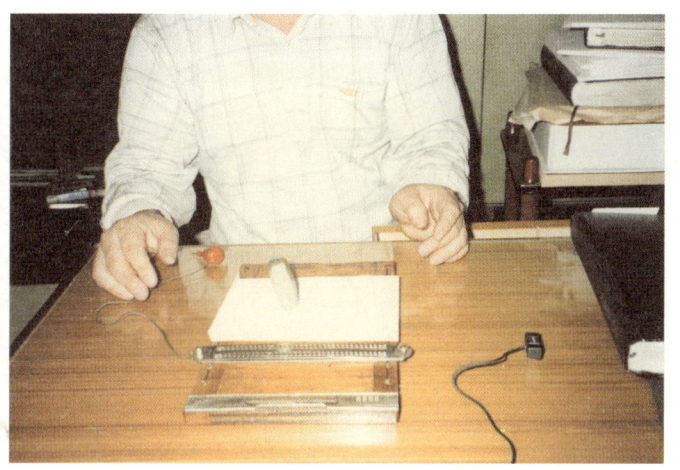

맹인 점복자의 점상 책상 가운데에 있는 것 중 긴 것은 점자를 찍는 점자틀이고, 종이 위에 놓인 것은 육효점을 칠 때 쓰는 숫자를 표시한 산가지를 넣은 산통임.

산통과 점괘를 적은 산가지 (온양민속박물관 소장)

다. 요즈음에는 컴퓨터를 이용한 컴퓨터점이 있다. 그러나 요즈음에도 널리 행해지고 있는 것은 앞에서 설명한 점이다.

점을 치는 마음

한국인들이 점복자를 찾아가 문복하는 이유는 사람에 따라 다를 것이다. 장사·사업·이사·매매·취업·소송(訴訟) 등을 하려고 할 때 그 일의 잘되고 못됨, 이로움과 해로움 등을 미리 알아보기 위해 점을 한다. 혼인을 하려고 할 때에는 배우자의 선택, 택일(擇日) 등을 잘 하기 위하여 점을 한다. 개인의 이름, 상호(商號) 등을 새로 짓거나 이의 좋고 나쁨을 알아보기 위하여 점을 하기도 한다. 병이나 재난이 있을 때에는 그 원인과 처리 방법을 알아보기 위해 점을 한다. 실물(失物), 가출자, 도망자 등이 있을 때에는 그 행방을 알아보기 위하여 점쟁이를 찾는다. 또 자녀의 출산, 건강, 입학, 입대 등을 알아 보기 위하여 점을 한다. 집터나 묘지를 새로 선택하거나 이의 좋고 나쁨을 알아보기 위하여 점쟁이를 찾기도 한다.

사람은 앞일을 알지 못하므로, 앞일에 대해 궁금증을 갖는 것은 당연하다. 이 궁금증은 사회가 불안하고, 경제가 어려우면 더해진다. 외환 위기와 함께 다가온 경제적 불황으로 실업자가 늘기 시작하던 1997년부터 1999년 초에 점복자를 찾는 사람이 부쩍 늘었다고 한다. 북한 핵과 미사일 문제로 불안이 높아지고, 경기가 좋지 않은 요즈음 에도 점복자를 찾는 사람이 많다고 한다. 이것은 미래에 대한 불안 이 있을 때 점복자를 찾는 사람이 많아진다고 하는 것을 말해 준다.

21세기를 사는 현대인들이 점을 치는 마음은 어떠해야 할까? 점을 하는 점복자나 점복자를 찾아가 문복하는 사람들이 공통적으로 가지 고 있는 의식의 밑바탕에는 운명론이 자리 잡고 있다. 이것은 사람 의 출생·건강·부귀·자녀·배우자·원만한 인간 관계 등 삶에 필요 한 모든 사항들이 신의 뜻에 따라 결정되거나, 우주 운행의 이치에 따라 태어날 때 이미 정해 졌다는 것이다. 그러나 이것은 옳지 않은 생각이다. 사람의 운명은 태어날 때 정해져서 바뀌지 않는 것이 아 니다. 그 사람의 의지와 노력에 의해서 얼마든지 바꿀 수 있는 것이 다. 그러므로 모든 것을 신의 탓으로 돌리거나, 사주팔자를 지나치게 믿지 말아야 한다.

점복에 대한 현대인의 자세

운명은 자기의 성격, 의지, 노력에 의해 결정되는 것이라는 생각을 가지고, 점을 하지 않는 것이 현대인이 취해야 할 가장 좋은 태도이다. 그러나 앞일이 궁금하여 점복자를 찾아가 문복할 수도 있다. 그런 경우에도 그 점괘에 마음이 흔들려서는 안 된다. 좋은 일이 있을 것이라고 하면, 그 일의 성취를 스스로 예언을 한 뒤에 그 일이 이루어지도록 최선의 노력을 기울여야 한다. 노력하는 사람에게는 반드시 좋은 결과가 있게 마련이다. 그 점괘를 '자성예언(自成豫言)'의 자료로 삼고 노력하면, 그 점괘는 꼭 이루어질 것이다. 나쁜 일이 있을 것이라는 말을 들었을 경우에는 그런 일이 생기지 않도록 말과 행동을 삼가고 조심하면 된다. 언행을 삼가고 조심하면, 실수를 막을 수 있을 것이고, 좋지 않은 일이 있을지라도 그 피해를 최소화할 수 있을 것이다.

옛날이야기 중에 점괘를 어떻게 받아들여야 할까를 일깨워주는 이야기가 있다. 옛날에 부지런히 일하며 살던 중년의 농부가 이름 있는 점쟁이를 찾아가 많은 돈을 내놓고 점을 해 달라고 하였다. 점쟁이는 그에게 '지금처럼 살면 노년에 누워서 먹을 팔자'라고 하였다. 그 사람은 그날부터 '나는 누워서 먹을 팔자이니, 일을 하지 않아도 된다.'고 하면서 놀기만 하였다. 농사철이 되어도 제대로 일을 하지 않으니, 아내가 나서서 농사일을 하였다. 몇 년을 그렇게 살고 보니, 그 사람은 살림이 어려워져 끼니를 걱정하게 되었다. 크게 깨달은 그는 다시 부지런히 일하여 살림을 일으킨 뒤에 편안한 노년을 보냈다고 한다.

'금년 가을에 시집갈 것'이라는 점괘를 받은 노처녀가 있다면, 그 처녀는 그 날부터 적극적인 태도를 가지고 열심히 일하면서 모임에 도 나가고, 남의 혼인예식장에도 다녀야 한다. 그러다 보면, 다른 사람의 소개로 좋은 사람을 만날 수도 있고, 전철이나 만원 버스 안에서 만난 사람이 좋은 인연으로 바뀔 수도 있을 것이다.

운명은 불변의 것이 아니다. 성공적인 삶을 살겠다는 의지를 가지고 노력하는 사람이 얼마든지 바꿀 수 있는 것이다. 운명을 자기편으로 만드는 사람만이 성공적인 삶을 살 수 있다.

4. 무당과 무속(巫俗)의 신들

　무속(巫俗)은 민간 층에서 무(巫)를 중심으로 하는 종교 현상으로, 민간신앙의 한 형태인데, 무교(巫敎)라고 하기도 한다. '무속'이란 말은 이를 민속의 하나로 보는 용어이고, '무교'는 이를 종교의 하나로 보는 용어이다. 무속을 종교로 보는 견해가 적절한가는 무속이 종교의 기본 요건을 갖추었는가를 따져보면 알 수 있다. 종교의 기본 요건은 교리(敎理), 사제자(司祭者), 신도(信徒)라고 할 수 있다. 불교에는 불교의 교리를 적은 불경(佛經)이 있고, 사제자인 승려가 있으며, 이를 믿고 따르는 많은 신도들이 있다. 기독교 역시 교리를 적은 성경(聖經)이 있고, 사제자인 천주교의 신부나 개신교의 목사가 있고, 많은 기독교 신자가 있다. 이슬람교의 경우도 마찬가지이다.

　무속의 사제자는 얼마나 될까? 무속의 사제자는 우리가 흔히 '무당'이라고 하는 '무(巫)'인데, 그 숫자를 정확히 알 수는 없다. 몇 년 전 통계에 따르면, 그들의 친목단체인 경신연합회에 가입한 회원이 전국 151,236명이고, 서울에만 37,500명이 있다고 한다. 이것으로 보아 그 세(勢)를 짐작할 수 있다.

　그러면 무속 신도는 얼마나 될까? 오래 전에 제천에서 만난 무녀에게 신도가 얼마나 되느냐고 물으니, 그녀는 거침없이 약 2,000명이 된다고 하였다. 신도의 명부(名簿)가 있느냐고 물으니, 그녀는 주소와 성명, 사주 즉 생년월일시를 적은 명부를 보여주었다. 서울에서 만난 무녀에게 같은 질문을 하였더니, 그녀는 신도라고 하기에는 좀 어색하다고 하였다. 그래서 말을 바꾸어 단골이 얼마나 되느냐고 물으니, 100여 명 된다고 하였다. 어떤 무녀는 30여 명이 된다고 하였다. 어떤 사람을 단골이라고 하느냐고 물으니, 그녀는 '1년에 한 번 정도 굿을 하고, 수시로 찾아오거나 연락하는 사람'이라고 하였다. 무당들은 이런 사람을 '단골손님' 또는 '신도'라고 한다. 단골손님의 수는 무당의 영적(靈的) 능력에 따라 다른데, 많으면 수백에서 수천 명, 적어도 수십 명의 단골손님을 거느리고 있다. 그러므로 무속의 신도는 대단히 많다고 할 수 있다. 그런데 교리는 체계를 갖추지 못한 채 관습(慣習) 또는 구전(口傳)으로 전해 오고 있다. 그래서 종교의 세 가지 요건을 갖추고 있기는 하다. 그러나 현대 종교와 같은 체제를 갖춘 종교로 보는 데에는 문제가 있다. 그래서 민속학자들은 '무교'라 하지 않고 '무속'이라는 명칭을 많이 쓴다.

무(巫)의 성격과 구분

흔히 '무당'이라고 부르는 무(巫)는 '신병(神病)'이라는 종교 체험을 통하여 신의 영력(靈力)을 획득하여 신과 교통하는 신권자(神權者)'이다. 이들은 신의 영력에 의해 인간의 길흉화복(吉凶禍福)을 굿으로 조절하는 능력을 가지고 있으며, 민간의 종교적 지도자 역할을 하고 있다.

한국의 무는 종교 의식을 집행하는 사제자의 역할, 신도들의 병을 고치는 의사의 역할, 점으로 앞일을 알아맞히는 점복예언자(占卜豫言者)의 역할을 한다. 이 외에 예능 오락적인 기능을 하기도 한다. 앞의 세 가지는 모든 종교의 사제자가 갖는 기능(機能)인데 비하여 뒤의 예능 오락적 기능은 한국 무당만이 지니는 기능이라고 할 수 있다. 이것은 '굿 구경한다'는 말에서 알 수 있는 것처럼 굿이 신과 인간을 즐겁게 하는 내용이 많음을 말해 준다.

한국의 무는 무당형, 단골형, 심방형, 명두형으로 구분한다. 무당형은 타고난 무당이 아니라 사는 동안에 신병을 앓다가 강신(降神) 체험을 하고, 내림굿을 하여 된 무당이다. 이들은 주로 중부 이북 지방에 분포되어 있다. 이들이 겪는 신병은 며칠씩 음식을 먹지 못하고, 몸이 (대개는 몸의 한쪽이) 아파 움직이지 못하고 며칠 또는 몇 달씩 누워 있으며, 꿈 또는 환상 속에서 신을 만난다. 이들의 병은 약으로는 고치지 못하고, 내림굿을 하여 신을 받아 모시고 무당이 되면 씻은 듯이 낫는다.

오래 전에 만난 50대 후반의 무녀는 3년가량 시집살이를 힘겹게 하다가 병이 났다. 온몸이 아프고 힘이 빠져서 움직일 수가 없었다. 몇 달 동안 자리에 누워 있으면서 온갖 약을 써보았지만 효험이 없었다. 어느 날 새벽에 그녀는 밖에서 누가 부르는 것 같아 나가니, 흰옷을 입고 머리가 하얀 노인이 오라고 손짓하는 것 같았다. 그녀가 노인을 따라 가니 몸이 가볍고, 기분이 좋아서 노래를 하였다. 이를 본 남편과 시어머니는 깜짝 놀라 가지 말라고 소리치며 따라와서 붙잡아 방으로 데리고 갔다. 그 후로도 그녀가 가끔씩 밖으로 나가 뛰어다니며 노래하니, 식구들은 그녀를 미쳤다고 하면서 방에 가두고 문에 못질을 하였다. 시어머니는 방문의 문살이 부러진 곳으로

서울 성북구 하월곡동 송씨 무당의 신단

밥을 넣어 주었다. 어느 날, 그녀가 방바닥에 누워 있는데, 머리가 하얀 노인이 나타나 위로하고 격려한 뒤에 천도복숭아 하나를 주며 먹으라고 하였다. 그녀가 그것을 먹으니 밥을 먹지 않아도 배가 고프지 않았다. 그녀가 밥을 먹지 않으니, 시어머니는 굶어 죽을 작정이냐고 따지면서 밥을 먹으라고 하였다. 그녀가 할아버지가 준 복숭아를 먹어서 배가 고프지 않다고 하자, 시어머니는 헛것을 보았다고 크게 걱정을 하였다. 며칠 후 시어머니는 무당을 불러 그녀의 병을 낫게 하려고 굿을 하였다. 그녀는 굿을 한다는 말을 듣는 순간부터 아픔이 가셨고, 몸에 기운이 돌았다. 굿을 한 뒤에 그녀는 언제 아팠느냐는 듯이 나았다. 그녀는 얼마 후에 또 병이 났고, 굿을 하면 병이 나았다. 이 일을 몇 번 되풀이한 뒤에 굿을 해준 무당의 권유로

맥아더 장군신이 내린 경기도 퇴계원의 무녀 장군거리에서 맥아더 장군의 복장을 하였다. 중앙에 걸린 무신도에는 맥아더 장군의 모습과 한국 전통 갑옷을 입은 장군의 모습이 그려 있다.

내림굿을 받고 무당이 되었다.

무당이 되는 의식인 내림굿을 할 때에는 신이 내린다. 이 때 내린 신을 '몸주'라고 한다. 무당은 몸주의 모습을 그린 무신도(巫神圖)를 걸어 놓고, 그 앞에 신단을 꾸민다. 매일 새벽에 신단에 청수를 떠다 놓고, 기도한다. 무당이 몸주로 받드는 신에는 천신, 자연신, 인신 등 여러 계통의 신이 있다. 인신 중에는 단군왕검신, 태조대왕신과 같은 국가 창건의 군주도 있고, 김유신 장군신 처럼 삼국통일의 대업을 이룬 장군도 있다. 그런가 하면, 공민왕신, 최영 장군신, 남이 장군신, 임경업 장군신, 단종 대왕신, 송씨 부인신(단종의 부인), 뒤주대왕신 처럼 뜻을 펴지 못해 원한을 품고 죽은 왕이나 왕비, 장군도 있다. 최근에는 맥아더 장군신, 박정희 장군신이 내려 이들을 몸주로 모시는 무당도 있다.

내림굿을 하고 무당이 된 사람은 내림굿을 주관해 준 무당을 신어머니 또는 신아버지로 모시고, 무당으로서의 생활 태도와 굿을 배운다. 이들은 사제 관계이면서 신앙적인 부모—자녀의 관계를 유지하며 살아간다. 이들은 노래와 춤을 배워 정통 굿을 주관할 뿐만 아니라, 몸주로 모신 신의 영력에 의해 점복도 한다. 이들은 무당 노릇을 하다가 그만두면 또다시 신병을 앓아 고통을 받게 된다. 그래서 한 번 강신(降神)하여 무당이 된 사람은 자기 마음대로 그만둘 수가 없다.

몇 년 전에 만난 무녀는 다음과 같은 말을 하였다. 그녀의 딸이 초등학교에 다닐 때 그녀는 딸한테 '무당의 딸이라고 놀림을 받는 것이 싫으니 제발 무당을 그만두라.'는 말을 들었다. 그녀는 무업을 그만두기로 결심하고, 무신도를 불태워 버리고, 신단을 없앴다. 그러나 얼마 지나지 않아 또 아파서 할 수 없이 신단을 다시 꾸미고 무업을 계속하니 병이 나았다. 병이 나은 후 또 무업을 그만두면 다시 병이 나서 죽을 지경이 되곤 하였다. 이런 일을 몇 번 되풀이하는 동안 딸은 자라서 사춘기를 넘겼고, 중학교를 졸업하였다. 딸이 고등학교 학생이 된 뒤에는 어머니를 이해하고 도와준다고 하였다.

단골형은 혈통을 따라 대대로 사제권(司祭權)이 계승되어 인위적으로 된 세습무(世襲巫)이다. 이들은 주로 호남 지역에 분포되어 있었다. 단골들은 사제권에 의한 일정 지역의 관할권을 계승해 왔는데, 단골의 관할 지역을 '단골판'이라 한다. 사제권은 아버지에서 큰아들로 계승되지만, 실제 단골 노릇은 그 아내가 한다. 그래서 굿의 진행이나 가무(歌舞)는 시어머니에서 며느리로 계승된다. 이들은 어려서부터 친정어머니한테 노래와 춤을 배우고, 시집와서 시어머니를 따라 굿을 익힌다. 그래서 굿은 잘 하지만, 영력(靈力)이 약하여 점복은 하지 않는다.

1950년대까지만 하여도 단골판에 사는 사람은 가을에 쌀 한두 말씩을, 여름에 보리 한 말씩을 단골에게 바쳤다. 단골들은 이것을 기본 수입으로 하고, 굿을 해 주고 받는 수고비로 그런대로 살 수 있었다. 그러나 마을에 학교와 교회가 들어오고, 미신타파 운동이 본격화됨에 따라 신앙심이 약화되어 곡식을 가져오는 사람이 줄어들고, 굿을 하는 사람도 줄어들었다. 별다른 생활기반이 없던 단골들은 수입이 줄어들자 그 마을을 떠날 수밖에 없게 되었다. 다행이 단골은 무업(巫業)을 그만두어도 병이 나서 앓는 일이 없다. 그래서 무업을 그만두고, 도시로 나가 생활하면서 자기가 단골이라는 사실을 숨기게 되었다. 그 결과 최근에는 단골을 만나기가 쉽지 않다.

심방형은 단골형과 같이 무의 사제권이 혈통을 따라 대대로 계승되는 세습무인데, 주로 제주도 지방에 분포되어 있다. 이들은 무속에서 제도화된 일면을 보이면서, 영력을 중시하여 구체적인 신관(神觀)이 확립되어 있다. 이들은 가무(歌舞)로 굿을 주관할 뿐만 아니라, 무구(巫具)를 이용하여 점을 하기도 한다.

명두형은 죽은 아이의 영혼이 강신(降神)하여 된 점복 전문의 점장이로, 가무에 의한 정통굿의 주관은 불가능한 무이다. 이들을 '명도'·'명두'라고도 하고, '태주'라고 하기도 한다. 전에 만난 무녀 한 사람은 점을 할 때 다섯 살 때 죽은 딸의 영혼이 자기에게 점사를 말해 준다고 하였다. 한 남자 무당은 어렸을 때 죽은 누님과 형의 영혼이 자기에게 내려 점사를 말해 준다고 하였다. 요즈음에는 무당형 중에 죽은 아이의 영혼이 내린 사람이 많아 무당형이 명두형을 겸하는 경우가 많다.

무속의 신들과 굿

무속에서 신앙되는 신은 성주신·조상신·조왕신·삼신·업신과 같은 가신(家神), 산신·서낭신·당신·부군신과 같은 동신(洞神), 천신·칠성신·시준신·제석신·용신·장군신·군웅신·신장신·손님신·창부신 같은 외계신(外界神) 등 민간신앙에서 신앙되는 모든 신들이다.

한국 전역에서 전승되고 있는 무속 제의인 굿은 그 목적에 따라 무신제(巫神祭), 가제(家祭), 동제(洞祭)로 나눌 수 있다. 무신제는 무당 자신의 굿으로, 강신제(降神祭)와 축신제(祝神祭)가 있다. 강신제는 신이 내릴 때 하는 굿인데, 내림굿·신굿·명두굿이라고도 한다. 이 굿은 무당이 될 때 하는 굿이기 때문에 무당이 된 뒤에는 다시 하지 않는 경우가 많다. 축신제(祝神祭)는 무의 영력을 강화하기 위해 봄·가을에 주기적으로 하는 굿인데, 꽃맞이굿·단풍맞이굿·진적굿·대택굿이라고도 한다. 이 굿은 활동을 많이 하는 무당은 1년에 한 번 또는 두 번을 한다. 이 때에는 제자인 신딸과 신아들이 모두 모여 굿에 참여한다. 그래서 스승과 제자가 영력을 보강하면서 결속을 강화하는 기능도 한다.

가제는 각 가정에서 가족의 안녕과 행운을 위해서 하는 제의로, 생전 제의(生前祭儀)와 사후 제의(死後祭儀)가 있다. 생전 제의는 주기적으로 하는 주기제(週期祭)와 수시로 하는 수시제(隨時祭)로 구분할 수 있다. 생전 제의로는 아들 낳기를 빌거나 아기가 건강하게 자라기를 비는 기자(祈子)·육아 기원(育兒祈願) 제의, 병 낫기를 기원하는

서울 새남굿의 한 장면   내림굿의 한 장면 가운데의 어린이가 내림굿을 받고 무녀가 되었다.

치병 기원(治病祈願) 제의, 혼인 축원 제의, 가옥 신축(또는 이사) 제의, 행운(幸運)·기풍(祈豊) 제의, 해상 안전·풍어(豊漁) 기원 제의 등이 있다. 사후 제의로는 장례를 치른 뒤에 하는 상가 정화(喪家淨化) 제의, 죽은 사람의 영혼을 저승으로 보내는 망인 천도(亡人遷度) 제의, 물에 빠져 죽은 사람의 영혼을 건져 저승으로 보내는 익사자 천도(溺死者遷度) 제의 등이 있다.

동제는 마을에서 공동으로 마을을 수호하는 동신(洞神)에게 해가 바뀔 때마다 정초나 봄, 가을에 날을 잡아 올리는 주기적 제의이다. 내륙 지방에서는 제액(除厄)·기풍(祈豊) 제의가, 해안 지역에서는 제액·풍어 제의가 행하여진다.

무속 제의의 구성

무속 제의는 언어 위주의 '비손'과 행동 위주의 '굿'이 있다. 먼저,

무신도 무속의 여러 신들을 함께 그렸다. (공주민속극박물관 소장)

비손의 절차를 간단히 적어보면 다음과 같다.

　비손은 제의를 올릴 사람이 무당을 찾아가 점을 치거나 상담하여 제일(祭日)을 잡는다. 날이 잡히면 제주(祭主, 제의를 올릴 사람)는 1~3일 전에 출입문에 금줄을 치고 황토를 펴서 부정(不淨)을 가리며, 음식을 가려 먹고 언행을 삼간다. 제일이 되면 무당의 말에 따라 제물을 장만하여 간단한 제상을 차린다. 무당은 밤이 되면 정결한 옷을 입고 제상 앞에 앉아 부정을 친다. 그 뒤에 제상으로 신을 청하여 모셔 놓고, 제주의 소원을 비는 축원(祝願)을 한다. 축원이 끝나면 소지(燒紙, 종이를 태우며 소원을 비는 것)를 올리고, 밖으로 나가 뒤풀이를 하여 모여든 잡귀를 돌려보낸다. 이렇게 하여 비손이 끝난 뒤에도 제주는 3~7일 간 출입이나 다른 사람과의 접촉을 삼가며 근신(謹愼)한다. 이것이 비손의 전 과정인데, 비손은 노래나 춤 없이 무당이 신과 마주 앉아 언어 위주의 축원으로 진행하므로 '앉은굿'이라고 하기도 한다.

굿 역시 제의를 올릴 사람이 무당을 찾아가 점을 치거나 상담하여 제일(祭日)을 잡는다. 날이 잡히면 제주는 1~3일 전에 출입문에 금줄을 치고 황토를 펴서 부정(不淨)을 가리며, 음식을 가려 먹고 언행을 삼간다. 제일이 되면 무당의 말에 따라 제물을 장만하여 제상을 차린다. 무당은 밤이 되면 정결한 옷을 입고 제상 앞에 앉아 장구를 치며 부정굿 무가를 부르며 소지를 올리고, 사방에 물을 뿌려 부정을 쳐낸다. 그 다음에는 각 신을 개별적으로 초청하여 그 신을 대접하면서 소원을 빈다. 소원을 빌 때에는 비손과는 달리 무당이 해당 신의 의복을 의미하는 무복(巫服)을 입고 서서 노래 부르고 춤을 추면서 신의 동작을 흉내 내기도 한다. 그러다가 신이 몸에 실리면 무당은 신성(神聖)으로 몰입되어 자기를 잃고 신으로 화하여 황홀경(恍惚境)에서 신의 말을 한다. 이를 '공수'라고 한다. 이렇게 무당이 신과 하나가 된 뒤에 다시 자기 자신으로 돌아와 제주의 소원을 축원한다. 축원이 끝나면 소지를 올리고, 밖으로 나가 뒤풀이를 하여 모여든 잡귀를 돌려보낸다. 이렇게 하여 굿이 끝난 뒤에도 제주는 3~7일 간 출입이나 다른 사람과의 접촉을 삼가며 근신한다. 그래서 굿은 '춤'과 '모의 동작', '공수'로 행동 위주의 형식이 된다. 이것은 강신무가 행하는 굿의 구성인데, 세습무의 굿은 '공수'가 없다. 그래서 공수 없이 무당이 신을 향해 일방적으로 기원하기만 한다.

이러한 무속 제의는 인간 존재의 영구 지속 욕구를 실현시키는 수

단으로 행해진다. 이것은 존재를 영원한 것으로 보고, 영원한 존재가 미분적(未分的) 순환을 계속하며 지속된다는 '원본사고(原本思考)'에 기반을 두고 있다. 무속의 신관(神觀), 우주관, 영혼관, 내세관 역시 이를 바탕으로 하고 있다.

무속의 신관(神觀)

무속의 신관은 다신적(多神的) 자연신관(自然神觀)이라 할 수 있다. 무속의 신은 자연신, 인간신 모두 인격을 갖추고 있는 것으로 나타난다. 이들은 분담된 직능 분야에 관해서는 무한한 능력을 지닌 전능한 존재자이며, 공포의 대상이 된다.

무속의 신도라고 할 수 있는 한국인은 인간의 삶과 죽음, 흥망(興亡), 화복(禍福), 질병 등의 운명 일체가 신의 의사에 의한 것이라 생각하고, 신에게 발원(發願)하여 복을 얻으려고 한다. 그런데 그 발원의 방법이 정신적이기보다는 물질적이어서 신에게 제물을 바치고, 그 제물의 양과 질에 비례하는 신의 보살핌이 있다고 믿는 공리적(功利的) 신앙이다. 또 현실에서 복을 받으려는 현실기복(現實祈福) 신앙이다. 그래서 굿을 할 때에는 제물을 많이 차리고, 굿상에 놓는 돈을 아끼지 않는다. 현대의 불교 신자나 기독교인도 불전이나 교회에 많은 헌금을 하고, 그에 상응하는 복을 받기를 기원한다. 특히 한국의 기독교인은 외국의 기독교인보다 헌금을 많이 한다고 한다. 이것은 현실기복적인 공리적 신앙심이 그 바탕에 자리 잡고 있기 때문이라 하겠다.

한국인은 유일신이 아니라 여러 신을 믿는데, 모든 것을 신의 뜻이라면서 신에게 많이 바치고 잘 위하면 큰 복을 받을 수 있다고 믿는다. 그리고 착한 일을 많이 하면 신의 감응(感應)을 받아 복을 받고, 악한 일을 하면 신의 노여움을 사서 화를 당한다고 믿는다. 또, 점복을 통해 앞일을 미리 알아서 복을 맞이하고 화를 예방하려고 한다. 이것은 모두 무속적 사고에 바탕을 두고 있는데, 이것은 무속이 현대 한국인의 의식과 신앙에 중요한 기능을 하고 있음을 말해 준다.

5. 명당(明堂)과 자손의 행복

　한국인의 의식 속에는 명당(明堂) 자리에 집을 짓고 살거나, 조상의 묘를 쓰면 자손이 발복(發福)하여 잘 된다는 의식이 있다. 그래서 예로부터 좋은 집터를 골라 집을 짓고 살고, 부모님의 상을 당하면 명당을 찾기 위해 온갖 노력을 기울이곤 하였다. 또 집터나 조상의 묏자리를 보고 길흉(吉凶)을 점쳐서 이사를 하거나 이장(移葬)하기도 하였다. 우리 속담에 '잘 되면 제 복, 못되면 조상의 묏자리 탓'이란 말이 있다. 요즈음 가까운 사람과 주고받는 말 중에 "누구는 조상 묏자리 잘 써서 출세하였고, 누구는 할아버지 묘를 잘못 이장하여 망하였다."고 하기도 한다. 요즈음에도 민간에서는 집터나 묏자리를 보아 그 집에 사는 사람이나 후손의 운명을 알아보는 '풍수점(風水占)'을 치기도 한다.

　풍수지리설은 중국에서 시작되었는데, 신라 말에 우리나라에 들어와 깊이 연구되고, 민간에 퍼지기 시작하였다. 이것은 고려와 조선 시대를 거치면서 더욱 확산되어 민간에 넓고 깊게 파고들었다. 그래서 풍수신앙으로 자리 잡게 되었다.

양택풍수(陽宅風水)와 음택풍수(陰宅風水)

풍수에는 한 나라의 도읍이나 대궐, 마을이나 집터를 어디에 어떻게 잡느냐에 따라 그 나라나 마을, 집안의 운명이 좌우된다고 믿는 양택풍수와 선대(先代)의 묏자리를 어디에 어떻게 쓰느냐에 따라 그 자손의 운명이 좌우된다고 믿는 음택풍수가 있다.

고려 태조 왕건의 조부가 송악산 기슭에 집을 지을 때 지나던 중이 집터를 보고는 조금 옮겨 지으면 그 집에서 왕이 날 것이라고 하였다. 그는 이 중의 말대로 상량(上樑)까지 한 집을 뜯어 옮겨 지었다. 그 중은 신라 말에 풍수 연구로 이름을 떨친 도선(道詵, 596~667) 대사였는데, 그 뒤에 그 집에서 고려 태조 왕건이 태어났다고 한다. 고려 중기 묘청은 송악은 지기(地氣)가 쇠하였으니 평양으로 도읍을 옮겨야 나라가 융성할 수 있다면서 평양으로 도읍을 옮길 것을 주장하였다.

조선을 건국한 이성계는 한양(漢陽)으로 천도(遷都)하기 전에 도읍할 자리를 찾아 전국을 돌아다녔다. 그러다가 한양이 풍수지리로 보아 가장 좋은 곳이라는 무학 대사와 정도전의 말을 듣고 한양으로 도읍을 옮겼다. 무학 대사가 도읍지를 한양으로 정하고 경복궁의 자리를 선정하여 건축할 때에도 풍수지리설을 깊이 고려하였다고 한다. 이러한 것은 모두 양택풍수와 관련된 것이다. 요즈음에도 유명 인사 누구의 집은 자리와 향(向)이 좋아 잘 되는데, 누구의 집은 자리와 향이 좋지 않아 궂은 일이 있었다는 이야기가 떠돌고 있다. 이것은 양택풍수에 관한 의식이 현대인의 마음속에도 깊이 자리 잡고 있음을 말해주는 것이다.

충남 예산에 있는 남연군의 묘 2대에 걸쳐 왕이 날 자리라고 하여 이장하였는데, 그 말대로 되었다고 한다.

누구네 집은 조상의 묘를 잘 써서 잘 되는데, 누구네 집은 묘를 잘못 써서 망했다는 이야기는 어려서부터 많이 들었다. 묏자리에는 자손이 우연히 잘되어 부자도 되고 출세도 하는 명당이 있다. 명당에는 자손들이 먼 훗날에 발복(發福)하는 자리도 있고, 당대에 발복하는 자리도 있으며, 묘를 쓰자마자 발복하는 자리도 있다고 한다. 그런가 하면, 아들이 죽거나 집안이 망하고 손이 끊어지는 나쁜 자리도 있다고 한다. 그래서 사람들은 자손에게 화가 미치는 나쁜 자리를 피하고, 자손이 발복하는 명당을 찾기 위해 온갖 노력을 기울였다. 명당을 얻기 위해 스스로 풍수지리를 공부하기도 하고, 풍수에 대해 깊이 연구하여 식견을 갖춘 지관(地官)을 찾기도 하였다. 또, 선행(善行)을 하면서 명당 찾기를 기원하기도 하였다.

충남 예산군 덕산의 가야산 자락에는 고종의 부친인 흥선대원군이하응(李昰應)의 부친인 남연군(南延君)의 묘가 있다. 남연군의 묘는 원래 경기도 연천에 있었는데, 이하응이 부친의 묘를 이장하려고 명당을 찾고 있었다. 지사(地師) 정만인이 여러 곳을 둘러본 뒤에 대원군에게 덕산에 후손이 만대에 걸쳐 영화를 누릴 수 있는 자리와 2대에 걸쳐 왕이 날 자리가 있다고 하였다. 이 말을 들은 대원군은 왕이날 자리에 이장하기로 마음먹고, 가야사 금탑이 있던 지금의 자리로 이장하였다. 대원군은 명당의 덕인지 그 자리에 남연군의 묘를 쓴지 7년만인 1852년에 둘째아들 재황을 얻었다. 그 아이가 그로부터 11년 뒤인 1863년에 왕이 되었으니, 그가 고종이다. 그리고 그 아들이 뒤를 이어 황위에 오르니, 그가 조선의 마지막 왕인 순종이다.

지난번에 퇴임한 김 대통령은 몇 차례의 대통령 선거에서 낙선의 고배(苦杯)를 마신 뒤에 다시 도전하여 1997년 12월 선거에서 대통령에 당선되었다. 김 대통령이 선거에서 당선한 직후에 몇 번씩 낙선하던 분이 당선된 것은 선대 묘를 명당으로 이장(移葬)하였기 때문이라는 소문이 퍼졌다. 그러자 많은 사람들이 김 대통령 선대 묘를 둘러보려고 모여들어 새로운 관광 명소가 되었었다고 한다. 몇 년 전에는 한 야당의 총재가 선대 묘를 명당으로 옮겼다는 소문이 퍼져그 곳 역시 한동안 관광객의 발길이 끊이지 않았다고 한다. 몇 년전에는 명당의 지기(地氣)를 억제하기 위해 남의 묘에 쇠붙이를 묻어두었다가 그 일이 탄로나 벌을 받는 일이 생기기도 하였다. 지난 선거에서 당선하여 취임한 노 대통령의 생가에 많은 사람들이 찾아와명당의 기를 받을 수 있도록 해 달라고 하였다고 한다. 이런 일들은 한국인의 풍수(風水)에 관한 의식이 요즈음에도 매우 강함을 보여 주는 사례이다.

풍수설(風水說)의 핵심

'풍수(風水)'는 바람을 갈무리하고, 물을 얻는다는 뜻의 '장풍득수(藏風得水)'를 줄인 말이다. 이를 '감여(堪輿)', '지리(地理)', '지술(地術)' 또는 '풍수지리(風水地理)'라고도 한다. 생기(生氣)는 바람을 타면 흩어지고, 물을 만나면 멈추게 되기 때문에 바람을 막아 갈무리하고, 물을 얻는 데서 생기가 응결(凝結)한다는 뜻에서 풍수라는 말이 생겼다. 풍수설은 산수(山水)가 신비로운 생기를 품고 있으면서 인간 생활의 배후에서 인간의 길흉화복(吉凶禍福)을 좌우한다고 믿고, 거기에 인간과 사령(死靈)을 일치·조화시킴으로써 인간 생활에 복리(福利)를 추구하려는 하나의 민간신앙이다. 그런데 이것은 음양오행설(陰陽五行說)을 원용한 생기론(生氣論)과 감응론(感應論)에 근거를 두고 있다.

우주에는 인간과 만물의 운명을 지배하는 생기가 있는데, 생기는 바람·구름·비로 나타나기도 하지만, 그 주류는 땅속에 흘러들어서 대지의 만물을 길러주고 있다. 땅의 생육력(生育力)은 토양 자체가 아니라 땅속을 흐르는 생기의 작용에 의한 것이다. 생기는 사람의 몸속에서 피가 핏줄을 따라 흐르듯이 땅속에서 지맥(地脈)을 따라 흐르고 있는데, 그것에 의해 사물이 생겨난다. 생기가 흐르다가 멈추는 곳이 명당(明堂)인데, 그 위에 집을 지으면 그 집에 사는 사람이 생기에 감응(感應)되어 발복한다. 조상의 뼈를 묻으면 생기가 그 뼈에 작용하여 그 뼈와 관계가 깊은 자손에게 감응하여 자손이 발복한다. 이것이 생기론과 감응론의 요지이다.

생기론과 감응론을 바탕으로 한 풍수설은 산·물·방위·사람을 구성 요소로 하여 간룡법(看龍法), 장풍법(藏風法), 득수법(得水法), 정혈법(定穴法), 좌향론(坐向論), 형국론(形局論) 등에 구체화되고, 체계화되었다.

　풍수설의 안목으로 서울의 경복궁과 성문의 이름을 보면, 매우 재미있다. 경복궁은 북한산에서 뻗어 내려온 북악(北岳)을 주산(主山)으로 하여, 낙산을 좌청룡(左靑龍)·인왕산을 우백호(右白虎)·목멱산(남산)을 내안산(內案山)·관악산(冠岳山)을 외안산(外案山)으로 하고 있다. 그리고 청계천이 동으로 흘러 한강에 합류하여 유유히 흐르고 있다. 그래서 경복궁은 풍수설의 요건을 잘 갖췄다고 한다. 그런데 한양에도 풍수적인 결함이 두 가지나 있어서 이를 비보(裨補)하였다.

　첫째, 동쪽인 진방(震方)의 청룡(靑龍)에 허점이 있다. 서쪽의 백호는 인왕산에서 사직동으로 뻗은 내백호(內白虎)와 안산에서 만리동을 거쳐 효창공원까지 뻗은 외백호(外白虎)의 두 겹으로 되어 있어 장풍(藏風) 하기에 충분하다. 동쪽의 청룡은 한 겹뿐인데, 그것도 동문 근처에서 끊어져 있고, 이 문에서 망우리에 이르는 사이에는 평야가 있어 장풍이 제대로 되지 않는다고 한다. 이를 인위적으로 보완하기 위하여 동문의 이름을 '흥인지문(興仁之門)'이라 하였다. 풍수설에서 '인(仁)'은 '목(木)'에 속하고, 목은 동쪽을 뜻하므로 '흥인'은 바로 동쪽을 반기는 뜻이 된다. '지(之)' 자는 산맥이 구불구불한 모양을 형상적으로 표시하는 문자이므로, 동쪽의 허한 것을 보완하는 의미를 지니고 있다. 그래서 동문은 이름을 '興仁之門'의 넉 자로 하고, 산을 쌓아 비보(裨補)하는 대신 반월형의 석축으로 울을 쌓아서 외풍(外風)이 들어오는 것을 인위적으로 막으려 하였다.

　둘째, 남쪽인 곤방(坤方)에 있는 관악산이 음양설(陰陽說)로 보아

현판을 세로로 쓴 숭례문

화기(火氣)가 왕성하다는 점이다. 그래서 남문의 현판 '崇禮門'을 세로로 붙였다. 풍수설의 오행을 보면, '예(禮)'는 불에 속하고, 불은 남쪽을 의미한다. '숭(崇)' 자의 예서(隷書)는 불꽃이 일어나는 형상이므로, '숭례(崇禮)'는 '염화(炎火)'의 뜻으로 불이 타오른다는 풍수문자가된다. 그런데 그 글자를 세로로 쓰면 불이 붙지 않는다고 한다. 그래서 남대문의 현판을 세로로 써서 걸었는데, 이것은 관악산의 화기(火氣)를 마주 대하게 하여 불로써 불을 제압하여 불이 일어나지 않게하려는 의도였다고 한다.

조선 고종 때 대원군은 경복궁을 중건(重建)하고, 경복궁 정문인광화문 앞뜰에 해태의 형상 둘을 만들어 세웠다. 이것을 두고, 민간에서는 관악산의 화기를 누르기 위한 것이라고 전한다. 해태는 수신

광화문 좌우에 있는 해태상 관악산의 화기를 제압하기 위해 세웠다고 전해 온다.

(水神)을 상징하므로, 물로서 불을 제압하려는 의도에서였다고 한다. 그런데 이것은 『조선왕조실록』에는 없으므로, 민간에서 풍수와 관련지어 전해 오는 것이 아닐까 생각한다.

한 마을과 관련된 비보 이야기도 있다. 강원도 양양에 조산(造山)이란 마을이 있다. 그 마을은 넉넉히 살았으나, 큰 인물이 나지 않았다. 어느 날, 한 노승이 마을을 두루 살피고 다녔다. 노인들이 무슨 일이냐고 물으니, 노승은 금강산에서 온 중인데, 지세가 하도 좋아 살펴보았는데, 먹고 살기는 걱정이 없겠으나 인물이 나지 않겠다고 하였다. 노인들이 어떻게 하면 큰 인물이 나겠느냐고 물었다. 노승은 설악산의 주맥(主脈)이 이 마을에 와서 끊겼으니, 인력으로라도 산 하나를 만들어 그 맥을 이어주면 설악산의 정기를 받을 것이라고 하였다. 마을 사람들이 힘을 모아 인공으로 산을 만들었더니, 많은 인재가 나왔다. 그 후로 마을 이름도 조산이라고 하였다 한다.

명당은 잘 보존해야 하는데, 의도적으로 지맥을 끊어 파손하는 경우, 그에 따른 금기(禁忌)를 어기거나 비밀을 지키지 않을 경우, 악을 행한 경우, 더 좋은 자리를 얻으려고 이장하는 경우에 파손되어 그 기능을 잃게 된다. 어느 부잣집 며느리가 손님이 끊이지 않아 손이 마를 날이 없어서 한 스님의 말대로 뒷산 중턱에 있는 바위를 굴리니 그 집이 망하여 손이 마르게 되었다고 한다. 이것은 지맥을 끊어 명당을 파손한 단맥(斷脈) 설화의 한 예이다.

충남 태안군에 있는 안면도는 원래 섬이 아니고 곶이었다. 조선 인조 때 충청도 관찰사 김유가 세곡(稅穀)을 나르는 배가 멀리 돌아다니는 불편을 없애기 위해 판목을 잘라 섬이 되었다. 이러한 사실이 민중들 사이에서는 이곳이 큰 인물이 날 지형이므로 일본인 또는 중국의 이여송이 지맥을 끊기 위하여 판목을 잘랐으므로 섬이 되었다고 전해 온다. 이것은 판목 절단의 역사적 사실을 민중들의 의식 속에 깊이 자리 잡고 있는 풍수설과 관련지어 단맥 설화로 꾸민 예이다.

일본인들은 한국의 지형을 잘 살핀 뒤에 우리의 민족정기를 말살하고, 큰 인물의 출현을 막기 위해 실제로 전국 각지에서 단맥 행위를 하였다. 1985년 3월 서울의 '오르내림산우회'에서는 삼각산 백운대 정상에서 1927년에 일본인이 박았다고 하는 쇠말뚝을 뽑아냈다. 또 '한국산악회' 경남지부에서는 1986년 8월 15일에 경남 마산시 교방동에 위치한 무학산 무학봉에서 일본인이 박았다고 하는 쇠말뚝을 제거하였다. 이것은 일본인들이 조선의 풍수지리를 연구하고, 그 결과를 토대로 풍수침략 행위를 자행하였음을 사실적으로 말해주는 예이다.

풍수와 관련된 지명(地名)

우리나라에는 풍수와 관련된 지명이나 설화가 많이 있다. 이것은 풍수신앙이 넓고 깊게 퍼짐에 따라 일어난 자연스런 현상이라 하겠다.

서울 풍수의 안산(案山)인 목멱산(남산)은 생김새가 누에처럼 생겼다 해서 '잠두봉(蠶頭峰)'이라고도 한다. 도시 풍수에서는 안산을 길러야 그 도시에 불행이 없고 번창한다고 한다. 잠두형은 누에가 뽕잎을 갉아먹고 사는 형세이므로, 양안술(養案術)은 누에를 먹이는 뽕나무를 심는 것이다. 그래서 남산의 동쪽에 보이는 당시의 사평리(沙坪里)에 많은 뽕나무를 심고, 여기를 '잠실(蠶室)'이라 하였다. 그래서 지금도 잠원동(蠶院洞) 일대를 '잠실'이라고 한다.

서울 불광동 쪽에서 독립문으로 가는 고개를 '무악(毋岳)재'라고 한다. 태조 이성계가 도읍 터를 물색할 때 하륜(河崙)이 무악재 남쪽을 도읍지로 적극 주장하였는데, 일부에서는 명당이 좁다고 반대하였다. 그래서 태조가 1394년에 몸소 무학 대사를 데리고 가서 조사하였으므로 '무악재' 또는 '무학현(武學峴)'이라 했다고 한다. 서울 서대문구 북아현동에는 '굴레방다리[靮橋]'가 있고, 서강 쪽에 붕괴된 와우아파트가 있던 '와우산(臥牛山)'이 있으며, 무악재 남쪽에 '안산(鞍山)'이 있다. 풍수설에 따르면 큰 소가 길마는 길마재에다 벗어놓고, 굴레는 굴레방다리에다 벗어놓은 다음, 서강(西江)을 향하다 내려가다가 와우산에 이르러 누웠다고 한다. 그래서 '굴레방다리', '와우산', '길마재[鞍山]'이란 지명이 생겼다고 한다.

전남 곡성의 진산(鎭山)은 동락산(動樂山)인데, 봉(鳳)이 날아가는 형상이라고 한다. 봉이 날아가 버리면 곡성은 쇠퇴하게 되므로 이를 막기 위하여 땅이름으로 묶어 놓았다고 한다. 봉은 오동나무에 깃들이므로 봉이 쉴 수 있게 하기 위해 '오지리(梧枝里)'란 땅이름을 지었다. 봉은 대 열매만 먹으므로 남쪽에 '죽곡면(竹谷面)'이란 땅이름을 지었다. 또 봉은 고양이를 싫어하므로 서쪽을 '묘산(猫山)'이라 하고, 봉은 메추리를 보면 멈추므로 북쪽에 '순자강(鶉子江)'을 두었다고 한다.

풍수와 관련된 땅이름 중에는 예언적인 성격을 띤 것도 있다. 충북 청원군 북일면에는 '비상리(飛上里)'란 마을이 있고, 청주시 강서동에 '비하리(飛下里)'란 마을이 있다. 그런데 1997년 4월 28일에 개항한 청주 비행장의 이륙장(離陸場)쪽에 있는 마을 이름이 비상리이고, 착륙장 끝에 있는 마을 이름이 비하리라고 한다. 인천 국제공항은 서울 도심에서 52km 떨어진 곳에 위치한 영종도(永宗島)와 이 섬에서 5km 거리인 용유도(龍遊島) 사이를 메워서 만든 공항이다. 영종도의 옛이름은 '제비섬[紫燕島]'였는데, 조선 중기부터 '영종도'라고 부르기 시작하였다. 제비는 비행기, 영종(永宗)은 긴 마루라는 뜻으로 광활하게 뻗는 활주로를 뜻한다고 볼 수 있다. 이 섬과 방파제로 연결된 용유도는 용이 구름을 타고 하늘에서 노닌다는 뜻으로 볼 수 있다. 이로보아 이곳은 당초부터 비행기가 하늘을 날고 내리는 공항이 들어설 자리를 예견하는 이름이었다고 할 수 있다.

충남 당진군 서해안에 '대호지면(大湖芝面)'이 있고, 그 옆의 석문면에 '교로리(橋路理)'라는 마을이 있다. 이 지역에 1981년부터 대규모 간척사업을 하여 큰 호수와 농지가 생겼다. 충남 당진군 신평면 '운정리(雲井里)'의 논과 밭은 삽교천 방조제 공사가 완공됨에 따라 삽교호(揷橋湖)로 변하여 아지랑이와 안개가 자욱한 곳이 되었다. 이것 역시 예언적 성격을 띤 지명이다.

풍수와 관련된 설화

풍수신앙이 널리 퍼짐에 따라 명당자리를 얻기 위한 노력과 정성, 수단과 방법도 다양하여졌다. 그에 따라 크고 작은 일들이 수없이 발생하였는데, 이러한 일들이 풍수 설화의 소재가 되었을 것이다. 풍수 설화에는 유능한 지관(地官)을 만나 명당을 얻은 이야기, 적선(積善)을 하여 좋은 자리를 얻은 이야기 등이 있는가 하면, 남을 속이거나 권력을 이용하여 좋은 자리를 차지한 이야기가 있다. 또 자기 선대의 유골을 명당자리에 몰래 묻은 암장(暗葬), 투장(偸葬) 이야기도 있다.

풍수 설화 중에는 재미있는 이야기들이 많이 있다. 가난한 노총각이 '금시발복지지(今時發福之地)'에 아버지를 묻고 집에 오니, 비가 내렸다. 그 때 청상과부(靑孀寡婦)가 된 서울 재상가의 딸이 그곳을 지나다가 비를 피하기 위해 그 집에 들렀다. 갈 곳이 없는 그녀는 그와 함께 살겠다고 하였다. 그래서 그는 장가도 가고 부자가 되어 잘 살았다고 한다. 어떤 사람은 장가도 들기 전에 죽은 외아들을 '죽은 아들에게서 손자 보는 묏자리[死子生孫之地]'에 묻고 그 옆에 여막(廬幕)을 지어 놓았는데, 죽은 아들의 영혼이 소나기를 피하기 위해 그 여막에 들른 처녀와 관계하여 아들을 낳았으므로, 그 아이로 대를 이었다고 한다. 어떤 나무꾼은 산에 가서 나무를 하다가 드러난 해골을 잘 묻어주고 복을 받아 잘 살았는데, 그 자리가 명당 자리였다고 한다. 효성이 지극한 사람에게 호랑이나 노루가 명당을 잡아 주어 잘 살았다는 이야기도 전해 온다.

요즈음에도 묏자리를 놓고 벌어지는 싸움이 종종 일어난다고 하는데, 이것은 남남끼리 벌이는 싸움보다는 친족 간에 벌이는 싸움이 더 많고, 또 심하다고 한다. 이것은 예로부터 내려오는 풍수신앙과 좋은 자리를 차지하여 자기 직계 자손에게 궂은 일이 없게 함은 물론, 발복하여 잘 살게 하고자 하는 이기심의 작용에 의한 것이다.

지금 살아있는 우리들이 갈 만한 명당은 남아 있을까? 큰 산, 작은 산 가릴 것 없이 산세로 보아 좋다고 생각되는 곳에는 예외 없이 절이 들어서 있다. 명당이라고 할 만한 자리에는 왕릉(王陵)이나 한 때 세력을 잡았던 양반들의 묘가 자리 잡고 있다. 최근에도 돈 있고, 힘 있는 사람은 좋은 자리를 골라 부모의 묘를 쓰고, 치산(治山)을 한다. 이런 판에 서민들이 명당을 얻는다는 것은 기대하기 어렵다. 국가에서는 묏자리가 차지하는 면적이 점점 늘어서 효율적인 국토 이용과 관리에 문제가 있다고 하여 화장(火葬) 후 납골(納骨)을 권장하고 있다. 우리 서민들은 과학적인 근거가 희박한 명당 관념에서 벗어나 국가 시책에 호응하는 것이 좋을 것이라 생각한다.

6. 생산과 풍요 기원의 성신앙(性信仰)

우리나라에는 예로부터 나무나 돌로 남녀 성기(性器)의 모형을 만들어 놓고 신체(神體)로 상정(想定)하여 받들거나, 남녀 성기 모양의 바위 또는 바위에 성기나 성교(性交) 장면을 조각한 것을 신체로 상정하여 제의를 올리는 신앙이 있다. 이를 성기신앙(性器信仰) 또는 성신앙(性信仰)이라고 한다. 이것은 한국에만 있는 것이 아니라 다른 나라에도 전해 오고 있다.

남근(男根)을 제물로 받는 신

강원도 삼척시 원덕읍 갈남2리 신남 마을에서는 매해 음력 정월 보름과 10월 첫 오일(午日)에 나무로 정성껏 깎은 남근(男根)을 해신당(海神堂) 당집 안과 신나무[神樹, 神木]에 제물로 바치고, 마을의 평안과 풍어(豊漁)를 빈다.

해신당 안에는 중앙의 벽에 젊고 예쁜 해신(海神)의 초상화가 걸려 있고, 제단 위에는 나무로 실물과 같거나 약간 크게 깎은 남자의 성기 9개를 짚으로 엮어 세워 놓았다. 해신도(海神圖)의 왼쪽 기둥에는 남근 5개를 옆으로 넣고 유리를 끼운 상자가 걸려 있고, 오른쪽 기둥

남근을 제물로 바치는 해신당 신목(왼쪽)과 당집(오른쪽)

에는 새끼줄에 낀 남근 9개가 걸려 있다. 그리고 오른쪽으로 가로지른 나무에도 2개가 걸려 있다.

해신당 뒤 바다 쪽으로 약 10m쯤 떨어진 곳에는 몇 백 년 되었음직한 향나무 한 그루가 서 있는데, 검정 색으로 '海神堂'이라고 세로로 쓴 널빤지가 걸려 있다. 이 나무가 오래 전부터 남근(男根)을 제물로 받던 신나무이다.

이 마을에 이러한 풍습이 생겨나게 된 데에는 다음과 같은 사연이 있다.

지금으로부터 400여 년 전, 이 마을에 서로 사랑하여 장차 결혼하기로 약속한 처녀와 총각이 살았다. 하루는 처녀가 해신당 북쪽 2Km 정도 떨어진 곳에 있는 작은 바위섬으로 돌김을 뜯으러 갔다. 처녀는 김을 뜯는 데에 정신이 팔려 파도가 높아지는 줄도 몰랐다. 총각이 약속

해신당 내부 중앙에 해신의 초상화가 걸려 있다. 나무로 깎은 남근을 짚으로 엮어 초상화 앞에 세워 놓고, 왼쪽에는 짚으로 엮어 백지와 함께 걸어 놓았다. 오른쪽에는 상자에 넣고 유리로 덮은 뒤에 걸어 놓았다.

한 시간에 처녀를 데리러 가려고 하였으나, 갑자기 불어 닥친 바람에 풍랑이 심하여 도저히 배를 띄울 수가 없었다. 처녀는 바다에 빠지지 않으려고 바위를 잡고 애를 쓰다가 힘이 빠져 풍랑에 휩쓸려 죽고 말았다. 그래서 그 바위를 '애바위'라고 한다. 그 일이 있은 뒤로 마을 사람들은 고기가 잡히지 않아 생계가 곤란하게 되었다.

어느 날, 죽은 처녀가 그 총각의 꿈에 나타나 지금 신나무로 받드는 향나무에 자기의 영혼을 모셔달라고 하였다. 마을 사람들은 그 나무에 처녀의 영혼을 모시고, 위령제(慰靈祭)를 지내 주었다.

마을 사람들이 정성을 다하여 제사를 지냈건만, 여전히 물고기는 잡히지 않고, 고기를 잡으러 나갔던 젊은이들이 죽는 일이 연달아 일어났다. 그러자 한 어부가 술에 만취하여 이곳에 와서 욕을 하면서, 신나무에다가 오줌을 누고 내려왔다.

그 다음날, 그 어부가 바다에 나가 그물질을 하였는데, 그 사람은 많은 고기를 잡았다. 그는 만선(滿船)의 기쁨을 안고 돌아오면서 생각하였다. 자기가 고기를 많이 잡은 것은 간밤에 처녀의 영혼을 모신 신나무에 방뇨(放尿) 했기 때문이다. 그렇다면, 처녀의 영혼은 제물보다 남자의 성기를 원하는 것이 틀림없다. 그래서 그 어부는 그 다음날에 몇 가지 제물과 함께 소나무로 깎은 남근을 가지고 가서 정성껏 제사를 지냈다. 그는 그 다음날에도 남달리 많은 고기를 잡았다.

어부의 말을 들은 마을 사람들은 다투어 남근을 깎아 향나무 앞에 놓고 제사를 지냈다. 제사를 지낸 사람은 모두 고기를 많이 잡았다. 마을 사람들은 제각기 제사를 지내는 것보다는 함께 지내는 것이 좋겠다고 하여 동제(洞祭)로 지내기로 하고, 정월 보름날과 시월 첫 오일(午日)에 동제를 지낸다.

위 이야기는 1994년 8월 20일에 이 마을의 이장 김진철(남, 48세, 어업) 씨에게 들은 이야기이다. 바다의 상징적인 성(性)은 여성이라 할 수 있다. 바다의 신이 된 신남 마을 처녀가 성적으로 결핍된 상태에서는 그 마을 사람들이 평안과 풍요를 누릴 수 없다. 해신(海神)이 성적인 충족을 얻어야만 마을의 평안과 풍어(豊漁)를 가져다 줄 수 있다. 그래서 마을 사람들은 남근을 깎아 해신에게 바치는 것이다.

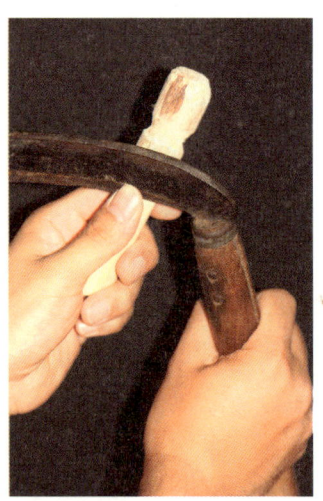
해신당에 바칠 남근을 깎는 모습

이와 비슷한 전설과 목제(木製) 남근

(男根)을 바치는 습속은 강원도 명주군 강동면 안인진 2리의 '해랑당 (海娘堂)'에도 전해 온다. 그 내용을 간추려 적어 보면 다음과 같다.

옛날에 바닷가 안인진 마을에 한 어부가 과년한 딸과 함께 살았다. 어느 날, 그 처녀는 바닷가에 나갔다가 한 청년을 만났는데, 그 청년을 사모하는 마음이 점점 깊어지기 시작하였다. 어느 날, 그녀는 그 청년을 만나 청혼을 하리라 굳게 마음먹고, 그 청년이 있는 곳으로 갔는데, 그 청년은 벌써 고깃배를 타고 바다를 향하고 있었다. 그 청년은 바다로 나간 뒤에 다시 돌아오지 않았다. 처녀는 그 청년을 영영 볼 수 없게 되자 마침내 병이 들어 죽고 말았다.

그 처녀가 죽은 후 이 마을에는 고기가 전혀 잡히지 않을 뿐더러 연달아 재앙이 생기곤 하였다. 그러던 어느 날, 그 마을 사람의 꿈에 그 처녀가 나타나서 말하였다.

"나는 시집도 못 가고 죽어 이렇게 원혼(冤魂)이 되었소. 내일부터라도 이 마을 높은 곳에다 나를 위하여 사당을 짓고, 남자의 신(腎)을 만들어 걸어 주시오. 그러면 고기도 많이 잡게 될 것이오."

마을 사람들은 그 처녀가 말하던 대로 사당을 짓고, 오리목나무로 남자의 신을 만들어 걸어 놓고 빌었다. 그랬더니, 과연 그 이튿날부터는 고기가 많이 잡히므로, 어촌 사람들이 그것을 많이 만들어 걸게 되었다고 한다.

안인진의 해랑당에는 남근을 깎아 바치고 풍어를 기원하는 제의가 1940년대까지 행하여졌다. 그러나 지금은 남근을 바치지 않고, 유교식으로 제의를 올린다. 남근 바치기가 없어진 것을 설명하는 이야기를 적어 보면 다음과 같다.

지금으로부터 60여 년 전에 이 마을 이장인 이천오(李千五)의 부인에게 해랑신이 덮쳐 미쳤다. 그녀는 밤낮으로 해랑당에 오르내리며 말하였다.

"내가 시집을 갈 터이니, 김대부신(金大夫神)과 혼인 시켜 다오."

마을 사람들이 믿지 않자, 이장 부인의 병세는 악화되어 사경(死境)에 이르렀다. 그래서 하는 수 없이 동네 노인들이 상의한 끝에 '김대부지신위(金大夫之神位)'라 쓴 위패(位牌)를 만들어 놓고 '해랑신(海娘神)'과 혼인하는 제를 지냈다. 그러자 이장 부인의 병이 싹 나았다.

해랑신이 혼인을 하자 마을 사람들은 남근을 바칠 수가 없게 되었다. 그로부터 얼마 뒤에 울진에서 온 큰 배의 선주(船主)가 고기를 많이 잡아가지고 가다가 해랑당에 소를 잡아 제를 지내며 남근을 깎아 달아맸다. 그런데 그 사람이 제를 마치고 산에서 내려오다 고꾸라져 피를 쏟고 즉사해 버렸다. 그것은 남편이 있는 해랑신에게 간음(姦淫)하도록 한 죄로 신벌(神罰)을 맞은 것이라 했다. 이런 일이 있은 후로는 남근을 바칠 수가 없게 되어 현재는 제만 지내고 있다.

이 이야기는 해랑당에 남근을 깎아 바치는 민속이 없어진 내력을 아주 합리적으로 설명하고 있다. 그러나 이를 액면 그대로 받아들일 수는 없다. 이 마을에서 오랫동안 해랑당에 목제 남근을 바친 것은 이들이 성신앙을 가졌기 때문이다. 그런데 이것을 중지한 것은 이 마을 사람들의 의식 속에서 성기에 대한 신앙심이 약화된 때문이다. 이 마을 사람들은 20세기에 접어들면서 강화된 미신(迷信) 타파(打破) 운동과 폭넓게 자리 잡게 된 합리적 사고방식, 그리고 성을 드러내기보다는 숨기려는 유교적인 체면의식이 복합적으로 작용함에 따라 남근을 깎아 바치는 일을 계속해야 할 것인가를 놓고 고민하기 시작하였을 것이다. 이 문제를 놓고 가장 심각하게 고민한 사람이 그 마을의 이장과 그 부인이었을 것이다. 그래서 이 마을에서는 위와 같은 일이 벌어지고, 그것은 하나의 전설이 되었다. 그래서 해랑신을 김대부신과 혼인시키고, 남근 바치는 일을 중지하였다. 이 일을 계기로 해랑당에 목제 남근을 바치는 일은 마을 사람들의 기억 속으로 사라지고 만 것이다.

조선 후기 이규경(李圭景)이 쓴 『오주연문장전산고(五洲衍文長箋散稿)』에는 현재 경기 지역에서 동신(洞神)으로 신앙되고 있는 부군당(府君堂)의 네 벽에 목제 남근 여러 개를 걸어 신에게 바쳤다는 기록이 전한다. 또 1932년에 조선총독부에서 발행한 무라야마지준(村山智順)의 『조선의 무격(朝鮮の巫覡)』부록 사진에도 '부근당새물(付根堂賽物)'이란 설명으로 목제 남근과 짚신의 사진이 있다. 이것은 이규경의 기록을 실증해 주는 동시에 1930년대까지도 부군당에 남근이 바쳐졌다는 사실을 입증해 준다.

『조선왕조실록』 중종 12년 정축 8월 병진 조에 '부근(付根)'이란 명칭으로 부군당에 대한 기록이 있다. 이수광의 『지봉유설』에도 부군당에 관한 기록이 전한다. 이로 보아 부군당 신앙이 조선 중기 이전부터 문제시되어 왔음을 알 수 있다.

용인 한국민속촌의 동헌 뒤에 가면, 관원들이 부임하여 정무(政務)의 원활한 수행, 관내의 태평과 풍작, 자기의 영달(榮達)을 빌었다는 부군당(府君堂)이 있다. 당집 안에는 신령의 그림이 걸려 있고, 그 아래에 '城隍之神神位'라 쓴 위패가 있다. 그 아래에 길이가 약 50센티미터, 둘레가 약 30센티미터 되는 남근 모양의 자연석이 대나무 통에 고정되어 있다. 이것은 전에 이 성황당에 돌로 된 남근석을 바치

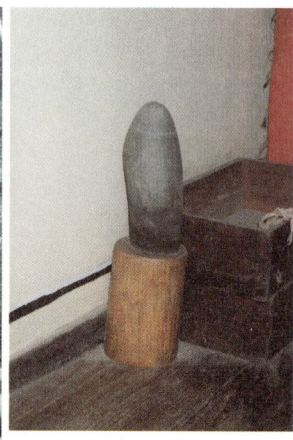

한국민속촌에 있는 부근당
전경(왼쪽)과 남근석(오른쪽)

던 습속이 있었음을 말해주는 자료라고 생각한다.

남근을 제물로 바치는 습속은 이제 신남의 해신당 한 곳만 남게
되었다. 이 마을 사람들의 일부는 이것을 마을의 자랑거리로 삼아
신남 마을과 신남 해수욕장을 널리 알리려 하고 있다. 삼척시의 도
움을 받아 해신당이 있는 산자락에 성기 조각공원을 조성하였다. 여
기에는 남녀 성기가 예술적으로 형상화되어 있어 많은 사람들의 눈
길을 끈다. 그 옆에는 삼척시에서 세운 향토전시관이 있는데, 아래층
에는 세계의 성문화 관련 자료들이 전시되어 있다. 그에 따라 많은
사람들이 이 마을을 찾는다고 한다.

이 마을을 찾는 사람들은 모든 것을 자기 본위로 생각하고, 합리
적인 사고로 재단하려는 독단에서 벗어나, 성을 출산과 풍요를 가져
다주는 신성한 것으로 생각하고, 성신앙을 지녔던 옛사람의 의식을
이해하여야 한다. 그러면 신나무에 매달아 놓은 남근을 가져가는 일
도 없을 것이요, 성을 쾌락의 대상으로 생각하는 데서 생기는 여러

가지 사회 문제와 성범죄도 없어질 것이다.

풍요와 기자의 대상이 되는 성기암(性器岩)

민간에서는 성기 모양의 바위는 마을에 풍년을 가져다주고, 아들 못 낳는 여인에게 아들을 낳게 해 준다고 믿는다. 그래서 전국 각지에서는 성기암에 마을 사람들이 공동으로 제의를 올리고, 개인적으로 아들 낳기를 빈다.

서울 서대문구 인왕산 맞은편의 안산에는 남근석인 '까진바위'가 있다. 까진바위는 안산의 등줄기에 위치해서 이화여자대학교 쪽을 바라보고 있는데, 그 높이가 2미터 가량 된다. 이 바위에 아들 낳기를 비는 사람들의 발길이 끊이지 않았다고 한다.

서울 서대문구 현저동 인왕산 국사당 건너편에 높이 10여 미터의 돌출한 화강암이 산중턱에 있다. 이 바위를 '선바위' 또는 '석부처님'이라고 한다. 이 바위에 아들 낳기를 빌거나, 아이가 잘 자라기를 비는 기도를 드리면 뜻을 이룬다고 한다.

경기도 가평군 가평읍

경기도 가평군 가평읍 승안리 미륵바위(장장식 박사 제공)

경기도 안양시 석수동 삼막사 칠보전 앞의 남근석(왼쪽)과 여근석(오른쪽)
(장장식 박사 제공)

승안리 용추 계곡에 미륵바위가 있다. 이 바위에는 아들 낳기를 비는 여인과 현대의학으로 고치기 어려운 병, 정신이상 등을 치유하기 위해 치성을 드리는 사람이 많다고 한다.

경기도 안양시 만안구 석수 1동에서 관악사로 올라가는 기슭에 자리 잡은 삼막사 뒤쪽의 칠성각 옆에 자연 형태의 남근석과 여근석이 약 2미터 간격으로 있다. 남근석의 높이는 약 1.5미터, 여근석은 약 1.1미터이다. 이 바위를 만지면서 자식의 점지를 빌고, 출산과 일가의 번영, 무병장수를 빌면 효험이 있다고 한다. 그래서 요즈음에도 4월 초파일과 7월 칠석날에는 인근 사람들이 몰려와 간단한 제물을 차려놓고 치성을 드린다고 한다.

경남 남해군 남면 홍현리 가천 마을의 바닷가에 자연적으로 된 '수미륵'과 '암미륵'이 있다. 수미륵은 남자의 성기가 발기한 모양과 비슷하고, 암미륵은 여자가 잉태하여 배가 부른 모양과 비슷하다. 이

충남 서산시 고북에 있는 남근석 밭가운데에도 있고, 산기슭에도 있다.

마을에서는 해마다 음력 10월 23일에 미륵제를 지낸다.

충남 서산시 고북에는 같은 마을에 '개×바위'라고 부르는 남근석이 둘이 있다. 하나는 산기슭에 있고, 다른 하나는 거기서 100m쯤 떨어진 밭 가운데에 있다. 전에는 이 바위에 동신제를 지냈으나 지금은 지내지 않는다고 한다.

전북 정읍시 칠보면 백암리 원백 마을 앞에는 높이가 약 1.7미터이고, 둘레가 약 88센티미터인 남근석이 있다. 이 바위는 일명 '자지바위'라고도 하는데, 아기를 갖지 못한 여인이 백설기, 과일 등을 차려놓고 치성을 드린 뒤에 주위를 돌면서 바위를 껴안으면 효험이 있다고 하여 외지 사람들도 많이 찾는다고 한다. 남근석 당산에는 마을에서 당산제를 지낸다.

제천시 송학면 무도리 2구 마을 입구에는 길가에 지름 약 1.5미터의 타원형으로 된 암석이 있는데, 위쪽이 움푹 패여 있다. 그 속에

전북 정읍시 칠보면 백암리 남근석 금줄이 감겨 있   충북 제천시 송학면 무도리에 있는 여근석(용암)
는 것으로 보아 제의가 행하여 졌음을 알 수 있다.

지름 1미터 정도의 달걀 모양 바위가 볼록하게 솟아 있어서 마치 여성의 성기 모양을 하고 있다. 이 바위를 '공알바위' 또는 '용암(龍岩)'이라고 하는데, 마을 사람들은 마을의 평안과 풍농(豊農)을 위해 매해 음력 정월 초이틀 자정에 동제를 지낸다.

1971년에 이곳에 처음 조사를 갔을 때 우리 일행을 안내한 마을 사람은 몇 년 전의 일이라고 하면서 다음과 같은 말을 하였다. 몇 년 전에 이 바위에 동제를 지내는 것을 못마땅하게 생각하는 마을 청년 몇 명이 '공알바위에 무슨 제사야!' 하면서 작대기로 바위 안을 휘저었다고 한다. 그 후에 마을의 처녀와 유부녀가 바람이 나고, 처녀들이 서울의 공장 직공 또는 가정부로 갔다고 한다. 그래서 그 청년들은 마을 어른들한테 엄한 꾸중을 들었고, 그 후로는 한 해도 거르지 않고 동제를 지낸다고 하였다.

서울시 노원구 중계동 뒷산에도 여근석이 있는데, 이 마을 사람들은 이를 '밑바위'라고 불렀다. 노인들의 말에 의하면, 어렸을 때 이 바위 근처에 가서 놀지 못하게 하였다고 한다. 그리고 그 바위에 돌멩이를 던져놓으면 동네 처녀들이 바람이 났다고 한다. 전에는 이곳에서 마을 공동으로 제사를 지냈다고 한다. 그러나 이 지역이 개발되고, 원주민들이 많이 떠남에 따라 제사는 지내지 않는다고 한

서울시 노원구 중계동 뒷산에 있는 여근석(장장식 박사 제공)

다. 이 외에도 성기암 신앙의 예는 많아서 이루 다 소개할 수 없다.

성행위 모방 신앙

서울 서대문구에 있는 안산 마루에는 '말바위'가 있다. 아들을 낳지 못한 여자가 두 다리를 벌려 말바위의 엉덩이 부분에 올라타고서 뛰어 머리 부분으로 가서 목을 끌어안는 동작을 세 번 되풀이하면 아들을 낳는다고 한다. 이것은 성행위를 모방한 것이라 하겠다.

서울 종로구 부암동 창의문 밖 길가에 거북 모양의 바위가 있는데, 이를 '붙임바위'라고 한다. 애가 없는 여인이 기자(祈子)를 위해 조그만 돌을 손에 쥐고 이 바위에 문질러서 그 돌이 바위에 딱 붙으면 잉태하게 된다고 하여 많은 여인들이 이곳에 와서 돌을 문질렀다

고 한다. 이것 역시 성행위를 상징하는 것이라 하겠다.

마을과 마을 대항으로 줄다리기를 할 때, 지형에 따라 암 마을에서는 암줄을 마련하고, 수 마을에서는 숫줄을 준비하여 정해진 장소로 메고 나와서 이를 결합한 뒤에 줄을 당긴다. 이 때 이긴 마을은 풍년이 든다고 한다. 줄다리기의 줄이 용신(龍神)을 상징하는 것으로 보면, 줄다리기는 암용과 수용의 성적 결합을 통해서 풍년이 들기를 기원하는 마음을 담아 행하는 놀이라 하겠다.

외국의 성기신상

일본에서는 나무나 돌로 커다랗게 만든 성기를 신사(神社)에 봉안하고, 제의를 올리는 곳이 여러 군데 있다고 한다. 이지켄(愛知縣)에

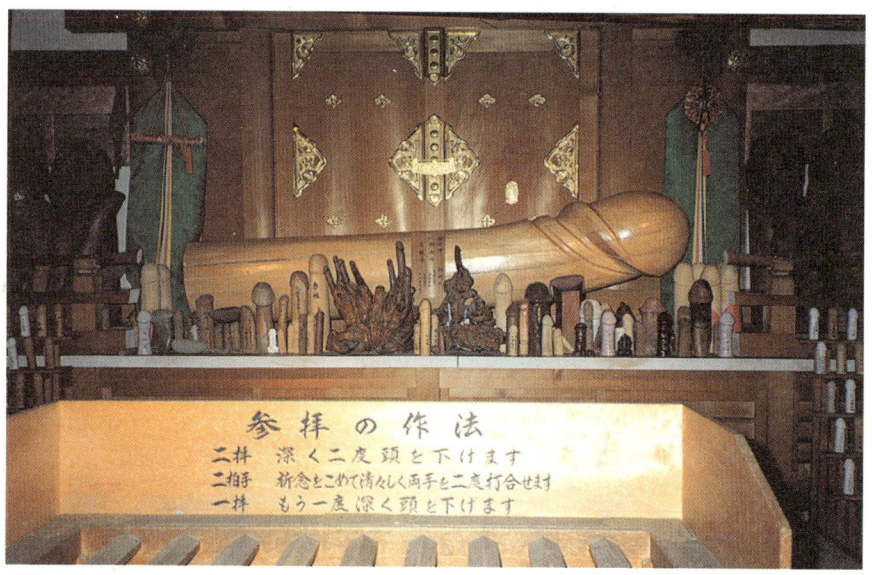

일본 나고야 다카다(田縣) 신사에 봉안안 목제 남근

있는 다카다진자(田縣神社)의 중앙에는 직경 60Cm, 길이 2m 정도 되는 통나무로 깎은 남근이 안치되어 있다. 그 둘레에 나무 혹은 돌로 깎은 수많은 남근이 안치되어 있는데, 그 크기는 아주 다양하다. 이곳에 많은 사람들이 찾아와 배례하며 애정의 성취, 부부 화합, 기자, 안산(安産) 등의 소원을 빈다. 매년 3월 15일에 행하는 풍년제(豊年祭)에는 신전 중앙에 안치하였던 큰 남근을 꺼내어 여럿이 둘러메고 거리를 돌고 난 뒤에 다시 봉안하고 풍년을 기원하는 제의를 올린다. 제의의 목적은 풍농, 가업 번영, 자손 번성 등이다.

태국에서는 사원(寺院) 앞에 남자 성기 모양의 커다란 통나무를 세워 놓고, 그 앞에 가서 젊은 남녀들이 소원을 빈다. 또, 방콕의 한 불교 사원에도 대형 석제(石製) 남근과 사람 키 정도의 목제(木製) 남근에 붉은 색을 칠해 매달아 놓고 신앙한다. 태국인들은 배를 탈 때 소형의 목제 남근을 허리에 차고 다닌다. 이것은 목제 남근이 귀신을 쫓는 힘을 지니고 있고, 물에 빠졌을 때 상어의 침해를 막는 능력이 있다고 믿기 때문이다. 또 부녀자들은 기자를 위해 소형 남근을 옷 속에 차고 다닌다.

인도에서 인도교도들은 석제 남근을 생산신으로 숭배한다. 또 10월 말부터 11월 초 새달이 떠오를 때에 남근제를 지낸다. 그리고 남녀의 성교 자세를 조각한 '환희천상(歡喜天像)'을 신으로 신앙하고 있다.

유럽에서는 봄에 농부들이 밭에 씨앗을 뿌리고, 그날 밤에 밭에 나가 부부 관계를 하였다고 한다. 이것은 부부의 성행위에 의해 어린아이가 생기듯이 하늘과 땅이 조화를 이루어 농사가 잘 되게 해 달라는 의미를 지닌 것이다. 성신앙이 농경의례로 바뀐 예는 아메리

카, 오스트레일리아, 유럽, 중국 등지에서도 발견된다.

성기신앙의 유래와 의미

원시인들은 자기들의 생존과 직결되는 사냥을 하러 나가기 전에 자기가 잡으려고 하는 짐승의 모양을 그리거나, 그 형상을 만들어 놓고, 사냥에 성공하기를 간절히 빌었다고 한다. 이것은 비슷한 행위를 하면 그와 비슷한 결과를 가져온다고 믿는 모방주술(模倣呪術) 심리를 바탕으로 한 것이다. 이러한 주술 심리를 지닌 고대인들은 부족의 번성을 간절히 바라면서 아기를 낳아 기르는 여성의 성기와 유방을 매우 존귀하게 여기고, 신성하게 여겼을 것이다. 그래서 그 모양을 바위에 새기거나, 모형을 만들어 놓고 새 생명의 출생과 건강, 부족의 번성을 빌었을 것이다. 이렇게 하여 여성의 성기를 생산의 기능을 지닌 신으로 숭상하는 성신앙이 형성되었다. 그 후, 새로운 생명의 출생은 여성만이 하는 것이 아니고, 남성의 성력(性力)이 작용해야만 한다는 것을 알게 되자, 남성 성기도 신성시하게 되었다. 그런데 모계사회가 부계사회로 바뀜에 따라, 성신앙도 여성 성기 위주에서 남성 성기 위주의 신앙으로 바뀌었다.

생존을 위한 주술적 심리와 행위에서 형성된 성신앙은 성기를 생명체의 출생과 풍요를 가져다주는 신으로 믿게 되었다. 그에 따라 성행위도 쾌락의 대상이 아니라 새로운 생명의 출생과 풍요를 가져다주는 신성한 행위로 믿게 되었다. 따라서 양성(兩性)이 결합하지 못하면, 성적 결핍으로 인해 생명체의 출생 번식이나 풍요가 있을 수 없음은 물론, 재난이 생긴다고 믿게 되었다. 그래서 건강과 풍요를 기원하는 제의에서는 상징적인 성적 결합 행위를 하게 되었을 것이다.

기원전 1세기경에 매몰된 도시 폼페이의 신전(神殿) 벽의 조각품에 남자의 성기나 여성의 유방, 발기된 남성을 타고 앉은 여성의 모습이 있다고 한다. 이를 두고 일부 기독교 신학자는 폼페이가 그렇게 타락하였기 때문에 야훼(이스라엘 민족과 기독교인들이 믿는 유일신)의 징벌로 매몰되었다고 보기도 한다. 그러나 그것은 기독교의 교리를 지나치게 확대하여 해석한 것이라 하겠다. 신전은 신을 모시고 제사하는 곳이다. 신전의 벽에 성기의 모양을 조각해 놓은 것은 성기를 신으로 모셨음을 말해 준다. 그러므로 이 조각품은 폼페이 시대에 성신앙이 있었음을 말해주는 것이라 하겠다.

성신앙은 세계 각지에 자연스럽게 전해 왔다. 그런데 한국의 경우에는 성을 드러내기보다는 감추려는 윤리의식 때문에 일찍부터 소멸되어 지금은 일부의 모습만 전해 오는 것이라 생각한다.

현대인은 성을 쾌락의 대상으로만 보는 경향이 있다. 그래서 성기를 바치고 마을의 평안과 풍어를 기원하는 동신제나, 성기 모양의 바위에 소원을 비는 것을 외설스러운 것으로 보려고 한다. 그러나 이것은 성신앙이 무엇인지를 모르는 데서 온 편견이다. 이것은 생명체의 출생과 번식, 풍요를 기원하는 간절한 마음에서 형성된 신앙으로 외설이 아니다.

Ⅲ. 일생 동안 거쳐야 하는
의례[一生儀禮]

　　사람은 세상에 태어나서 죽을 때까지 각종의 의례 절차를 거친다. 이를 일생의례(一生儀禮)라고 한다. 일생의례는 이를 좀 확대하여 출생하기 전의 기자(祈子)를 포함한 출생의례(出生儀禮), 성년식(成年式), 혼인례(婚姻禮), 회갑(回甲), 회혼례(回婚禮), 상장례(喪葬禮), 제례(祭禮) 등을 포함한다. 동양 3국에는 이와 비슷한 것으로 관혼상제(冠婚喪祭)란 말이 있는데, 여기에는 출생의례가 없다. 일생의례를 평생의례(平生儀禮)라고도 한다.

　　일생의례와 비슷한 말로 서양에는 통과의례(rite of passage)란 말이 있다. 이 말은 장소, 상태, 사회적 지위, 연령 등의 변화에 따른 의례를 가리키는 말로, 일생 동안 치르는 의례뿐만 아니라 일정한 장소를 드나들 때 행하는 의례나 세시의례(歲時儀禮)까지도 포함하는 개념의 말이다.

1. 세상에 태어나기까지

　사람은 이 세상에 태어나기까지 겪는 의례가 있다. 이를 출생의례 (出生儀禮)라고 한다. 이것은 본인의 의사와는 관계가 없이 이루어진 다. 출생의례에는 자녀를 갖고자 비는 기자(祈子), 임신, 출산과 산후 의례(産後儀禮) 등이 있는데, 각 과정에는 그에 따르는 행위와 금기 (禁忌)가 있다.

기자(祈子)

　기자는 빌 '기(祈)', 아들 '자(子)', 아들 낳게 해달라고 비는 것을 말 한다. 어떤 사람이 기자를 하며, 요즈음에도 기자하는 사람이 있는가 궁금할 수 있다. 최근에 산부인과 의사들이 추정한 통계는 불임(不 姙) 여성이 약 70만 명 정도라고 한다. 혼인하여 자녀를 갖고 싶은데 자녀가 없으면, 당사자인 여성이 제일 먼저 병원을 찾아가 검사를 하고, 다음에 남편도 검사를 한다. 그 결과를 종합해 보면, 일부는 아내에게, 일부는 남편에게 문제가 있고, 부부가 함께 문제가 있는 경우도 있다고 한다. 그런데 상당수는 의학적으로 아무 문제가 없는 데 임신이 안 된다고 한다. 이런 사람들은 임신을 하기 위해 좋다는 음식이나 약을 구하여 먹고, 효험이 있다고 하는 일은 무엇이든지 한다고 한다. 그 중 대표적인 것이 기자 행위이다.

기자에는 치성을 드리는 치성기자(致誠祈子)와 주술적인 방법을 사용하는 주술기자(呪術祈子)의 두 가지가 있다. 치성기자에는 이상하게 생겼거나 큰 바위·옹달샘·큰 나무 등에 치성을 드리는 산 치성, 절에 가서 부처님이나 산신(山神)에게 비는 절 치성, 집에서 칠성·조왕·삼신께 비는 집안 치성 등이 있다. 이러한 치성은 부부가 함께 하기도 하지만, 부인들이 하는 것이 보통이다. 부인들이 직접 치성을 드리지 않고 무당에게 부탁하여 하는 경우도 있다. 기독교인들은 자기가 믿는 여호와 하나님께 태를 열어달라고 간절히 기도한다. 이 역시 치성기자에 속하지만, 민속적인 기자와 다르므로 논외로 한다.

기자 치성을 드릴 때 산신이나 부처님, 성황당이나 당산나무는 민간층의 신앙의 대상이므로 그 앞에 가서 아들 낳기를 빈다. 그런데 바위, 샘, 나무 등이 기자 치성의 대상이 된 것은 무엇 때문일까? 민간에서는 일상적인 것에 비하여 좀 특이하거나 수명이 긴 것을 신성시(神聖視)하는 경향이 있다. 아주 크거나 기묘하게 생긴 바위, 가뭄에도 마르지 않는 샘, 수백 년이 지나도 죽지 않고 사는 나무는 특이성(特異性)과 영속성(永續性)을 지닌 것들이기에 신성시하였다. 아들 낳기를 비는 여인들은 이들 앞에 가서 치성을 드림으로써 이것들의 신성(神聖)에 감응(感應)되어 임신이 되기를 간절히 바랐던 것이다.

『삼국유사』권1에는 웅녀(熊女)가 단수(壇樹) 밑에서 아기 갖기를 빌어 단군을 낳았다는 기록, 북부여의 왕 해부루(解夫婁)가 늙도록 아들이 없으므로 산천(山川)에 대를 이을 아들 낳기를 빌어 곤연(鯤

충남 홍성 백월산 정상 아래에 있는 옹달샘 치성을 드리면 효험이 있다고 한다.

淵)에서 금와(金蛙)를 얻었다는 기록이 있다. 이것은 나무 또는 산천에 기자 치성을 드리는 일이 오래 전부터 있었음을 말해 준다.

기자 치성은 각자의 형편에 맞게 수시로 드리지만, 대개 정초와 삼짇날(음력 3월 3일), 초파일(음력 4월 8일), 단오(음력 5월 5일), 칠석(음력 7월 7일), 중구(重九, 음력 9월 9일)에 많이 한다. 이 중 설은 새해가 시작되는 명절이므로 1년간의 건강과 평안을 기원하는 안택고사를 비롯하여 온갖 치성을 드린다. 사월 초파일은 부처님 오신 날이므로, 절 치성을 비롯한 여러 가지 치성을 드린다. 특별한 의미를 갖는 설과 초파일을 제외한 나머지 날들은 모두 한국의 전통적인 명절인데, 3·3, 5·5, 7·7, 9·9로 홀수가 겹친 날이다. 수에는 홀수와 짝수가 있는데, 홀수는 양(陽)이고, 짝수는 음(陰)으로 본다. 따라서 이 날들은 모두 양의 수가 겹치는 날로, 양기(陽氣)가 왕성한 날이다. 달은

몸에 지니면 아들을 낳는다는
나무도끼 (국립민속박물관 소장)

생명체의 출생·번식·풍요를 주관하는 힘 즉 생생력(生生力, fertility)
을 지닌 최고의 존재인데, 초순은 달이 점점 커지는 때이다. 그러므
로 달이 점점 커지는 초순의 양기가 넘치는 날이 바로 달과 날짜가
10미만의 수로 겹치는 날이다. 그래서 이러한 날을 명절로 정하였고,
이날 치성을 드리는 것이다.

　주술기자는 아이를 갖기 위하여 특이한 행위를 하거나, 색다른 음
식을 먹어 그 주술적인 힘으로 아이를 얻으려는 것이다. 특이한 행
위로는 아들 많은 집의 금줄 훔치기, 아들 많이 낳은 여인의 진 자리
옷 가져다 입기, 아들 많이 낳은 여인의 생리대 훔쳐다 차기, 부적(符
籍) 지니기, 은이나 쇠 또는 나무로 만든 도끼를 속옷 끈에 차기, 고
추를 주머니에 넣어 차기 등이 있다. 색다른 음식 먹기로는 아들 많
이 낳은 여인에게 쌀과 미역을 가져다가 첫국밥을 해 주고 그 집의
쌀과 미역을 가져다가 먹기, 금줄에 끼워 둔 미역 먹기, 석불(石佛)이
나 돌미륵의 코를 문질러서 그 가루를 먹기 등이다. 이것은 특별한
때에 어떤 행위를 하면 그 행위는 그와 유사한 결과를 가져온다고
믿는 모방주술(模倣呪術) 심리에서 나온 행위인데, 남모르게 하는 것

이 대부분이다.

임신(姙娠)

임신을 하게 되면, 임신부는 말과 행동을 조심하고, 마음가짐을 바르게 하여야 한다. 이것은 태아에게 절로 좋은 감화를 주어 훌륭한 아이로 자라게 하는 태교(胎敎)의 의미를 지닌다.

임신부는 출산할 때까지 여러 가지 금기(禁忌)를 지켜야 하는데, 이것은 대체로 음식물에 관한 것과 행위에 관한 것으로 나눌 수 있다. 이들 중 몇 가지를 적어 보면 다음과 같다.

❶ 오리 고기를 먹으면 손가락·발가락이 붙은 아이를 낳는다.
❷ 닭고기를 먹으면 아이의 살결이 닭살과 같이 된다.
❸ 토끼고기를 먹으면 눈이 새빨갛게 된다.
❹ 오징어 고기를 먹으면 뼈 없는 아이를 낳는다.
❺ 금이 간 그릇에 음식을 담아 먹으면 커서 훌륭한 사람이 되지 못한다.
❻ 산월에 구들을 고치면 언청이를 낳는다.
❼ 친척 초상집에 다녀오면 아기가 눈물만 흘린다.
❽ 산월에 부부 관계하면 아기의 눈·코·귀에 이상이 생긴다.
❾ 부부간에 싸움을 많이 하면 아기의 성격이 거칠다.

위에 적은 것 중 ①~⑤는 음식물에 관한 것이고, ⑥~⑨는 행위에 관한 것이다. 음식물에 관한 것 중 ⑤와 행위에 관한 것 네 가지는 태교, 임신부의 건강과 정서적(情緒的) 안정을 고려한 것이라 생각한다. 그러나 ①~④는 모방주술(模倣呪術) 심리에서 나온 것이므로, 현대인의 합리적 사고로는 선뜻 이해하기 어렵다.

모방주술이란 특별한 때에 어떤 행위를 하면 그 행위는 그와 비슷한 결과를 가져온다고 믿고 행하는 주술이다. 모방주술의 입장에서 보면, 임신부가 어떤 음식을 먹으면, 그 음식의 형질이나 속성 중 특징적인 것이 태아에게 전수(傳授)된다. 그래서 오리·닭·토끼·오징어 고기를 먹으면, 이들의 특징적인 것이 태아에게 전수되어 손가락·발가락이 붙은 아이, 살결이 닭과 같은 아이, 눈이 빨간 아이, 뼈 없는 아이를 낳는다고 생각하였던 것이다.

주술이나 주술 심리는 종교나 과학이 발달하기 이전에 성행하였던 것들이다. 그러므로 과학적이고 합리적인 사고를 가진 현대인들의 눈에는 비합리적이고, 비과학적인 것으로 비치는 것은 어쩔 수 없는 일이다. 그러나 우리 조상들의 삶을 이해하고, 지금도 행해지고 있는 민속의 의미를 파악하기 위해서는 이러한 것들을 알아야 한다.

출산(出産)

요즈음에는 병원에 가서 아기를 분만하는 것이 보통이지만, 얼마 전까지만 하여도 집에서 분만하는 것이 예사였다. 집에서 분만할 때에는 산실의 윗목에 '삼신상'을 차려 놓고, 산모는 아랫목에 누워서 분만을 기다렸다. 순산을 하면 다행이지만, 그렇지 못할 때에는 주술적인 방법으로 대처하였다. 주술적인 방법에는 산모에게 어떤 물건을 부착시키기, 산모에게 무엇을 먹이기, 산모의 자리를 옮기기, 가

밥과 미역국을 세 그릇씩 차려 놓은 삼신상

족이 특별한 행위를 하기 등이 있다.

아기를 분만한 뒤에 자른 태(胎)는 짚이나 종이에 싸서 놓았다가 처리하는데, 처리하는 방법에는 태를 작은 단지에 넣고 뚜껑을 덮은 뒤에 땅에 묻는 법, 물에 띄우는 법, 불에 태우는 법 등이 있다.

아이를 낳으면, 대문에 인줄을 쳐서 외인을 금했다. 인줄은 왼 새끼에 고추, 숯, 백지, 솔잎 등을 끼운다. 산모에게는 첫국밥을 해 주는데, 흔히 삼신상에 놓았던 쌀과 미역으로 밥을 해 준다. 이때는 고기를 넣지 않고 소국을 끓이는 것이 보통이다.

금줄은 어린아이를 낳은 집에만 치는 것이 아니고, 각 가정에서 굿을 할 때에도 대문 앞에 걸었고, 마을에서 동신제를 지낼 때에도 당집이나 당산나무 둘레에 금줄을 쳤다. 장을 담갔을 때에는 장독에 금줄을 매기도 하였다. 금줄은 신성한 곳 또는 신이 있는 곳이니 부정한 것이 들어갈 수 없다는 뜻을 나타내는 것이다. 금줄은 왼 새끼로 하는데, 짚은 농경문화를 반영한 것으로 토지를 의미하며, 청정(淸淨)한 식물이고, 우리의 주식물이 되어 생명을 존속시켜 주는 다

아기 낳은 집 문깐에 친 금줄   장독에 맨 금줄

산(多産)의 식물이다. 그래서 신성한 것으로 받아들여진다. 왼쪽은 비일상적인 것이고, 거룩하고 신성하며 옳은 것을 상징한다. 그래서 왼 새끼줄은 거룩하고 신성하며, 옳은 것을 상징한다고 하겠다.

　오랜 옛날부터 농경 생활을 한 우리 조상들은 태양을 숭배하였는데, 그 빛이 흰 빛이므로, 흰 빛과 흰 색을 신성시하고, 좋아하였던 것 같다. 옛날이야기에 나오는 머리 하얀 노인을 신으로 생각하는 것은 이러한 의식에서 연유된 것이라 생각한다. 그러므로 왼 새끼줄에 끼는 백지는 '신성(神聖)'을 의미한다고 하겠다. 애기 백일이나 돌에 하는 흰무리떡도 이와 같은 의미를 지닌 것으로 볼 수 있다.

　숯은 더러운 것을 태워 버리고 남은 덩어리로, 다른 물질을 정화시키는 정화 작용을 하기도 한다. 그러므로 숯은 '정화(淨化)'를 의미한다고 하겠다. 실제로 숯은 정화작용을 한다. 초등학교 때, 시험관에 모래·숯·자갈을 넣고 더러운 물을 통과시키면 맑은 물이 되는 실험을 한 기억이 난다. 비누가 없던 시절에는 짚이나 나뭇잎의 재를 우린 물로 빨래하였다. 이것은 숯이나 재가 정화작용을 함을 말해 주는 것이다. 따라서 장독 안에 고추와 함께 숯을 띄우는 것은 숯의 정화작용에 의해 불순물을 제거하여 장을 더욱 맛있게 하려는 것이고, 장독에 매는 금줄에 숯을 끼우는 것은 숯의 정화 능력에 의해 부정을 막으려는 것이라 하겠다.

고추는 빨간 색인데, 빨간 색은 모든 것을 태워 없애는 불의 색으로, 귀신이 싫어하고 무서워하는 색이다. 그래서 빨간 색의 고추는 '축귀(逐鬼)·축사(逐邪)'의 의미를 지

동신제를 지낼 곳에 맨 금줄 (충북 옥천 동이면 적하리)

닌다. 동짓날 쑤어 먹는 팥죽, 애기의 백일이나 돌에 하는 수수팥단자, 전통혼인예식에서 신부의 얼굴에 찍는 연지·곤지 등도 이와 같은 의미를 지닌 것이라 하겠다.

산후의례(産後儀禮)

산후의례는 아기가 세상에 태어난 지 3일이 되는 날부터 시작된다. 산모는 쑥물로 몸을 씻고 아기도 목욕시키는데, 첫날은 위로부터 아래로, 그 다음날은 아래로부터 위로 씻기면 발육이 고르다고 한다.

아기가 태어난 지 한 이레, 두 이레, 세 이레가 되는 날에는 간단

어린아이의 장래를 알아보는 돌잡이

히 의례를 갖는다. 특히 세 이레가 되는 날에는 인줄을 거두고, 모든 금기를 해제하며, 산실을 개방한다. 이 날, 이웃이나 친척들은 출산을 축하하고 아기를 보러 오는데, 그 집에서는 미역국과 밥을 대접한다.

아기가 태어난 지 백일이 되는 날에는 백일잔치를 한다. 삼칠일까지는 산모의 건강 회복을 위주로 한 기간이었던 데 비하여, 백일은 어린이 본위의 경축일이다. 이 날, 이웃이나 친척들은 실·옷·아기에게 필요한 물건 등을 선물로 가져오고, 그 집에서는 성대히 대접을 한다. 백은 성숙된 수·완전수의 의미를 지니고 있다. 어린아이가 출생하여 백일을 맞는 것은 그가 온전한 사람이 되었음을 뜻하는 것이므로, 이 날을 경축하는 것이라 생각된다.

돌날에는 여러 가지 음식을 장만하여 돌상을 차리고, 아기가 앉을 자리 앞에 돈·실·붓(연필)·활(총) 등을 놓아두고, 아기가 마음에 드는 물건을 골라잡게 하여 아기의 장래를 점친다. 이를 '돌잡이[試周, 試兒, 試晬]'라 한다. 아기가 제일 먼저 잡은 물건에 따른 해석은 다음과 같다.

- 돈, 쌀 – 부자가 된다.
- 실 – 수명이 길다.
- 붓, 색연필, 종이 – 공부를 잘하여 학자가 된다.
- 활, 화살, 총 – 장군이 된다.
- 자[尺], 바늘 – 바느질을 잘 하게 된다. 손재주가 뛰어나게 된다.
- 칼[刀] – 음식 솜씨가 뛰어나게 된다.

요즈음에는 돌상에 컴퓨터의 마우스를 올려놓기도 하는데, 아기가 이를 먼저 잡으면 과학적인 두뇌가 발달하고, 공부를 잘한다고 한다. 옛어른들은 돌잡이를 하여 어린아이의 장래를 점친 다음에 아이를 그 방향으로 양육하였다. 그럴 경우, 돌잡이는 아이의 장래에 영향을 끼치는 중요한 의례가 된다.

2. 어른이 되려면

전에는 아이가 자라서 20세 전후의 청년이 되면, 어른이 되는 의
례 절차를 행하였다. 이것이 성년식(成年式, 入社式, initiation)이다. 성
년식은 젊은이가 아이 적의 생각과 처신에서 벗어나 어른스러운 생
각과 처신을 하게 되는 중요한 계기가 되었다. 그런데 요즈음에는
성년식을 중요하게 생각하지 않고, 별다른 의례 절차도 행하지 않는
다. 그래서 그런지 나이나 몸은 성년이 되었으나 정신적으로는 어른
이 되지 못하고 매사를 부모님께 의존하는 젊은이가 많이 있다. 이
것은 사회적 분위기나 젊은이 자신에게도 문제가 있지만, 자녀를 과
잉보호하는 부모에게도 문제가 있다. 그 결과 '마마 보이(mamma's
boy)', '치마폭 아이', '응석받이'라고 놀림을 당하는 젊은이들이 늘어
가고 있는 실정이다.

성년식은 성인의 나이가 된 젊은이가 부모의 슬하를 떠나 육체적
·정신적 훈련을 받은 다음, 사회 구성원으로 인정받는 의식이다. 이
것은 모든 민족이 가지고 있던 의례이다. 성년식의 형식이나 절차는
민족에 따라 다르나, '분리(分離, separation) — 전이(轉移, transition) — 통
합(統合, incorporation)'의 과정을 거치는 것이 보통이다. 어린아이가
자라 성인의 나이가 되면, 부모로부터 격리하여 일정한 기간을 또래

한국에서도 젊은이들의 인기를 끌고 있는 번지점프(신현주 목사 제공)

아이들과 함께 수용한다. 그리고 성인으로서의 마음가짐, 권리와 의
무 등에 대한 정신교육을 한다. 그리고 강한 육체적 훈련을 하는데,
그것은 죽음에 상응하는 혹독한 훈련이었다고 한다. 아프리카의 한
부족은 육체적 훈련의 맨 마지막 과정으로 맨손으로 독수리를 잡아
오게 하였다고 한다. 미국의 작가 알렉스 헤일리의 소설을 원작으로
한 영화 「뿌리」에 이 과정이 상세히 묘사되어 있다. 요즈음 한국에
서도 널리 행해지고 있는 '번지점프'는 원래 오스트레일리아 원주민
이 성년식에서 행하던 훈련 과정이었다고 한다. 이러한 훈련 과정을
통하여 미성년자는 성인으로서의 자격을 갖추게 된다.

젊은이가 육체적·정신적 훈련 과정을 마치면 다시 마을로 돌려보
낸다. 그가 마을로 돌아온 뒤에는 어린아이가 아닌 성인으로 대우한
다. 이것은 한 개인이 성인이 되는 의식이기도 하지만, 보다 나은 상

관례 때 입는 옷과 모자와 신발. 초가례(왼쪽), 재가례(가운데), 삼가례(오른쪽)

황으로 발전하는 데 거쳐야 하는 의식 절차이기도 하다. 세계 각 지역의 원주민들 중에는 지금도 이 의식을 철저하게 행하는 민족이나 부족이 많이 있다고 한다.

한국에도 위에 적은 것과 같은 절차를 거치는 성년식이 있었을 것이나 기록으로 전해 오는 것은 없다. 이에 상응하는 것으로는 신라의 화랑(花郞) 제도를 들 수 있다. 화랑을 우두머리로 젊은이들이 모인 단체인 화랑도(花郞徒)가 결성되면, 이들은 집을 떠나 전국토를 순례하는 대행진을 한다. 이들은 명산대천(名山大川)을 순례하면서 체력 단련을 하고, 무술 훈련을 하였다. 그리고 나라에 충성하고[事君以忠], 부모께 효도하며[事親以孝], 친구와 의리를 지키고[交友以信], 싸움터에 나가 물러나지 않으며[臨戰無退], 사람이나 동물을 죽일 때에는 가려서 할 것[殺生有擇] 등의 정신 훈련을 받았다. 또, 노래와 춤을 익혔다. 이들은 체력 단련, 무술 훈련, 정신 교육, 가무(歌舞) 연습 등을 통하여 국가에서 필요한 인재로서의 자질을 함양하였다. 이들이 일정 기간의 수련을 마치고 돌아오면 나라에서는 이들을 중용(重用)하였다고 한다. 이것은 일정한 연령에 이른 청소년들이 부모의 품을 떠나 육체적·정신적 시련을 겪으며 수련을 하게 한 뒤에 성인으로 대우하는 성년식의 절차에 상응한다.

전통성년식에서 주례자가 관자(冠者)의 옷과 관을 바로잡아준다.

주례자가 축사를 하고 있다.

전통성년식에서 술마시는 초례를 행하다.

주례자가 관자에게 자를 수여하다.

　한국에서는 고려 때부터 중국의 것을 받아들여 관례(冠禮)를 행하였는데, 이것은 다른 나라에서 말하는 성년식과 같은 의미를 지닌다. 관례는 보통 20세 전후(조선 후기에는 10세 전후)의 정월에 날을 정하여, 본받을 만한 어른을 빈(賓, 주례자)으로 모시고 행하였다. 먼저 빈의 주관 아래 ①시가(始加), ②재가(再加), ③삼가(三加)의 예(禮)를 행하였다. ①에서는 머리를 올려 상투를 틀고, 어른의 평상복을 입힌 다음, 머리에 관을 씌우고, 어린 마음을 버리고 어른스러워질 것을 당부하는 축사를 한다. ②에서는 어른의 외출복을 입히고 머리에 모자를 씌운 다음, 모든 언동을 어른답게 할 것을 당부하는 축사를 한다. ③에서는 어른의 예복을 입히고 머리에 유건(儒巾)을 씌운 다음, 어른으로서의 책무를 다할 것을 당부하는 축사를 한다. 그 뒤에 술을 내려 천지신명(天地神明)께 어른으로서의 서약을 하고, 술 마시는 예절을 가르치는 초례(醮禮)를 올린다. 그 다음에는 자(字)를 수여하고, 사당에 고한 뒤에 참석자들에게 절하는 순서로 진행하였다. 관례는 상류층에서 행하여지다가 조선 후기에는 결혼식 예비 행사로 전락하였고, 단발령(斷髮令)이 내려진 뒤에는 더욱 그 의의를 상실하여 사라지게 되었다.

여자의 경우에는 보통 15세 전후에 계례(笄禮)를 올렸다. 계례는 집안 안어른 중에서 예절을 잘 아는 분을 빈으로 모시고 머리를 올려 쪽을 찌고 비녀를 꽂은 뒤에 어른의 옷을 입힌 다음, 어른스러워지기를 당부하는 축사를 한다. 그 다음에 차 마시는 예절을 가르치

전통성년식에서 주례자가 계자(笄者)에게 비녀를 꽂아주고 있다.

차 마시는 예절을 가르치는 초례를 행한다.

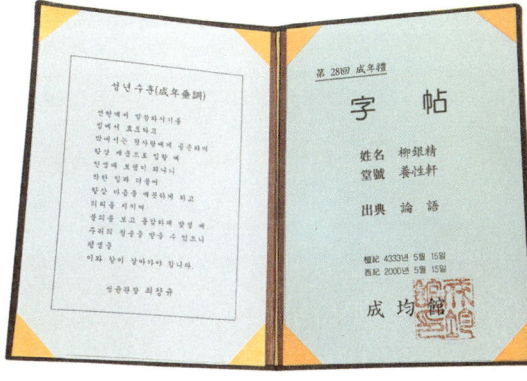

주례자가 계자에게 자를 수여한다.

자를 적은 자첩

는 초례를 올린 뒤에 자 또는 당호(堂號)를 지어 준다. 그리고 참석한 웃어른께 인사를 올리는 순서로 진행하였다.

농사를 짓는 농사꾼들은 '머슴날'이라고 하는 음력 2월 초하룻날이나 백중날(음력 7월 15일)에 마을 사람들이 보는 앞에서 '들돌' 들기를 하였다. 들돌을 들어올린 청년은 그 다음날부터 어른 몫의 품값을 받지만, 그렇지 못하면 반 품값을 받았다. 머슴살이를 할 경우에도 사경에 차이가 있었다. 이것은 농사꾼의 성년식으로 노동력을 중시하는 농경문화의 일단을 보여주는 것이다.

요즈음에는 양력 5월 셋째 월요일을 '성년의 날'로 정하여 여러 가지 행사를 하고 있다. 이제는 만 20세가 되는 해의 생일이나 성년의 날에 현대에 맞는 성년의례를 행하여 성년이 된 젊은이들이 성년이 되었음을 확인하고, 성인으로서 합당한 마음가짐과 몸가짐을 가질 것을 다짐하도록 하였으면 좋겠다.

3. 배우자와 함께 행복의 문으로

성년이 된 남녀는 부부의 인연을 맺고 새 가정을 꾸민 뒤에 자녀를 낳으며 행복을 가꿔나간다. 남녀가 만나 부부가 되는 것을 혼인(婚姻)이라 한다. 혼(婚)은 남자가 장가든다는 뜻이고, 인(姻)은 여자가 시집간다는 뜻이다. 그래서 우리나라 헌법이나 민법에서도 결혼이라 하지 않고 혼인이라 한다. '결혼법'·'결혼신고'라 하지 않고, '혼인법'·'혼인신고'라고 하는 것은 여기에서 나온 것이다. 혼인은 남녀의 결합을 사회적으로 인정받는 의식으로 일생의례 가운데에서 가장 중요하게 여긴다. 그래서 옛 어른들은 혼인례를 대례(大禮) 혹은 인륜지대사(人倫之大事)라고 하였다.

옛날에는 남자와 여자가 짝을 지어 부부가 되는 일은 양(陽)과 음(陰)이 만나는 것이므로, 그 의식도 양인 낮과 음인 밤이 만나는 황혼 시간에 거행하였다. 그래서 '날 저물 혼(昏)' 자를 써서 혼례(昏禮)라 하였다.

우리나라에서는 신라와 고려 초기에 근친혼(近親婚)이 있었으나, 고려 중기 이후에는 근친 간의 혼인을 금하였다. 상류층의 경우, 근친혼을 한 사람의 소생에게는 벼슬을 주지 않는 방법으로 제재를 가하였다. 성(姓)과 본관(本貫)이 같은 사람끼리 혼인하지 않는 동성동본불혼(同姓同本不婚)은 조선 시대에 이르러 시행되었다. 이것은 같은 시조에서 비롯된 후손은 근친이라는 생각에서 나온 것이다. 문화 유씨(柳氏)와 연안 차씨(車氏)는 성과 본이 다른데도 혼인하지 않는다. 그것은 문화 유씨의 일파가 임금이 성과 본을 정해주는 사성사본(賜姓賜本)에 의해 연안 차씨가 되었기 때문이다. 김해 김씨와 김해 허씨, 인천 이씨도 서로 혼인하지 않는다. 가야의 시조인 김수로왕이 첫째아들에게 김씨 성을 주고, 둘째아들에게는 아내의 성인 허씨를 주었기 때문에 두 성씨의 시조는 형제가 된다. 그런데 뒤에 김해 허씨의 일파가 사성으로 인천 이씨가 되었다. 그래서 이들 세 성은 서로 혼인하지 않는다.

동성동본불혼은 최근까지 호적법에 이어져 동성동본끼리는 혼인 신고도 할 수 없었다. 그러나 1997년에 동성동본이라 하여 혼인을 금하는 것은 헌법 정신에 어긋난다는 헌법재판소의 판결이 있었다. 그래서 친족의 범위를 넘어선 동성동본끼리의 혼인이 법적으로 가능하게 되었다.

혼인할 때에 중국에서는 주나라 이후에 납채(納采), 문명(問名), 납길(納吉), 납징(納徵), 청기(請期), 친영(親迎)의 육례(六禮) 절차를 밟았다. 송나라의 주자(朱子)는 『가례(家禮)』에서 육례를 의혼(議婚), 납채(納采), 납폐(納幣), 친영(親迎)의 사례(四禮)로 간소화하였다.

우리나라에서는 고려 시대에 『가례』를 받아들인 후 혼례를 비롯한 관례, 상례, 제례를 이에 따랐다. 그러나 『가례』는 우리의 실정에 맞지 않는 것이 많아서 이를 우리 실정에 맞게 고쳐 적은 예서(禮書)들이 나오기도 하였다. 그 중 조선 헌종 10(1844)년에 간행된 이재(李縡)의 『사례편람(四禮便覽)』이 가장 널리 행하여졌다. 이 책 역시 혼인례를 의혼(議婚), 납채(納采), 납폐(納幣), 친영(親迎)의 사례로 규정하였다.

혼인하는 것을 흔히 '육례(六禮)를 갖춘다.'고 말하는데, 이것은 우리의 전통 관습에 의한 혼인 절차가 의혼(議婚), 납채(納采), 납기(納期), 납폐(納幣), 대례(大禮), 우귀(于歸)의 육례로 되었기 때문이다. 이를 요즈음 행해지고 있는 전통혼인례의 절차와 관련지어 살펴보면 다음과 같다.

의혼(議婚)

전에는 중매인에게 혼처를 부탁하고, 양가에서 서로 부모의 성명, 가정의 품의(品儀), 생년월일, 외가·처가의 가품(家品)을 문의하였다. 그러고 나서 서로 합당하다고 생각되면, 남자 측의 어른(아버지)이 여자 측의 어른에게 혼인하기를 청하는 청혼서(請婚書)를 보냈다. 남자 측의 청혼서를 받은 여자 측에서는 다른 의사가 없으면 혼인을 승낙하는 허혼서(許婚書)를 보냈다.

요즈음에는 혼인할 당사자가 직장이나 동창 관계로 직접 만났든, 누구의 소개로 만났든 서로의 성격, 학력, 직업, 가문 등을 고려하여 혼인해도 괜찮겠다고 생각하면, 부모님께 말하여 양가 어른들의 허락을 받는다. 혼인할 당사자와 양가의 부모가 만나 서로 인사하는 것으로 이를 대신하기도 한다.

납채(納采)와 사주단자(四柱單子)

양가에서 혼인하기로 합의가 된 뒤에는 정혼(定婚, 約婚)을 하는데, 남자 측에서 신랑 될 사람의 생년월일시를 적은 사주(四柱) 단자를 여자 측에 보낸다. 이 때, 청색과 홍색의 옷감을 보내는데, 납채한다는 취지의 서신인 납채서(納采書)를 함께 보내기도 한다.

요즈음에는 양가의 가족이 모여 약혼식을 하는 사람이 많이 있다. 납채는 정혼(약혼)의 절차이므로 양가의 가족이 모인 약혼식 자리에서 사주단자를 주고받기도 한다. 이때에는 장소 준비를 여자 측에서 한다.

사주단자는 백지를 다섯 칸으로 접어 중앙에 신랑의 생년월일시를 쓴 다음, 봉투에 넣어 청·홍 보자기에 싸서 보내는 것이 보통이다. 사주를 쓰는 서식은 지방·가문에 따라 조금씩 다르다.

네 기둥이란 뜻의 사주(四柱)는 ①연주(年柱), ②월주(月柱), ③일주(日柱), ④시주(時柱)를 말한다. 이를 식물과 사람에 비유하면, ①은 뿌리/조상, ②는 싹/부모, ③은 꽃/나, ④는 열매/자녀에 해당한다. 사주를 육십갑자로 적으면 각각 두 자씩 8자가 되므로, '사주팔자(四柱八字)'라고 하기도 한다.

신랑 될 사람과 신부 될 사람의 사주를 가지고 궁합(宮合)을 보기도 한다. 궁합은 남녀의 사주를 오행으로 풀어 상극(相剋), 상생(相生), 상비(相比)를 따져서 부부로서의 좋고 나쁨을 말하는 것이다. 그러므로 궁합은 두 사람의 사주팔자를 모두 알아야만 제대로 볼 수 있다고 한다.

젊은 수강생에게 민속을 강의하는 자리에서 혼인할 때 궁합을 보

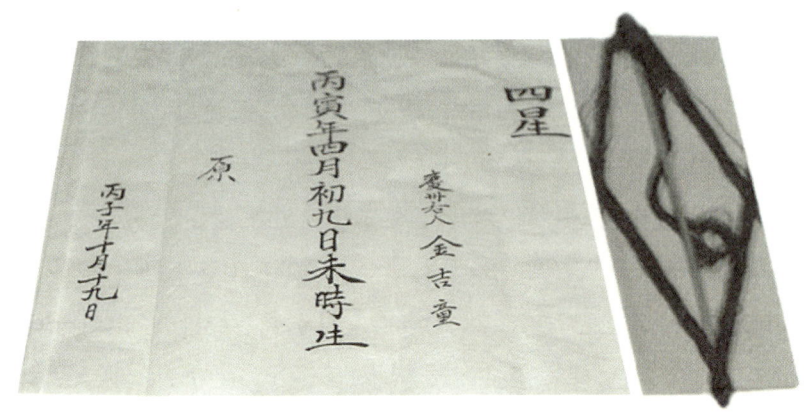

았느냐고 물었더니, 본인 또는 어머니가 궁합을 보았다는 사람이 적지 않았다. 미혼의 남녀에게 궁합을 볼 생각이냐고 물었더니, 일부는 궁합을 볼 것이라고 하면서, 궁합은 맞는 것이냐고 물었다. 역학(易學)을 하는 사람에게 물으니, 맞선을 보거나 교제를 시작할 때에 궁합을 먼저 보는 것이 좋다고 하였다. 궁합이 맞지 않은 사람은 아무리 조건이 좋아도 얼마 못가서 파탄이 올 것이므로, 맞선을 보거나 교제를 시작할 필요가 없다고 하였다. 나는 남녀가 깊은 사귐을 통하여 일생을 같이 할 수 있는 사람인가를 바르게 판단하는 것이 중요하지 궁합을 따지는 일은 중요하지 않다고 생각한다. 그러나 어떤 이유에서건 궁합을 봐야 할 경우에는 궁합이 나쁘다고 하면 헤어질 수 있을 때 보는 것이 좋고, 혼인하기로 마음을 기울인 뒤에는 궁합을 보지 않는 것이 좋다. 혼인하기로 마음먹은 사람은 궁합이 나쁘다는 말을 들었다 해도 헤어지지 않고 혼인할 것이다. 그러나 궁합이 나쁘다는 말은 두 사람의 혼인 생활에 어두움을 드리우는 그림자가 되어 따라다닐 가능성이 있기 때문이다.

납기(納期)

여자 측에서 혼인 날짜를 정하여 남자 측에 알리는 절차를 납기라 한다. 택일(擇日)을 연길(涓吉), 또는 '날받이'라고 하기도 한다. 신부 측에서는 신랑 측으로 연길 단자를 보내어 택일 결과를 알린다. 연길 단자는 백지를 다섯 칸, 또는 일곱 칸으로 접어 중앙에 전안 연월일시(奠雁年月日時)를 쓴 다음, 봉투에 넣어 청·홍 보자기에 싸서 보낸다. 연길 단자에는 납폐일시(예 : 納幣 同日先行)를 쓰기도 한다. 연길 단자를 넣은 봉투의 앞면에는 '연길(涓吉)'이라고 쓴다.

혼인 날짜를 정하는 일은 혼인 준비의 복잡함이나 생리 현상 등으로 여자 측에서 하는 것이 합리적이다. 그래서 양가에서 대강의 시기를 합의한 뒤에 여자 측에서 택일하는 것이 보통이다. 택일을 할 때, 신랑 신부의 부모가 결혼한 달, 양가에 불길한 일이 있었던 날, 양가 조상의 제삿날 등은 피하는 지역도 있다.

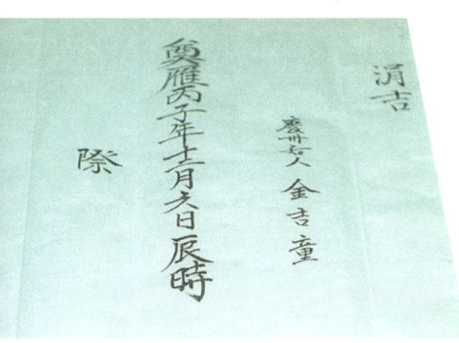

…을 올릴 연월일시를 적은 연길단자

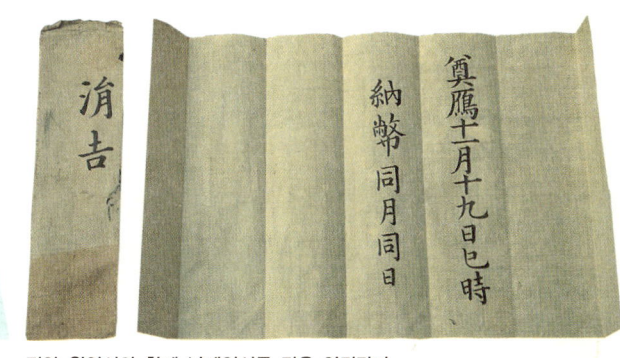

전안 월일시와 함께 납폐일시를 적은 연길단자
충남 예산에 사는 노인이 50여 년 전 혼인할 때에 받아 간직한 연길단자임

납폐(納幣)

納폐는 혼약이 성립된 데 대한 감사의 표시로 신랑집에서 신부집으로 예물(禮物)을 보내는 것이다. 납폐 때에는 예물과 혼서지(婚書紙)를 함에 넣어서 보낸다. 함은 대개 마을이나 문중에서 마련하여 보관해 두고 돌려가며 사용하였다. 요즈음에는 함을 쓰지 않고 여행용 가방을 사서 예물과 혼서지를 넣어 보낸다. 그런데도 '함 보낸다', '함 온다'는 말을 많이 쓰는 것은 함을 사용할 때 쓰던 말을 그대로 쓰기 때문이다. 납폐의 절차는 신혼예식을 하는 집에서도 그대로 행한다.

납폐 예물은 신부의 옷감으로 하는데, 이를 '채단(綵緞)'이라고 하기도 한다. 채단은 청색·홍색의 비단으로 하는데, 전부터 '많아도 열 가지를 넘지 않고, 적어도 두 가지는 되어야 한다.'고 하였다. 채단의 포장은 청단은 홍색 종이(또는 보자기)로, 홍단은 청색 종이(또는 보자기)로 싸고, 각각 중간을 청홍실로 나비매듭을 한다. 함(요즈음에는 가

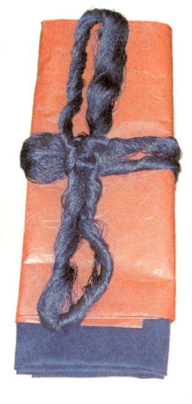

혼서지(왼쪽)와 납폐 예물　　　　　　　　　　　혼서지의 내용

방) 안에 흰 종이를 깔고 청단과 홍단을 넣은 다음, 흰 종이로 덮는다. 그 위에 납폐의 종류와 수량을 적은 물목기(物目記)와 납폐서(納幣書, 婚書紙라고도 함)를 넣는다.

납폐서는 붓으로 써서 봉투에 넣는데, 봉투는 봉하지 않고 상, 중, 하 세 곳에 '근봉(謹封)'이라 쓴 봉합지를 끼운다. 납폐서의 서식 역시 지방에 따라 조금씩 다르다. 전에는 혼서지는 혼인의 유일한 증거로 두 사람이 야합(野合)한 것이 아니라는 증거가 되며, 죽은 뒤에는 일생 동안 정절을 지켰으며, 처녀 혼령이 아니라는 증거로 관 속에 넣었다고도 한다.

함을 지고 가는 사람을 보통 '함진아비'라고 한다. 함진아비는 전에는 하인이 하였는데, 요즈음에는 신랑의 친구 중 첫아들을 낳은 기혼자가 하는 것이 보통이다. 신부집에서는 대개 함진아비에게 술과 음식을 대접하고, 수고비를 준다. 함은 전에는 혼인예식을 하는 날 예식을 하기 전에 가지고 가는 것이 보통이었으나, 요즈음에는 대개 결혼식 전날 밤 또는 1~2주 전 토요일 밤에 친구들이 지고 간다. 신랑 친구들은 신부집 가까이 가서 함을 사라고 외치고, 함 값이라 하여 수고비를 받기도 한다. 그런데 함 값을 많이 받기 위해 신부의 가족들과 실랑이를 벌이고, 밤늦도록 동네를 시끄럽게 하는 일이 종종 있다. 이것은 미풍양속(美風良俗)이라고

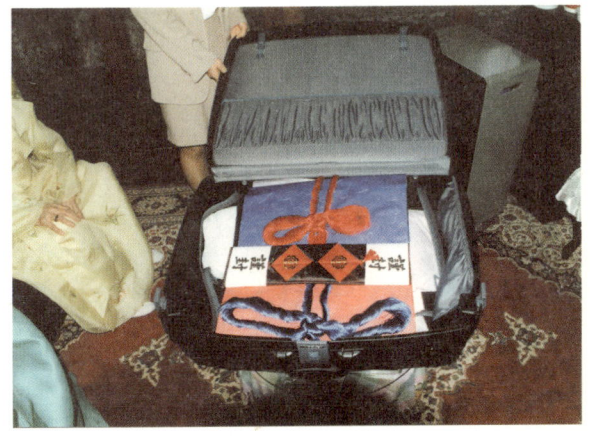

납폐 예물과 혼서지를 넣은 가방

충남 예산 지방에서 쓰던 함 이 지역에서도 요즈음에는 함 **함을 짊어질 수 있게 묶은 모양**
대신 가방을 사용한다.

함을 올려놓는 봉치떡 전에는 떡을 시루에 하였으나 요즈음은 4각형의
찜통을 사용하기도 한다.

보기 어려우므로, 지양(止揚)해야 할 일이라 생각한다.

신부집에서는 함이 도착할 시간이 되면, 소반 위에 떡시루를 올려 놓고 있다가 도착하면 함을 받아 시루 위에 올려놓는다. 이 떡을 '봉치떡' 또는

'봉채떡'이라고 한다. 신부의 어머니(또는 오복을 두루 갖춘 여인)가 함 (가방)을 내려놓고, 뚜껑 밑으로 손을 넣어 혼서지를 꺼낸 다음, 천을 잡아 꺼낸다. 그런데 홍단이 잡히면 첫아들을 낳고, 청단이 잡히면 첫딸을 낳는다고 한다. 그 뒤에는 받은 예물을 여러 사람들에게 보여 준다.

전안상 신랑이 신부와 신부의 부모님이 지켜보는 가운데 전안상에 나무기러기를 놓고 재배하려고 한다.

대례(大禮)

　혼인예식은 대개 신랑이 신부집에 가서 하였으므로, '장가간다'고 하였다. 요즈음에는 전통혼인예식을 하기 편리한 곳에 가서 하는 것이 보통이다. 대례는 집례(사회자)가 홀기(笏記, 의식의 순서)를 읽는 대로 진행한다. 신혼예식은 전통혼인예식을 변화시킨 것이다. 요즈음 행하는 전통혼인예식의 절차를 간단히 적어보면 다음과 같다.

전안례(奠雁禮)

　전안례는 신랑이 신부집에 기러기를 드리는 예이다. 신랑이 따로 마련한 전안상(奠雁床) 앞에 무릎을 꿇고 북쪽을 향하여 앉아 상위에 청홍 보자기로 싼 목안(木雁, 나무기러기)을 올려 놓고 재배한다. 신랑의 재배가 끝나면, 신부의 어머니가 이를 치마폭에 싸가지고 신부 앞에 가볍게 던진다. 이 때, 목안이 바로 서면 첫아들을 낳고, 옆으로 누우면 첫딸을 낳는다고 한다. 이것을 소례(小禮)라고도 하는데, 이것으로 부부의 맹세가 끝나는 것이다.

전안례에서 기러기를 두고 부부의 맹세를 하는 것은 기러기의 속성을 바탕으로 한 것이다. 기러기는 새끼를 많이 낳고, 차례를 잘 지키며, 한 번 짝을 정하면 그 짝을 잃더라도 다시 짝을 구하지 않고 혼자 살다가 죽는다고 한다. 우리의 조상들은 일찍이 이러한 기러기의 속성을 파악하였기에 신랑에게 기러기를 두고 부부의 맹세를 하게 하였다.

전통혼인예식의 전안례가 신혼예식에서는 혼인서약으로 바뀌었다. 그래서 주례자가 미리 작성한 혼인서약 내용을 신랑·신부에게 말하고, 혼인서약을 받는다. 그리고 이를 근거로 성혼선언을 한다.

요즈음에는 혼인한 부부의 3분의 1정도가 이혼을 한다고 한다. 이혼하는 사람은 전통혼인예식의 전안례에서 기러기를 두고 한 부부의 맹세나 신혼예식에서 한 혼인서약을 깨뜨리는 사람이다. 혼인을 할 때에는 신중하게 생각하여 결정하고, 혼인한 뒤에는 신의를 지켜 백년해로(百年偕老) 하겠다는 마음가짐이 필요하다.

교배례(交拜禮)

교배례는 신랑 신부가 맞절을 하는 절차이다. 교배상 앞으로 나온 신랑 신부는 집례의 말에 따라 교배상의 동서로 마주 서서 각각 준비된 대야의 물에 손을 씻은 다음, 신부가 재배하면 신랑이 답으로

한 번 절하는 것을 두 번 되풀이
한다. 신부가 두 번 절하고, 신랑
이 한 번 절하는 것은 음양으로
보아 여성은 음이므로 음의 수인
짝수로 절하고, 남성은 양이므로
양의 수인 홀수로 절하는 것이다.

절에는 큰절·평절·반절이 있
는데, 교배례에서는 큰절을 한다.
큰절은 보통 공수배(拱手拜)로 한
다. 공수(拱手)는 공손한 자세로
앉거나 설 때에 손을 맞잡는 것
을 말하는데, 평상시에 남자는 왼
손을 위로, 여자는 오른손이 위로
가게 잡는다. 흉사시에는 남자는
오른손이 위로, 여자는 왼손이 위
로 가게 잡는다. 큰절은 공수한
손을 눈높이까지 올렸다가 내리
며 엎드려서 절을 한다.

교배상에는 지방에 따라 다르
나 대개 촛대, 소나무나 대나무·
사철나무를 꽂은 화병, 밤, 대추,
쌀, 보자기에 싼 암탉·수탉 등을
올려놓는다. 교배상 위에 올려놓
았던 닭은 대례가 끝나면 날려

한국의 집에서 거행된 전통혼인예식의 교배상

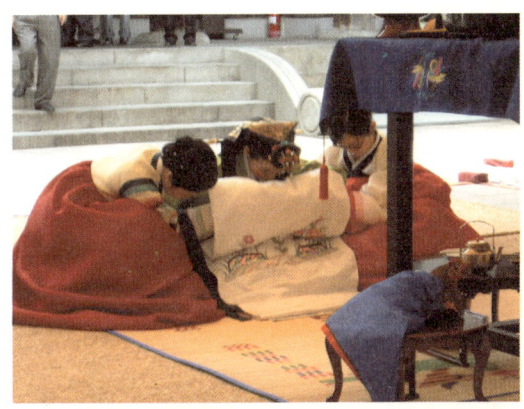

교배례 신부가 재배하고(위) 이어서 신랑이 한 번 절한다.(아래)

보낸다.

　교배상에 닭을 올려놓는 이유는 여러 가지로 말할 수 있겠으나, '수탉 같은 신랑', '암탉 같은 신부'가 되라는 당부의 뜻을 담은 것이라 생각한다. 수탉은 첫째 처자를 잘 보호하며 먹이를 구해 주고, 둘째 생활권(生活圈)과 가족을 지키기 위해 이웃집 수탉과 용감히 싸우며, 셋째 때를 알아 울어 준다. 신랑은 수탉의 이러한 점을 본받아 처자식을 잘 보호하고 먹여 살리며, 생활권과 명예를 지키기 위해서는 용감히 싸울 줄 알고, 세상의 흐름을 잘 알아 바르게 판단하고 행동하라는 뜻일 것이다. 암탉은 수탉의 보호를 받으며 병아리를 잘 기른다. 신부는 암탉의 이러한 점을 본받아 살림 잘 하고, 자녀를 잘 기르라는 뜻이 담긴 것이라 생각한다.

　교배례가 신혼예식에서는 신랑·신부 맞절로 바뀌었다. 그리고 신랑과 신부로서 처음 만나는 상견례이므로 예식의 처음에 하는 것이 좋다는 뜻에서 맨 처음에 하고 있다.

합근례(合巹禮)

　교배례를 마친 신랑·신부가 그 자리에 앉는다. 신랑·신부의 옆에서 도와주는 사람(侍者)은 각각 교배상의 술잔과 과일 접시를 작은 상으로 내려놓은 다음, 술잔에 술을 채운다. 신랑·신부는 이 잔을 받아 빈 그릇에 세 번에 나누어 따르고, 과일 안주를 집어 상위에 놓는다. 이것은 천지신명(天地神明)께 드리는 것이라 하겠다. 시자가 다시 빈 잔에 술을 채우면 신랑과 신부는 그 잔을 각각 다른 시자에게 준다. 그 잔을 신랑측 시자는 신부에게, 신부측 시자는 신랑에게 가져다준다. 신랑이 함께 들자는 뜻으로 신부를 향하여 읍하고(두 손을 마

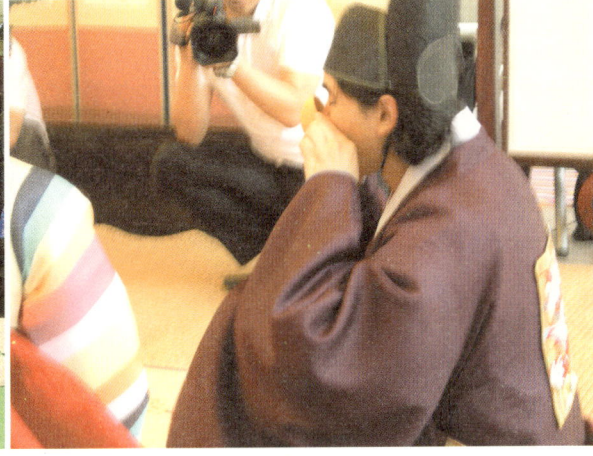

합근주 둘째잔을 마시려고 하는 신부의 모습(왼쪽)과 표주박잔에 따른 셋째잔을 마시는 신랑의 모습

주 잡아 얼굴 높이까지 올렸다 내리고), 잔을 들어 마시면 신부도 따라 마신다.

셋째 잔은 표주박잔을 사용한다. 양측의 시자가 준비된 표주박잔에 술을 따르면, 신랑과 신부는 각각 자기 잔에 손을 대었다가 시자에게 준다. 그러면 그 잔을 둘째 잔과 마찬가지로 신랑측 시자는 신부에게, 신부측 시자는 신랑에게 가져다 준다. 신랑이 신부를 향하여 읍하고 표주박 잔을 들어 마시면, 신부도 따라 마신다. 이것은 지방에 따라 조금씩 다르다. 이것이 합근례인데, 이로써 혼인예식이 모두 끝나는 것이다.

합근례에서 쓰는 표주박잔은 한 쌍으로, 조롱박이나 동근박을 반으로 쪼개서 만든 것이다. 박은 다산(多産)의 식물로 대지(大地)의 생생력(生生力) 상징, 새의 알과 같은 생명의 근원 상징, 둥근 태양의 상징으로 보아 신성시한다. 신라 시조 박혁거세가 알에서 나왔다 하여 박[瓢]과 음이 같은 박(朴)을 성으로 한 것은 이러한 사유의 표현이라 하겠다. 하나의 조롱박이나 동근박을 쪼개서 만든 한 쌍의 표주박잔은 이처럼 신성의 의미를 지닐 뿐만 아니라 그 짝은 이 세상에 하나밖에 없는 유일무이(唯一無二)한 존재이다. 그래서 그 짝을 잃어버리거나 깨뜨린다면 다시 짝을 구할 수 없는 것이다. 그러므로 세상에서 하나밖에 없는 배우자를 아끼고 사랑하며 살라는 뜻도 담겨 있다 하겠다.

신랑 신부가 마시는 술은 민간신앙에서 정화수와 같은 의미를 갖는다. 물은 생명의 근원이 되고, 파괴(破壞)와 정화(淨化)의 큰 힘을 지니고 있으므로 신성시된다. 합근례에서 신랑·신부가 예로부터 신성시하여 왔고, 이 세상에서 다시 짝을 구할 수 없는 한 쌍의 표주박잔에 신성시하는 물(술)을 부어 서로 바꾸어 마시며 백년해로(百年偕老)를 서약하는 것은 참으로 뜻있는 일이라 하겠다.

교배례와 합근례를 합하여 초례(醮禮)라고도 한다. 초례가 끝나면 신랑 신부는 각각의 처소로 돌아가 신랑은 신부집에서 마련해 준 옷으로 갈아입고, 신부는 신랑집에서 마련해 준 옷으로 갈아입는데, 이 옷을 '관디벗김'이라 한다.

초례를 마친 신랑과 신부는 한 방에서 몸을 합치는 합궁례(合宮禮)를 치르게 되는데, 이를 '신방(新房)' 또는 '첫날밤'이라고 한다. 신랑·신부는 합궁례를 치름으로써 비로소 부부가 되는 것이다. 전에는 '신방 엿보기'가 있었는데, 이것은 나이 어린 신랑이 신부를 사모하는 남자 또는 사귀(邪鬼)의 해를 입지 않도록 지킨다는 의미를 지니고 있다.

우귀(于歸)

우귀는 신부가 신랑을 따라 시댁으로 가서 며느리로서 치르는 절차이다. 신부가 대례를 지낸 그날로 가는 경우도 있고, 사흘 동안 신부집에서 신방을 치르고 가는 경우도 있었다. 앞의 것을 당일 우귀(當日于歸)라 하고, 뒤의 것을 삼일 우귀(三日于歸)라 한다. 지방에 따라서 1주일 우귀, 1개월 우귀, 3개월 우귀, 1년 우귀, 3년 우귀가 있었으나, 삼일 우귀가 가장 많았다.

시댁으로 간 신부는 준비해 간 폐백(幣帛)을 드리고, 새 며느리로서 처음 시부모님을 뵙는 현구고례(見舅姑禮)를 드린 다음, 시부모 외의 다른 가족·친족과 상면하는 절차를 가졌다. 사당을 모신 집에서는 사당 참례를 먼저 하고 현구고례를 드리기도 하고, 구고례를 마친 뒤에 사당 참례를 하기도 한다. 요즈음에는 혼인예식을 마친

신부가 신랑과 함께 시부모님께 절하는 모습

신부의 절을 받은 시어머니가 대추를 던지며 아들 딸 낳고 잘 살라고 당부하는 말을 한다.

신랑·신부가 예식장에서 폐백을 드리고, 신혼여행을 떠나는 경우가
많다.

폐백(幣帛)은 새 며느리가 시부모를 처음 뵙는 현구고례 때 올리는
예물을 뜻하는 말인데, 요즈음에는 현구고례를 '폐백'이라고 하기도
한다. 신부는 준비해 간 대추·밤과 안주를 상위에 올려 놓고, 시부
모가 상 앞에 남향하여 나란히 앉으면, 술을 따라 올린 뒤에 큰절을
한다. 절은 신부만 하는 지방도 있고, 신랑과 함께 절하는 지방도 있
다. 절하는 횟수도 재배(再拜)하는 지방이 있는가 하면, 사배(四拜)하
는 지방도 있다. 새 며느리한테 절을 받은 시부모는 치마에 대추를
던져 주면서 아들과 딸을 많이 낳고, 행복하게 살라고 당부하는 말
을 한다. 시조부모가 계신 경우, 시조부모께 먼저 절을 올리기도 하
고, 혼주(婚主)인 시부모께 먼저 절한 뒤에 시조부모께 절하기도 한

다. 시부모께 절한 뒤에는 윗세대 어른께 큰절을 한다. 같은 세대의 아랫사람에게는 평절로 맞절을 한다. 아랫대 사람들은 신부를 향해서 절을 하고, 신부는 선 채로 허리를 굽혀 답례한다.

폐백으로 드리는 대추는 붉은 색으로 '동쪽', '자손 창성(昌盛)'의 뜻을 지닌다. 밤[栗]은 서(西)와 나무[木]가 합해진 글자로, '서쪽·어두움·두려움[慄]'을 뜻한다 하겠다. 따라서 새 며느리가 현구고례에서 대추와 밤을 드리는 것은 '아침 일찍부터 두려운 마음으로 공경해 모시겠습니다.'는 다짐을 나타내는 것이라 하겠다. 시부모가 새 며느리에게 대추를 던져 주는 것은 자손 창성(昌盛)을 바라는 마음의 표시라 하겠다.

신부는 현구고례 때 시부모와 시댁 가족과 친족에게 줄 옷감이나 간단한 예물을 내놓는다. 신부는 현구고례 즉 폐백을 통하여 신랑 집안의 새로운 구성원이 되었음을 조상과 가족, 친척, 그리고 이웃에 알리는 것이다.

이러한 절차를 모두 마친 뒤 신랑과 신부는 서로 사랑하고, 신의를 지키며 가족 및 친척·친지들과 화목하면서 행복한 가정을 꾸며 간다.

4. 노인이 되는 환갑(還甲)·회혼례(回婚禮)

환갑(還甲)은 사람이 태어나서 60년 만에 맞는 생일을 말하는데, 회갑(回甲)이라고도 한다. 그러므로 환갑은 우리나라 사람들이 나이를 세는 법으로 61세 되는 해에 맞는 생일이다. 우리나라에서는 환갑을 크게 기쁜 날로 여겨 큰 잔치를 베풀어 경하(慶賀)하고, 경하를 받는다. 환갑잔치는 자녀들의 부모에 대한 효성의 표시로 하는 것이다. 이것은 일본, 중국에서도 같다.

환갑에는 환갑상을 차리는 것이 보통이다. 환갑상은 교자상에 밤, 대추, 곶감, 과자, 강정, 다식, 약과, 떡 등과 여러 가지 음식을 차려 놓는다. 환갑상 앞에는 술과 술잔이 놓인 작은 상을 놓는다. 환갑을 맞는 어른 부부가 상 앞에 앉으면, 맨 먼저 큰아들 내외가 술잔을 올리고 큰절을 하면서 부모님의 만수무강(萬壽無疆)을 기원하는데, 이를 헌수(獻壽)라고 한다. 그 다음에는 자손들이 연령 순, 항렬 순으로 각각 헌수한다. 직계 가족의 헌수가 끝나면, 친족들이 연령·항렬 순으로 헌수하고, 다른 성(姓) 사람들도 차례에 따라 헌수한다. 환갑을 맞는 사람의 형제자매 부부는 본인의 좌우에 배석하여 헌수를 받는다. 환갑을 맞는 사람의 부모가 생존해 있을 때에는 환갑을 맞는 사람이 먼저 그 부모께 절을 하고, 헌수를 받는다.

환갑잔치에서 환갑을 맞은 분께 자손들이 술잔을 드리며 만수무강을 기원하는 것은 제례(祭禮)에서 술을 올리고, 굿을 비롯한 각종 기원의식(祈願儀式)에서 정화수(井華水)를 떠놓는 것과 같은 의미이다. 물(술 포함)은 생명의 근원이 되며, 정화력(淨化力)과 파괴력을 지니고 있어 예로부터 신성시하였다. 환갑잔치에서 이러한 의미를 지닌 술을 드리는 것은 환갑을 맞는 노인의 건강과 장수를 기원하는 제의적 의미를 더욱 강화하는 것이라 하겠다.

환갑을 맞이한 노인의 자녀들은 자기들의 자손 앞에서 자기 부모에 대한 최상의 경배를 드림으로써 자녀들에게 부모와 조부모에 대한 사랑과 존경을 가르치고, 조상숭배 의식을 일깨우는 효과를 거두기도 한다. 요즈음에는 환갑잔치를 하면 늙어 보인다 하여 이를 회피하는 사례도 있다고 한다. 그러나 회피한다 하여 다시 젊어지는 것도 아닐 것이니, 환갑이 지닌 의미를 생각하면서 나이에 맞는 생각과 행동을 하는 것이 오히려 자연스러우리라 생각한다.

부부 중심의 서양 사회에서는 혼인기념일에 대한 의식이 강하여 이 날을 매해 잊지 않고 기념한다고 한다. 특히 혼인 1주년은 지혼식(紙婚式)이라 하여 기념한다. 5주년은 목혼식(木婚式), 15주년은 동혼식(銅婚式) 또는 수정혼식, 25주년은 은혼식(銀婚式), 30주년은 진주혼식(眞珠婚式), 35주년은 산호혼식(珊瑚婚式), 40주년은 녹옥혼식(綠玉婚式), 45주년은 홍옥혼식(紅玉婚式), 50주년은 금혼식(金婚式), 60주년은 금강혼식(金剛婚式, 영국은 60주년, 미국은 75주년)이라고 하여 특별히 기념한다.

한국에서는 예로부터 혼인기념일을 중시하지 않았다. 그러나 혼인 60주년의 회혼례(回婚禮)만은 성대히 거행한다. 회혼례는 혼인 60주년을 맞는 노부모께 자녀들이 신혼 때와 똑같은 혼인예식을 베풀어 드리는 것으로, 자손들과 일가친척, 이웃과 친지들의 축복 속에서 행하여진다.

조선 시대에는 혼인 연령이 낮기는 하였지만, 평균 수명이 짧아서 회혼례까지 사는 부부가 많지 않았을 것이다. 그런데 부모님이 회혼례까지 사실 경우에는 큰 기쁨과 자랑으로 여기고 회혼례를 성대히 거행하였다고 한다. 사대부들의 경우에는 임금이 경하하며 선물을 보내기도 하였다. 요즈음에는 늦게 혼인한 탓에 회혼례까지 사는 부부가 많지 않은 것 같다. 그러나 앞으로는 평균 수명이 늘어감에 따라 회혼례를 맞는 어르신도 늘어갈 것 같다. 부모님이 회혼례까지 건강하게 사실 수 있도록 잘 모시고, 부모님이 회혼례를 맞이하게 되면 큰 기쁨과 자랑으로 여겨야 할 것이다.

5. 부모님을 보내는 슬픔과 의례 절차

 사람은 언젠가는 죽어야 하는 유한한 존재이다. 그래서 언제까지나 함께 하고 싶은 부모님이나 자녀, 배우자, 친구 등 사랑하는 사람을 떠나보내야 한다. 사람들은 사랑하는 사람을 떠나보내는 슬픔과 아픔을 억제하면서 이들을 보내는 의례 절차를 마련하였다. 이것이 상장례(喪葬禮)이다.

 상장례는 사람의 죽음을 맞아, 주검[屍]을 절차에 맞게 처리하고, 근친(近親)들이 슬픔으로 근신(謹愼)하는 기간의 의식 절차를 정한 예절이다. 상장례는 한국인의 생사관(生死觀)을 바탕으로 하여 형성되었다. 상장례의 절차는 대개 다음의 네 단계로 진행된다.

초종(初終)

 부모의 병이 위독하여 운명할 기미가 보이면, 부모가 쓰던 방으로 모시고 집 안팎을 조용하게 하고, 부모의 손을 잡고 숨을 거두는 것을 지켜보는데, 이를 임종(臨終)이라고 한다. 우리나라에서는 임종을 못 보는 것을 큰 불효로 여긴다. 임종할 방으로 모신 부모는 동쪽으로 머리를 두게 하고, 새 옷으로 갈아입힌다. 혹 유언이 있으면, 이를 머리맡에 앉아 받아 적는다. 마지막 숨이 단절되는 것을 분명히 알기 위해 솜을 입 위에 놓고 숨이 그치는 것을 지켜보기도 하는데, 이를 속광(屬纊)이라고 한다. 사망이 확인되면, 모여 앉았던 자손들이 애곡벽용(哀哭擗踊, 소리를 질러 비통하게 곡을 하고 가슴을 치며 발을 구름.)한다.

임종 직후에는 밖에 나가서 떠나는 영혼을 부르는 초혼(招魂)을 한다. 『예서(禮書)』에는 "죽은 사람의 웃옷을 가지고 지붕에 올라가서 왼손으로 옷깃을, 오른손으로 허리를 잡고 북쪽을 향해 흔들면서, 남자는 관직명이나 자(字)를, 여자는 이름을 부른다."는 말이 있다. 그런데 요즈음에는 죽은 사람의 와이셔츠나 속적삼을 들고 마당에 서서 지붕을 보고, "서울특별시 ○○구 ○○동 ○○○번지 ○○○(亡人의 이름) 복 복 복!" 하고 부른다. 그 옷은 지붕 위에 얹어 두었다가 나중에 내려서 시체의 가슴 위에 얹는다. 이를 초혼 또는 고복(皐復)이라고 한다. 초혼은 전에는 상장례에서 빠뜨리지 않고 행하였다. 그러나 요즈음에는 집에서 상장례를 치를 때에는 하지만, 장례식장에서는 생략하는 경우가 많다.

육체를 벗어나 떠나가는 영혼을 불러 재생시키려는 초혼 의례는 영육(靈肉) 분리(分離)의 이원적 사고를 바탕으로 한 것이다. 한국인의 전통적 사고에서 삶은 육신과 영혼이 결합되어 있는 상태이고, 죽음은 육신에서 영혼이 벗어난 상태이다. 임종은 영혼이 그동안 함께 있던 육신을 벗어나 먼 곳으로 떠나는 것이다. 육신을 벗어난 영혼이 다시 돌아온다면 육신은 다시 살아날 수 있다. 그래서 떠나는 영혼을 멀리 가지 말고 돌아오라고 부르는 초혼을 하는 것이다. 떠나는 영혼을 붙잡기 위해서는 그 영혼과 일생을 같이 한 육신이 나

사자상 밥 세 그릇과 짚신 세 켤레를 놓았다.

가서 불러야 한다. 그러나 육신은 기력을 잃어 그렇게 할 수 없으므로 그 사람이 입었던 옷, 그 중에서도 가슴에 직접 닿았던 속적삼을 들고서 가지 말라고 부른다. 이것은 망인(亡人)의 몸에 닿았던 옷은 일정 기간 망인과 영적(靈的) 관계를 유지하고 있다고 믿는 전염주술(傳染呪術) 심리에서 나온 것이다.

육신을 벗어난 영혼은 저승사자의 호송을 받아 저승으로 간다고 한다. 그래서 망인의 영혼을 저승까지 데리고 갈 저승사자에게 인정을 쓰는 뜻에서 사자상(使者床)을 차려 후히 대접한다. 사자상은 저승사자가 세 명이라는 생각에서 밥 세 그릇과 반찬, 돈, 짚신 세 켤레 등을 멍석이나 푼주 위에 올려놓기도 하고, 상위에 올려놓기도 한다. 이 때, 상주들은 재배하고 곡을 한다. 사자상은 『예서』에 없는 일이라 하여 하지 않는 집도 있었으나, 하는 집이 더 많았다. 요즈음에도 상장례를 장례예식장에서 하거나, 교회식으로 하지 않는 집에서는 사자상을 차려 놓는다.

초혼과 사자상 차리기가 끝나면, 시신이 굳기 전에 반듯이 놓고 간단하게 묶어 놓는다. 이를 수시(收屍), 또는 소렴(小殮)이라 한다.

수시는 나무토막 또는 베개처럼 묶은 짚 뭉치 세 개 위에 칠성판을 놓은 다음, 그 위에 시체를 올려 놓고 두 손을 배 위로 모아 흉사(凶事) 때에 공수(拱手)하는 것처럼 포개고, 허리까지 묶는다. 그리고 다리를 곧게 하여 엄지발가락을 끈 또는 붕대나 백지로 매고, 시체의 몇 곳을 묶는다. 그런 다음에 홑이불을 덮고, 그 앞에 병풍을 쳐 놓는다. 장례식장에서는 소렴을 한 뒤에 시신을 냉동실에 안치한다.

병풍 앞에 상을 놓고, 혼백을 만들어 놓는다. 혼백은 백지를 접어 5색실로 묶어 상자에 넣어 만들었으나, 요즈음에는 망인의 사진으로 대신한다. 혼백이나 사진 앞에는 주과포혜(酒果脯醯)를 차려 놓고, 향불을 피운다.

친족들은 일을 분담하여 장례 준비를 하는 한편, 상사(喪事)를 여러 사람에게 알린다. 가까운 친척에게는 직접 사람을 보내 알리나, 멀리 있는 친척이나 친구에게는 부고장을 보냈다. 요즈음에는 전화나 전보를 이용하여 알리고, 신문에 게재하여 알리기도 한다.

습렴(襲殮)

습(襲)은 시체를 목욕시키고 의복을 갈아 입히는 것이고, 소렴(小殮)은 시체를 임시로 묶는 것이고, 대렴(大殮)은 시체를 단단히 묶고 관에 넣는 것이다. 전에는 운명한 날에 습하고, 그 다음날에 소렴, 그 다음날에 대렴을 하기도 하였으나, 요즈음에는 이를 한 번에 하는데, 이를 '습렴한다' 또는 약하여 '염한다'고 한다. 습렴은 요즈음에도 전에 하던 방식을 그대로 따르고 있다.

염할 때, 전에는 미지근한 물에 향나무를 깎아 넣은 향수(香水)로 전신을 씻겼다. 그러나 요즈음에는 향수 또는 알코올에 적신 솜으로 온몸을 문질러 씻는다. 그리고 머리를 빗기고, 손톱·발톱을 깎는다. 깎은 손톱·발톱과 머리카락은 베헝겊으로 만든 작은 주머니에 넣는데, 이 주머니를 조발낭(爪髮囊)이라고 한다. 조발낭은 대개 5개를 만들어 1개에는 머리카락을, 나머지 4개에는 좌우 손가락·발가락에서 자른 손톱과 발톱을 각각 넣는다. 이것은 습의(襲衣) 소매나 버선 등에 넣거나, 관 귀퉁이에 넣는다. 이것은 죽은 사람의 몸의 일부였던 머리카락이나 손톱·발톱을 시신과 함께 잘 모셔야 한다는 생각과 이것을 함부로 다루면 죽은 사람이나 그 가족에게 큰 화가 미칠지도 모른다는 생각에서 나온 것이라 생각한다. 이러한 생각 역시 전염주술 심리에서 나온 것이다.

그 다음에 수의(壽衣)를 입힌다. 전에는 소렴에 입히는 염의(殮衣)가 따로 있었으나, 요즈음에는 염의를 쓰지 않는 것이 보통이다. 수의로는 남자의 경우, 적삼·고의·두루마기·도포를 입히고, 버선을 신기고, 행전과 대님을 친다. 손에는 주머니 모양의 악수(幄手)를 끼고, 얼굴에는 면건(面巾)을 덮는다. 옷을 입힐 때에는 모두 포개어 한 번에 입히는데, 이불을 덮고 홑이불의 네 귀를 사방에서 잡아서 시신이 보이지 않도록 한다.

습이 끝나면 반함(飯含)이라 하여 물에 불린 쌀을 버드나무 수저로 세 번 입에 떠 넣는다. 쌀을 넣을 때에는 오른쪽과 왼쪽, 그리고 가운데에 모두 세 번을 넣는다. 첫 번 숟가락을 넣으면서 ‘백 석이요.’ 하고, 그 다음에는 ‘천 석이요.’, ‘만 석이요.’ 한다. 다음에는 동전이나 주옥(珠玉)을 입에 물리기도 한다. 이것은 저승에 가서 먹고 쓸 양식과 용돈이라고 한다.

반함할 때 버드나무 수저를 쓰는 이유는 무엇일까? 민간에는 생생력(生生力)을 지녔다고 생각되는 동물이나 식물을 신성시하는 의식이 있었다. 버드나무는 물가에서 살고, 이른 봄에 싹이 돋으며, 번식력이 강하여 매우 잘 자라므로 신성시하였다. 이런 버드나무로 수저를 만들어 반함하는 것은 죽은 사람이 저 세상에 가서 재생하여 잘 살라는 뜻에서일 것이다.

반함에 이어 교포(絞布, 시체를 묶는 베)로 시체를 묶는다. 묶을 때에는 세로로 묶은 위에 가로로 묶는다. 가로의 매수는 시체의 크기에 따라 다섯 매 또는 일곱 매로 묶는데, 매듭을 짓지 않고 틀어서 끼운다.

그 다음에 입관(入棺)을 한다. 어깨나 허리·다리 등이 있는 빈 곳은 짚이나 종이 또는 헌 옷으로 채우는데, 이를 보공(補空)이라 한다. 보공하여 시체가 흔들리지 않게 한 뒤, 그 위에 다른 홑이불인 천금(天衾)을 덮고 관 뚜껑을 덮은 다음, 나무못을 친다. 입관하면 다시는 망인을 볼 수 없으므로, 자녀들은 슬피 운다. 혹 멀리 나가 돌아오지 않은 자녀가 있을 때에는 망인의 마지막 모습이라도 볼 수 있도록 입관을 늦추기도 한다.

입관이 끝나면, 널 위에 남자는 '某官(無官이면 學生)○○○公○○之柩'라 쓰고, 여자는 '某封(無封이면 孺人) ○○○氏○○之柩'라 쓴다. 그리고 짚과 종이를 섞어서 외로 꼰 밧줄로 관을 묶는다.

입관이 끝나면 복인(服人)들은 상복(喪服)을 입는다. 그리고 2m 정도로 자른 빨간 천 온 폭에 흰 분가루를 접착제에 개어 붓으로 널에 쓴 것과 같이 쓴 명정(銘旌)을 영좌(靈座) 오른쪽에 걸쳐놓는다. 그 다음에 제수를 차린 다음, 성복제(成服祭)를 지낸다. 기독교식으로 하는

성복제 습렴하여 입관한 후 상복을 입고 성복제를 지낸다.

가정에서는 입관예배를 드린다. 그리고 정식으로 조객을 맞이한다.

조객의 경우, 전에는 자기 집을 떠나 상가에 오기까지 다른 사람과 이야기하지 않는 것을 예의로 생각하였으나, 요즈음에는 이러한 생각이 많이 약화되었다. 전에는 조객이 영좌 앞에 분향(焚香)하고, 곡(哭)을 한 다음 재배하고, 상주에게 절하면서 "상사 말씀 무슨 말씀입니까." 또는, "갑자기 변고를 당하여 망극하십니다." 하고 조의를 표하였다. 이에 상주는 곡하면서 맞절을 하였다. 요즈음에는 분향을 하기도 하고, 분향하는 대신 국화꽃을 영전에 놓기도 한다. 상주와 인사를 할 때에도 큰절을 하기도 하고, 선채로 고개를 숙여 인사하기도 한다. 요즈음에는 상주도 조객도 곡을 하지 않는 것이 보통이다.

발인제 집에서 장지로 떠나기에 앞서 발인제를 지낸다.

치장(治葬)

주검(시신)을 처리하는 방법에는 시신을 땅 위에 버리는 풍장(風葬), 땅 속에 묻거나 돌 등으로 덮는 매장(埋葬), 불에 태우는 화장(火葬), 물 속에 버리는 수장(水葬) 등의 방법이 있다. 그러나 우리나라에서는 대개 매장을 하고, 일부에서 화장을 하고 있다. 화장을 하는 경우, 요즈음에는 화장 시설이 있는 곳에 가서 화장한 뒤에 유골을 함에 담아 납골당(納骨堂)이나 납골묘(納骨墓)에 안치(安置)하는 사람이 늘고 있다. 화장한 후 유골을 망인이나 유가족과 관련이 있는 나무의 밑에 묻는 수목장(樹木葬)을 하는 사람도 있다. 여기서는 가장 많이 행해지고 있는 매장을 중심으로 간단히 살펴보려고 한다.

전에는 장기(葬期)와 장일(葬日)이 사회 계층에 따라 달랐으나, 요즈음에는 3일장(또는 5일장)이 일반적이다. 장일(葬日)이 되면 장지(葬

상여 행렬 시신을 상여에 모시고 장지로 간다.

地)를 선정하여 매장한다. 장지 선정은 대개 지관(地官)에게 부탁하
고, 지관은 풍수설(風水說)에 맞추어 좋은 자리를 고른다. 풍수설에
따르면, 우주 만물을 주관하는 생기(生氣)가 지맥(地脈)을 따라 흐르
다가 멈추는 곳이 좋은 자리 즉 명당(明堂)이다. 그 곳에 죽은 사람을
매장하면, 생기가 망인의 뼈에 감응(感應)하여 자손이 발복(發福)한다
고 한다.

장지가 선정되면 산역(山役)을 하는데, 일을 시작하기 전에 장지
위쪽에서 북쪽을 향해 제물을 차리고 산신제(山神祭)를 지낸다. 공원
묘지에 모실 경우에는 산신제를 생략한다. 산역은 먼저 묘역(墓域)
주변을 표시하고, 그 중앙에 외광(外壙)과 내광(內壙)을 판다. 외광은
너비 2m에 길이 3m 정도, 깊이 1m 이상을 판다. 내광은 외광의 중
앙에 너비 50cm에 길이는 망인의 키보다 20cm 정도 길게, 깊이는
50cm 정도 파고 곱게 다듬는다.

➡ 외광을 먼저 파고, 그 안에 내광을 판다.
⬆ 관에서 시신을 꺼내 내광에 넣는다.

　　집에서 장지로 떠나기에 앞서 발인제(發靷祭)를 지낸다. 기독교식
으로 하는 가정에서는 발인 예배를 드린다. 지방에 따라 행상 도중
에 상여(또는 영구차)를 세워 놓고 노전제(路奠祭)를 지내기도 한다.
　　장지에 도착하면 하관(下棺) 시간에 맞춰 시신을 광내(壙內)에 모신
다. 명정을 걷고, 관묶음을 푼 뒤에 관까지 매장하는 집안에서는 들
끈으로 관을 들어 내광에 반듯하게 모신다. 관을 파기하고 시신만
묻는 집안에서는 관의 뚜껑을 열고 시신만을 들끈으로 들어 내광에
반듯하게 모신다. 광중(壙中) 안의 빈 곳을 흙으로 채운다. 그리고 내
광의 폭보다 조금 길게 자른 판자로 덮는다. 이를 횡대(橫帶)라 하는
데, 대개 일곱 장이다. 주상(主喪)이 청색·홍색의 천을 횡대 위에 올
려 드리면, 시신의 가슴 부위에 청색 폐백을, 다리 부위에 홍색 폐백
을 횡대를 들고 얹는다.

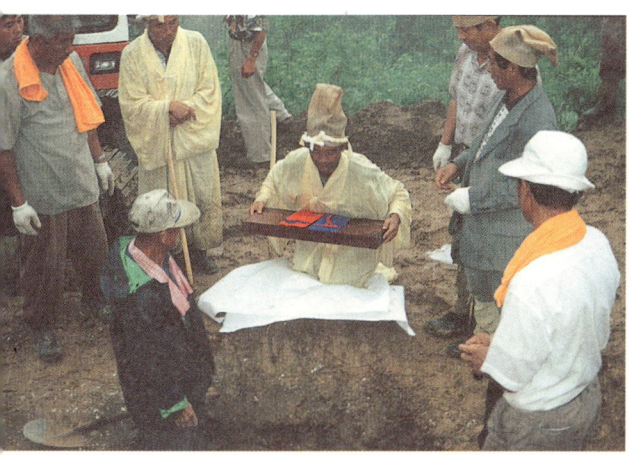

상주가 청생과 홍색의 천을 횡대에 올려 드리면, 가슴 부위에 청색 폐백을 가슴 부위에, 홍색 폐백을 다리 부위에 넣는다.

⬆ 광중에 흙을 채우고 꼭꼭 밟는다.

⬅ 횡대 위에 명정을 덮고, 흙으로 광을 메운다.

그 다음 고운 흙으로 외광을 채우고, 시신의 발치에 지석(誌石, 죽은 사람의 성명, 생몰 연대, 무덤의 좌향 등을 기록하여 무덤 앞에 묻는 板石

또는 陶板)을 놓고 흙으로 덮는다. 기독교식으로 하는 가정에서는 하
관 예배를 드린 뒤에 이와 같이 한다.

광내가 메워지면 평토제(平土祭)를 지낸다. 지방에 따라서는 봉분
(封墳)을 만든 뒤 평토제를 지내기도 한다. 평토제를 지내고 나서 상
주는 혼백을 모시고 집으로 돌아온다.

흉제(凶祭)

치장이 끝난 뒤 길제(吉祭)까지의 제사를 흉제라고 한다. 시체를
매장하고 집으로 돌아와서 바로 신주(神主)나 혼백만을 모시고 제사
를 지낸다. 이를 반혼제(返魂祭)라고 하는데, 초우제(初虞祭)를 겸하기
도 한다. 우제(虞祭)는 시체를 보내고 영혼을 맞이하여 지내는 제사
인데, 초우제(初虞祭), 재우제(再虞祭), 삼우제(三虞祭)가 있다. 초우제
는 장일(葬日)에 집에 돌아와 지내는 제사인데, 전에는 장지가 멀어
서 당일 영좌(靈座)가 집에 돌아오지 못하면 주막에서라도 지냈다.
재우제는 초우제를 지낸 뒤 처음 맞는 유일(柔日, 일진에 乙·丁·己·辛
·癸가 드는 날)에 지낸다. 삼우제는 재우제 뒤의 첫 강일(剛日, 일진에
甲·丙·戊·庚·壬이 드는 날)에 지낸다. 요즈음에는 대개 일진을 따지
지 않고 장례 후 3일에 묘소를 찾아 제사를 지내면서 삼우제 지낸다
고 한다.

초상 후 3개월이 지난 다음에 맞는 강일을 택하여 아침에 졸곡제
(卒哭祭)를 지낸다. 초상 1주년이 되는 날 올리는 제사를 소상(小喪)이
라 한다. 2주년이 되는 날을 대상(大祥)이라 하여 제사를 지내고, 탈
상(脫喪)한다. 대상 후 100일 되는 정일(丁日)이나 해일(亥日)에 조상

의 신주를 고쳐 쓰고 제사를 지내는데, 이를 길제(吉祭)라 한다.

위에 적은 것이 상장례의 대강인데, 이것은 지방에 따라, 씨족에 따라 많은 차이가 있다. 상장례는 좀 까다로운 편인데, 이것은 모두 망인을 보내는 지극한 정성과 효심, 민간신앙에서 나온 것이다. 이러한 상례가 오늘날에는 변하여 그 절차와 복식(服飾), 행사(行祀) 등이 많이 간소해지고, 상기(喪期)도 크게 단축되었다. 사회의 변화와 함께 상례가 간소해지고, 축소되는 것은 어쩔 수 없는 일이지만, 그에 따라 고인을 애도하는 마음과 정성·효심마저도 간소해지고 작아지는 일은 없었으면 한다.

6. 돌아가신 분을 위한 의례

상례를 마친 뒤에 돌아가신 분을 위해 드리는 제사에는 기제(忌祭), 차례(茶禮), 묘사(墓祀)가 있다. 제례에 관하여는 주자의 『가례(家禮)』이후에도 『사례편람(四禮便覽)』 등의 여러 가례 책에 적혀 있으나, 요즈음에는 많이 변화되었다.

제사상

기제(忌祭)

기제(忌祭)는 1년에 한 번씩 돌아가신 날에 지내는 제사이다. 기제는 4대봉사(四代奉祀)라 하여 부모에서 고조부모까지 지내는데, 지방(紙榜)을 써서 붙이고, 제물을 진설한 뒤에 지낸다.

지방(紙榜)과 축문(祝文)

지방을 쓸 때에는 남자 조상과 그 아내인 여자 조상을 함께 쓰는데, 임시로 만드는 위패(位牌)이기 때문에 '신주(神主)'라 하지 않고 '신위(神位)'라고 쓴다. 지방 쓰는 차례는 남자 조상을 서쪽(보아서 왼쪽)에 쓰고, 부인인 여자 조상은 그 남편인 남자 조상의 동쪽(보아서 오른쪽)에 쓴다.

전에는 지방을 한자로 썼으나, 요즈음에는 한글로 쓰기도 한다. 그 서식을 보이면 다음과 같다.

지방 서식(한자)

顯考③ 學生④ 府君⑤ 神位
顯姊① 孺人② 金海金氏 神位
孝子 ○○ ⑥ 奉祀

지방 서식(한글)

아버님 학생부군 신위
어머님 김해김씨 신위
큰아들 ○○ 봉사

한자로 된 서식 ③의 '고(考)'는 아버지이고, ①의 '비(妣)'는 어머니이다. 조부모는 '조고(祖考)·조비(祖妣)'이고, 증조부모는 '증조고(曾祖考)·증조비(曾祖妣)', 고조부모는 '고조고(高祖考)·고조비(高祖妣)'이다. 아내는 '현(顯)'을 쓰지 않고 '망실(亡室)' 또는 '고실(故室)'이라 쓴다.

④는 돌아가신 분의 직급과 직명을 '홍성군수(洪城郡守)'와 같이 사실대로 쓴다. 만일 없으면 위 예문에 쓴 것처럼 '學生'이라 쓴다. 여자 조상의 경우, ②는 남편의 신위에 벼슬(직급·직명)을 쓸 때에는 '부인(夫人)'이라 쓰고, 없으면 '유인(孺人)'이라 쓴다. 여자 조상 자신의 직명·직급이 있을 때에는 사실대로 쓴다.

⑤의 '부군(府君)'은 남자 조상의 경우이고, 여자 조상이나 아내는 본관과 성씨를 쓴다.

⑥의 '효자(孝子)'는 큰아들이 제사를 받드는 경우이고, 작은아들이면 '자(子)', 큰손자면 '효손(孝孫)', 큰 증손자면 '효증손(孝曾孫)', 큰 현손자면 '효현손(孝玄孫)'이라고 쓴다. 이를 쓰지 않는 사람도 많이 있다. 지방을 한글로 쓸 경우에는 한문 서식에 준하여 쓴다.

축문은 백색 한지에 붓으로 쓰는데, 위에서 아래로 내려쓴다[縱書]. 축문의 서식을 적어 보면 다음과 같다.

축문 한문 서식

維

歲次干支① 某月干支②朔 某日干支③

孝子○○④ 敢昭告于

顯考⑤學生⑥ 府君

顯妣⑦孺人⑧○○○氏 歲序遷易

顯考⑨ 諱日復臨⑩ 追遠感時 昊天罔極⑪

謹以⑫ 清酌庶羞 恭伸奠獻⑬ 尚

饗

축문 한글 서식

이제

○○년 ○월 ○일에 큰아들 ○○는 아버님 ○○○○ 어른과 어머님 ○○○○ 앞에 감히 밝혀 아뢰나이다.

세월이 바뀌어 아버님께서 돌아가신 날이 다시 돌아오니, 세월이 흐를수록 아버님 생각이 하늘과 같이 끝이 간 데를 모르겠습니다.

삼가 맑은 술과 갖은 음식을 공경하는 마음으로 받들어 올리오니 두루 흠향하시옵소서.

①은 제사 지내는 해의 간지를 쓴다. 단기 몇 년으로 쓰기도 한다. ②는 제일(祭日)이 든 달과 초하루의 간지를 쓰고, ③은 제일(祭日)과 그 날의 간지를 쓴다. ④⑤⑥⑦⑧⑨는 지방을 쓸 때의 설명과 같다.

⑩의 '휘일부임(諱日復臨)'은 '돌아가신 날이 다시 돌아오니'의 뜻이므로, 아내나 아랫사람의 제사에는 '망일부지(亡日復至)'라 쓴다.

⑪의 '호천망극(昊天罔極)'은 '하늘과 같이 높고 넓어 끝간 데를 모르겠습니다.'는 뜻으로, 부모의 제사에 쓴다. 조부모 이상에는 '불승영모(不勝永慕, 깊이 흠모하는 마음을 이길 수 없습니다.)'라 쓰고, 아내에

게는 '불승비념(不勝悲念, 슬픈 마음을 이길 수 없습니다.)', 방계 친족·기타에는 '불승감창(不勝感愴, 아픈 마음을 이길 수 없다.)'이라고 쓴다.

⑫의 '근이(謹以)'는 '삼가'라는 뜻이므로 아내와 아랫사람에게는 '자이(玆以)'라고 쓴다.

⑬의 '공신전헌(恭伸奠獻)'은 '공경히 받들어 올린다.'는 뜻이므로 아내와 아랫사람에게는 '신차전의(伸此奠儀, 마음을 다해 상을 차린다.)'라 쓴다.

제사의 절차

제사의 순서는 가문에 따라 조금씩 다르나, 대체적으로 다음과 같다.

● **강신(降神)** 신위를 모신 제상의 좌우에 집사를 세우고, 제주(祭主, 장자·장손 또는 후계 자손 중 최연장자)가 향안 앞에 북향해 꿇어 앉아 향을 피운다. 좌집사가 제주에게 잔을 주면 우집사는 술을 따른다. 제주는 잔을 들어 향로 위를 세 번 돌린 뒤에 술을 모사(茅沙)에 세 번에 나누어 붓는다. 제주는 잔을 집사에게 주어 원래의 위치에 놓게 하고, 뒤로 한 발 물러나서 읍하고, 재배한 뒤에 제자리로 물러선다.

● **참신(參神)** 제주 이하 모든 참례자가 조상을 뵙는 절차로, 모두 큰절을 한다. 제주 이하 남자는 두 번 절하고, 주부(제주의 아내) 이하 여자는 네 번 절하기도 한다.

● **초헌(初獻)** 제주가 첫 번째 술을 올리는 절차이다. 제주가 제상 앞에 꿇어앉으면, 좌집사가 제주에게 잔을 주고, 우집사가 술을 따른다. 제주는 오른손으로 잔을 들어 모사에 술을 조금 부은 다

음, 잔을 좌집사에게 준다. 좌집사는 잔을 메와 국 사이에 놓는다. 제주는 일어나서 두 번 절한다.

◉ **독축(讀祝)** 초헌이 끝나면 제주를 비롯한 참례자가 모두 꿇어앉고, 축관(祝官)이 제주 곁에서 축문을 읽는다.

◉ **아헌(亞獻)** 주부가 두 번째 잔을 올리는 절차이다. 이 때 집사는 여자가 된다. 부득이 주부가 아헌을 못할 때에는 제주 다음 차례의 사람이 한다.

◉ **종헌(終獻)** 참례자 중 아헌을 한 사람의 다음가는 근친자나 특별한 사유가 있는 사람이 세 번째 잔을 올리는 순서이다.

◉ **유식(侑食)** 조상에게 많이 흠향하시기를 권하는 절차이다. 제주는 주전자를 들고 축난 술잔을 가득 채우는데, 이를 첨작(添酌)이라 한다. 그 다음에 숟가락 앞이 동쪽으로 가도록 메에 꽂고, 젓가락을 가지런히 골라 시접 위에 손잡이가 서쪽이 되게 걸친다.

◉ **합문(闔門)** 조상이 마음 놓고 잡수시도록 자리를 비우는 절차이다. 제주 이하 모든 사람이 밖으로 나가서 문을 닫고 7~8분간 [九食頃, 아홉 숟가락 먹는 시간] 공손히 서 있는다.

◉ **계문(啓門)** 독축자가 문 앞에서 '어흠 어흠 어흠' 하고 인기척을 낸 뒤에 문을 열고 들어간다.

◉ **헌다(獻茶)** 국을 물리고 물(숭늉 혹은 냉수)을 올리는 절차이다. 메를 숟가락으로 조금씩 떠서 물에 말고, 숟가락을 물그릇에 반듯이 놓는다.

◉ **낙시저(落匙箸)** 물그릇에서 수저를 거두고, 메그릇 뚜껑을 덮는다.

◉ **사신(辭神)** 참례자가 모두 절한다. 참신 때와 같이 남자는 재배,

여자는 4배를 하기도 한다. 지방과 축문을 태워 재를 향로에 담는다.

◉ **철상**(撤床) 제상 위의 제수를 내린다.
◉ **음복**(飮福) 참례한 자손들이 제수를 나누어 먹으며 조상의 음덕을 기린다.

제수(祭需)를 진설할 때에 과실은 홍동백서(紅東白西, 붉은 색 과일은 동쪽에, 흰색 과일은 서쪽에), 어물(魚物)은 두동미서(頭東尾西, 생선의 머리는 동쪽으로, 꼬리는 서쪽으로)의 형식에 따른다. 그 외의 제수는 어동육서(魚東肉西, 생선은 동쪽에, 육류는 서쪽에), 좌포우해·혜(左脯右醢醯, 포는 왼쪽에, 생선젓과 식혜는 오른쪽에)의 형식을 따져 진설한다.

차례(茶禮)

차례는 각 명절의 아침에 고조 이하의 직계 조상들께 직계 자손들이 모여서 지내는 제사이다. 차례는 설과 매달 초하루와 보름, 한식·단오·칠석·추석·중구·동지 등 각종 명절에 지냈으나, 요즈음에는 대개 설과 추석에 지낸다. 한식과 추석에는 성묘를 하는데, 한식은 겨우내 얼었던 땅이 녹으면서 봉분이 상하지 않았는가를, 추석에는 장마 뒤에 묘가 훼손되지 않았는가를 살피기 위한 것이다.

우리나라에 차(茶)가 들어온 것은 신라 때이므로, 이때부터 조상께 차를 올리는 차례가 생기지 않았나 생각한다. 중국에서는 매달 보름에 술을 쓰지 않고 차를 올리고 사당 참배를 하였으므로, 이 풍습이 신라에 들어와 차를 올리는 차례 풍속이 생겼을 수도 있다. 그러나 요즈음에는 차례에서 차를 올리지 않는다. 그러고 보면, 명절에 다소 간략하게 지내는 제례를 차례라고 말해 온 듯하다.

묘사(墓祀)

5대 이상의 전 조상의 묘에 연 1회(대개 10월) 동족 후손들이 모여서 제사를 지내는데, 이를 시제(時祭) 또는 시향(時享)이라고 한다. 시제 때에는 종손이 여러 조상의 묘를 일일이 돌면서 초헌을 하기도 하고, 지파별로 나누어 역할을 분담하고 일제히 지내기도 한다.

제례는 동족들이 모여서 조상을 중심으로 혈연을 굳히고, 상하의 순서를 밝히며, 그 가문의 체통을 지키고, 상호부조(相互扶助)의 정을 다지는 자리가 되기도 한다. 요즈음에는 사회가 복잡해지고, 도시화 됨에 따라 제례(祭禮)도 아주 간소해졌다. 기제사의 경우, 제수(祭需)를 가정 형편에 맞게 차린다. 자정 이후에 지내던 것을 초저녁에 지내는 가정이 늘고 있고, 축문이나 지방도 한글로 바꾸는 가정이 늘어가고 있다. 명절에 드리는 차례의 경우, 전에는 설·한식·단오·칠석·추석·중구·동지 등 각종 명절에 지냈으나, 요즈음에는 대개 설과 추석에 지낸다. 묘사(墓祀)는 도시 생활의 분주함 때문에 젊은이들이 많이 참석하지 못하고 있는 실정이다. 시대의 변화에 따라 간소화되는 것은 어쩔 수 없는 일이지만, 제례의 의미는 지켜나가는 것이 좋겠다.

Ⅳ. 민속놀이와 예술

사람은 의식주와 관련된 기본 생활로 만족하지 못한다. 그래서 틈이 나는 대로 놀이를 하며 즐기거나 여러 가지 예술 활동을 통해 문화적 욕구를 충족하여 왔다. 이것은 인간다운 생활을 영위하려는 노력에 의한 것이다.

민속놀이는 우리 민족의 공동생활 속에서 형성되어 생활을 통하여 전승되어 오는 놀이이다. 민속놀이에는 싸움을 뜻하는 경쟁성(競爭性), 흥을 뜻하는 유희성(遊戱性), 즐김을 나타내는 오락성(娛樂性), 아름다움을 추구하는 예술성(藝術性) 등이 복합적으로 녹아 있다.

사람들은 누구나 유희와 놀이를 좋아하는데, 그것은 재미있고, 즐겁기 때문이다. 놀이의 즐거움을 통하여 생활 속에서 마주치는 여러 가지 정신적 고통을 잊어버리고, 생업에 종사하는 동안 지쳐 있던 육체적 피로를 풀어내기도 한다. 놀이는 자발적으로 참여하는 무목적(無目的)의 활동으로, 즐거움과 흥겨움을 동반하는 가장 자유롭고 해방된 인간 활동이다. 육체적 정신적 활동을 전제로 하는 민속놀이를 통하여 한국인은 정서적 공감과 정신적 만족감을 얻어 왔다.

1. 윷놀이

윷놀이는 정월의 대표적인 놀이로, 전국적으로 분포되어 있다. 이 놀이는 신라 이전부터 있었던 것으로 추정된다. 이와 비슷한 것으로 중국에는 저포(樗蒲)가 있다. 윷놀이의 기원에 관하여는 확실하지는 않으나 몇 가지 설이 전해 온다.

첫째, 부여 시대에 다섯 가지 가축을 다섯 마을에 나누어주고, 그 가축들을 경쟁적으로 번식시킬 목적에서 비롯되었다. 거기에서 연유하여 도는 돼지[豚], 개는 개[犬], 걸은 양(羊), 윷은 소[牛], 모는 말[馬]에 비유하기도 한다.

둘째, 삼국 시대에 생겼다고 하는 민간 전설이 있다. 그래서 신라 시대에 궁녀들이 새해 초에 즐기던 놀이라고 하기도 하고, 백제의 관직명인 저가(猪加) · 우가(牛加) · 마가(馬加) · 대사(大使)에서 유래된 것이라고 하기도 한다. 또 고구려의 오가(五加, 동 · 서 · 남 · 북 · 중앙)에서 나온 것이라고 하기도 한다.

셋째, 옛날 어느 장수가 적과 대진 중 적군의 야습을 경계하여 진중의 병사들의 잠을 막기 위하여 이 놀이를 창안하였다고 한다.

윷판의 유래에 관하여는 상대(上代) 오가(五加)의 출진도(出陣圖)에서 나왔다는 설, 부여의 관직을 모의한 사출도(四出圖)에서 나왔다는

가족이 함께 하는 윷놀이

설, 조선 선조 때 김문표(金文豹, 1568~1608)가 말한 사도설(柶圖說) 등
이 있다. 사도설에서는 윷을 사(柶)라 하고, 윷판은 천체를 상징한다
고 한다. 그에 따르면, 중앙에 있는 것은 북극성이고, 둘레에 있는
것은 28숙(宿)의 별들이라고 한다. 그리고 네 행로(行路)는 동지(冬
至), 하지(夏至), 춘분(春分), 추분(秋分)에 비유한다. 일본에는 한국의
윷놀이와 비슷한 '우쯔무끼사이(府向朶)'가 있는데, 이것은 8세기경에
한국에서 건너가 15세기까지 전승되다가 최근에는 쇠퇴하였다.

　윷놀이에 대한 기록 중 가장 오래된 것은 중국의 『북사(北史)』와
『태평어람(太平御覽)』에 부여의 저포(樗蒲)를 소개한 글이다. 이로 보
아 백제, 고구려, 신라에도 윷놀이가 있었을 것이라 생각한다. 고려
말의 목은 이색(李穡)이 쓴 『목은집(牧隱集)』에는 현재의 윷판과 같은
것에 윷말을 쓰면서 저포놀이를 하는데, 변화가 무궁하고, 강약을 가

공원이나 넓은 마당에서 하는 윷놀이

릴 수 없는 이변도 생겨서 매우 재미있다고 하였다. 그리고 남녀노
소가 어울려 윷놀이하는 광경을 시로 읊었다.

조선 시대 최세진(崔世珍)의 『훈몽자회(訓蒙字會)』와 이수광(李晬
光)의 『지봉유설(芝峯類說)』에도 윷놀이에 대한 기록이 있다. 김문표
의 『중경지(中京誌)』, 이규경(李圭景)의 『오주연문장전산고(五洲衍文長
箋散稿)』에는 윷놀이를 『주역(周易)』과 성리학적인 견지에서 논술하
였다.

윷의 종류와 놀이 방법

윷에는 장작윷, 밤윷 등이 있다. 장작윷은 지름 3~5cm 정도의 박
달나무, 통싸리나무, 밤나무 등을 15~20cm 정도로 두 개를 자른 뒤
에 이를 반으로 쪼개어 다듬어서 만든다. 이것은 서울을 비롯한 중
부 지방에 분포되어 있었다. 밤윷은 밤알 크기의 나무 조각 4개를

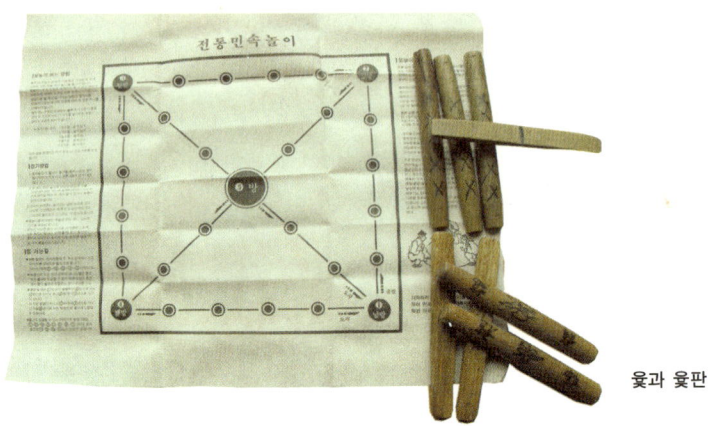

윷과 윷판

조그만 밥공기 등에 담아 내젓다가 바닥에 내던져 노는 것인데, 주
로 남부 지방에 분포되었었다. 북부 지방에서는 콩으로 만든 콩윷,
팥으로 만든 팥윷을 놀기도 하였다. 요즈음은 대부분 지방에서 장작
윷을 가지고 윷놀이를 한다.

윷가락 네 개 중 세 개가 엎어지고 한 개가 잦혀지면 도, 두 개는
엎어지고 두 개가 잦혀지면 개, 한 개가 엎어지고 세 개가 잦혀지면
걸이라 한다. 네 개가 모두 잦혀지면 윷, 네 개가 모두 엎어지면 모
라 한다. 윷의 끗수는 도가 1, 개가 2, 걸이 3, 윷이 4, 모가 5이다.
도는 돼지[豚], 개는 견[犬], 걸은 양(羊), 윷은 소[牛], 모는 말[馬]을 본
뜬 것 같다. 가축은 고대인들에게 큰 재산이었고, 생활면에서 매우
친밀한 짐승이었다. 그래서 가축의 이름, 몸의 크기와 걸음의 속도를
윷놀이에 이용한 것 같다.

놀이 방법으로는 말판쓰기, 덕대놀이, 모다먹기 등이 있다. 말판
쓰기는 윷판을 놓고 쌍방이 윷을 던져 나온 끗수대로 말 4개를 진행
시켜 최종점을 먼저 통과하는 편이 이기는 것이다. 여러 명이 편을

갈라 윷놀이를 할 경우에는 상대편과 한 사람씩 걸러서 앉고, 시계 바늘의 반대 방향으로 윷을 논다.

윷판은 크게 보면 날밭, 앞밭, 뒷밭, 쨀밭의 네 점을 잇는 4각형과 그 가운데에 있는 방으로 이루어진다. 밭과 밭 사이에는 4개의 점이 있고, 밭과 방 사이에는 2개의 점이 있다. 그래서 윷판은 모두 28개의 점으로 이루어졌다. 말판을 쓸 때에는 출발지인 날밭을 출발한 말이 도는 한 밭, 개는 두 밭, 걸은 세 밭, 윷은 네 밭, 모는 다섯 밭을 가는데, 도착지인 날밭을 통과해야 한다. 날밭에서 출발한 말이 도착지인 날밭에 다시 돌아오는 데에는 네 가지 길이 있다. 첫째, 입구에서 출발하여 앞밭(모 자리)에 와서 왼쪽으로 꺾어져 모도, 모개를 지나 중앙인 방을 거쳐 다시 왼쪽으로 꺾어져 날밭(참먹이)으로 가는 길이다. 이 길이 가장 가까운 길이다. 둘째, 앞밭에서 방으로 가지 못하고 지나치는 바람에 속윷, 속모를 지나 쨀밭(찌모 자리)을 거쳐 날밭으로 가는 길이다. 셋째, 출발한 말이 모 자리에 가지 못하고 지나쳐서 뒷도, 뒷개, 뒷걸, 뒷윷을 거쳐 뒷밭(뒷모 자리)에 와서 왼쪽으로 꺾어져 방을 지나 날밭으로 가는 길이다. 둘째와 셋째 길은 밭의 수가 같다. 넷째, 출발한 말이 앞밭을 지나고, 다시 뒷밭도 지나쳐서 쨀밭을 거쳐 날밭으로 가는 길이다. 이 길이 가장 먼 길이다. 말이 입구인 도 자리에서 출발하여 날밭을 벗어나면 한 동 났다고 한다. 윷말 한 마리를 '한 동'이라고 하는데, 네 동을 먼저 난 편이 이긴다.

말 하나가 한 밭에 자리 잡고 있는데, 뒷말이 같은 밭에 자리하게 된다면 두 개를 업어서 두 동이 함께 움직이게 되는데, 이를 '두동무니'라고 한다. 경우에 따라서는 말을 셋 또는 넷을 한데 업어서 가기도 한다. 윷을 던져서 자기의 말이 상대편의 말이 있는 밭에 가게 되면 먼저 있던 말을 잡고, 다시 윷을 던진다.

윷놀이에서 특이한 것은 '후퇴'이다. 윷가락 하나에 미리 표시를 하고, 그 윷가락이 잦혀져서 도가 되면 하나를 후퇴한다. 윷을 던졌을 때 운이 좋으면 후퇴가 나와 뒤에 있는 상대편의 말을 잡기도 하고, 입구의 도 자리에 있던 말이 날밭으로 가기도 한다.

말판을 쓰는 윷놀이는 다른 놀이에 비해 승부(勝負)에 대한 재미가 크다. 이것은 이 놀이가 가지고 있는 우연성의 원리와 말판을 쓰는 원리 때문일 것이다. 윷말을 쓰는 원리는 정해진 규칙을 따르면서 윷패에 의해 움직이기 때문에 서로 잡고 잡히면서 승부를 겨룬다. 여기에는 예측할 수 없는 변화가 따르므로 놀이하는 사람이나 응원하는 사람이나 몰입과 흥분을 가져오게 된다.

윷을 세 번 던져 각기 나온 결과를 그에 따른 점사(占辭)로 풀어 윷점을 치기도 하였다. 윷점에 관하여는 유득공의 『경도잡지(京都雜誌)』와 홍석모의 『동국세시기(東國歲時記)』에 자세히 기록되어 있는데, 예를 들면 다음과 같다.

도 도 도 : 아견자모(兒見慈母, 어린아이가 자애로운 어머니를 만나다.)
도 도 개 : 서입창중(鼠入倉中, 쥐가 곳간에 들어가다.)
도 도 걸 : 혼야득촉(昏夜得燭, 어둔 밤에 촛불을 얻다.)
도 도 모(윷) : 창승우춘(蒼蠅遇春, 쇠파리가 봄을 만나다.)

위에서 보는 것처럼 윷점의 점사는 긍정적인 내용이 많다. 이것은 정초에 재미로 하는 윷점이 이를 행하는 사람에게 한 해 동안 희망을 갖고 노력하며 살도록 권장하는 기능을 하였음을 말해 준다.

요즈음에는 각 가정에서 정초에 윷놀이가 많이 행해지고 있고, 마을이나 기관, 친목 단체가 주관하는 윷놀이 대회가 성행한다. 윷놀이는 참가한 사람끼리 즐거움을 나누면서 친목을 도모할 수 있어 매우 유익한 민속놀이이다.

2. 널뛰기

널뛰기는 음력 정초, 5월 단오, 8월 한가위 등에 주로 부녀자들 사이에서 행하여지던 놀이인데, 고려 이전부터 전해 온 듯하다. 널뛰기는 그네뛰기와 함께 몸을 활달하게 움직이는 놀이로, 바깥 활동이 제한되던 조선 시대 여인들에게 활달한 자기 발견의 계기를 제공하였다. 널뛰기나 그 유래에 관하여는 다음과 같은 속설(俗說)이 전해 온다.

첫째, 죄를 짓고 옥 속에 갇힌 남편의 얼굴을 보고 싶은 죄수의 아내가 다른 죄수의 아내와 공모하여 널을 뛰면서 담장너머로 남편의 얼굴을 보았다.

둘째, 부녀자들이 널뛰기를 하면서 담 밖의 세상 풍경과 남자의 모습을 보았다.

셋째, 처녀 시절에 널뛰기를 하지 않으면 시집가서 아기를 낳지 못한다.

넷째, 정초에 널뛰기를 하면 일 년 중 가시에 찔리지 않는다.

다섯째, 귀신을 쫓기 위해서 널을 뛴다.

위에 적은 다섯 가지 중 첫째와 둘째는 후대에 호사가(好事家)들에 의해서 만들어진 것이라 하겠다. 셋째와 넷째는 운동이 부족한 부녀자들의 건강과 관련된 것이어서 흥미롭다. 다섯째는 경기도 가평, 김포, 수원 등에서 전해 오는 것인데, 널뛰기를 잡귀를 쫓고 부정을 없애는 축귀적(逐鬼的) 성격의 놀이로 보고 있다.

널뛰기는 매우 오래 전부터 있었던 것으로 여겨지는데, 그 기록은 많지 않다. 조선 정조 때의 실학자 유득공은 『경도잡지(京都雜誌)』에 "항간의 부녀자들이 긴 널조각을 짚단 위에 가로로 놓고, 양쪽 끝에 갈라서서 굴러 뛰기를 하는데, 몇 자 높이까지 올라간다. 그 때 패물 울리는 소리가 쟁쟁하다. 지쳐 떨어져 나가는 것을 낙으로 삼는다. 이것을 '널뛰기[超板戱]'라고 한다."고 하여 널뛰기가 당시에 성행하고 있음을 밝혔다.

조선 헌종 때의 실학자 이규경(李圭景)은 『오주연문장전산고(五洲衍文長箋散稿)』에서 청나라 주황(周煌)이 쓴 『유구국지략(琉球國志略)』에 오끼나와(硫球)의 여자아이들이 노는 '板舞'에 대한 설명이 있는데, 이것은 우리나라의 널뛰기와 같다고 하였다. 그리고 청나라 서보광(徐葆光)이 오끼나와의 板舞를 보고서 지은 시를 소개하였다. 유득공은 『경도잡지』에서 청나라 주황(周煌)의 『유구국지략』에 "일본의 오끼나와에 널뛰기와 비슷한 '板舞'가 행해진다."는 기록이 있음을 들어 이것은 조선 초에 오끼나와의 사신이 조선에 왔을 때 우리의 널뛰기를 보고 본받아 전한 것이라고 하였다. 이로 보아 일본 오끼나와의 판무는 우리의 널뛰기와 같은 것인데, 우리나라에서 전해진 것으로 추정된다.

널을 뛰는 방법은 지방에 따라 다르다. 두 사람이 뛰는 경우에는 양쪽에 한 사람씩 서서 뛰는데, 다른 한 사람이 가운데에 앉아서 균형을 잡아준다. 몸무게가 맞지 않을 때에는 몸무게가 적은 사람에게 널을 많이 주어 균형을 이루는데, 이것을 '밥을 준다.'고 한다. 넘어지지 않게 하기 위해 널을 뛰는 사람에게 1m 정도의 줄을 세 가닥으로 헐겁게 묶어주기도 한다.

공중 동작도 다양하여 한쪽 다리 벌리기, 양쪽 다리 벌리기, 다리 앞으로 뻗기, 치마로 받는 시늉하기 등이 있다. 충남 청양 지방에서는 한쪽 다리를 대문 쪽으로 벌리며 '밥상 들어간다.'고 말하고, 양쪽 다리를 벌리는 경우에는 '대문 열어라.' 하고 소리 지른다. 북한 지역에서는 '중둥 꺾는다'고 하여 허리를 뒤로 한 번 굽혔다가 내려오기도 하며, '데사리'라 하여 뛰어올라 한 바퀴 돌아서 내려오는 숙련된 기술을 보이기도 한다.

승부는 한쪽이 힘껏 굴러 상대편을 널에서 떨어뜨리면 이긴다. 개인끼리의 승부를 가리기도 하고, 두 편으로 나누어서 승부를 가리기도 한다.

널뛰기를 할 때에는 민요를 불러 부녀자들의 정서를 드러내면서 흥을 돋우었다. 널뛰기는 부녀자들의 주된 놀이로, 몸을 공중에 솟구쳐 다리에 강한 힘을 주고, 몸의 균형 감각을 길러주는 놀이이다. 이것은 겨울 동안 움츠렸던 몸에 활력을 불어주고, 신체를 단련하게 해주는 놀이이다. 긴 널판을 상하로 움직이는 유희는 지구상에 한국의 널뛰기와 일본의 판무밖에는 없다. 널뛰기를 시소(seesaw)와 관련시키면 세계성을 띤 놀이라고 할 수도 있다.

3. 연날리기

연날리기는 우리나라에서 겨울철(농한기) 북서풍이 불 때에 행해지는 대표적인 놀이이다. 종이에 대나무가지를 붙여 연을 만들고, 얼레에 감은 실을 연결한 다음 하늘에 날리며 논다. 이것은 세계 곳곳에서, 예로부터, 성별·신분의 구별 없이 즐겨 오는 놀이이다.

연은 기원 전 400년대에 그리스의 알타스(Altas)가 처음 만들었다고 한다. 중국에서는 기원 전 200년경 한신(韓信)이 적의 형편을 탐지(探知)하기 위해 연을 사용하였다고 한다. 또 초(楚)나라 항우(項羽)와 싸울 때 소가죽으로 만든 커다란 연에 바구니를 매달고, 그 안에 피리 잘 부는 군사를 태워 이것을 초나라 군사의 머리 위에 띄우고, 초가(楚歌)를 불게 하여 초나라 군사의 전의(戰意)를 상실하게 하였다 한다.

일본에서는 전쟁 때 연을 이용하였고, 집을 지을 때 벽돌 등을 연에 매달아 올렸다고 한다. 태국에서는 성안의 군사를 정벌할 때 무서운 동물 모양의 연을 만들어 띄워 성안의 군사를 놀라게 하여 사기를 꺾은 뒤에 성을 공격하였다고 한다.

우리나라의 연에 관한 기록은 『삼국사기(三國史記)』 열전(列傳) 김유신전(金庾信傳)에 보인다. 서기 647년에 진덕여왕이 선덕왕의 뒤를

연날리기

이어 즉위하자, 대신 비담(毗曇)과 염종(廉宗)이 여왕으로서는 나라를 제대로 다스릴 수 없다고 하며 반란을 일으켰다. 반란군은 명활성(明活城)에 진을 치고, 왕의 군사는 월성(月城)에 진을 치고 10여 일 동안 공방전(攻防戰)을 벌였으나, 승패가 나지 아니 하였다. 그러던 어느 날, 한밤중에 큰 별똥이 월성 안에 떨어졌다. 비담 등이 별이 떨어지는 곳에 흉사(凶事)가 있을 것이라고 하니, 군사들이 크게 환호하였다. 이 소식을 들은 왕은 대경실색(大驚失色)하였다. 이 때 김유신 장군이 왕을 안심시킨 후에 허수아비를 만들어 큰 연에 매달고 불을 붙여 띄워 마치 별이 하늘로 솟아오르는 것 같이 하였다. 그리고는 '떨어졌던 별이 어제 밤에 다시 하늘로 올라갔다.'고 소문을 내고, 별이 떨어진 곳에 가서 백마를 잡아 제사를 지낸 후 군사를 이끌고 나가 싸워 난을 평정하였다고 한다.

연을 전쟁에 이용한 것은 최영 장군과 이순신 장군의 경우에도 나타난다. 최영 장군은 탐라국의 목호(牧胡, 목축하는 몽고인)의 난을 평정할 때(1374) 군사를 연에 매달아 병선(兵船)에서 절벽 위로 상륙시켰다 한다. 또 불덩이를 매단 연을 성안으로 날려 보내어 불타게 하고, 성을 공격하였다고 한다. 이순신 장군은 임진왜란 때 섬과 육지를 연락하는 통신 수단으로, 또는 작전 지시의 방편으로 연을 이용하였다고 한다.

조선 시대에는 연날리기가 민간에 널리 보

연날리기

급되어 성행하였다. 특히 영조는 연날리기를 즐겨 구경하고, 장려하였다고 한다. 그래서 음력 정월 보름이면 서울 광교와 수표교에서 연날리기 전국 대회가 벌어지곤 하였다고 한다.

한국의 연은 방패연, 가오리연을 비롯하여 여러 가지 형태의 창작 연이 있다. 방패연은 다른 나라에는 없는 독특한 것이다. 직사각형의 한지 중앙에 구멍을 내어 맞바람의 저항을 줄이고, 뒷면의 진공 상태를 즉시 메워주게 한다. 그래서 연이 빠르게 움직일 수 있을 뿐만 아니라 강한 바람을 받아도 잘 빠지므로 웬만큼 강한 바람에도 연이 잘 상하지 않는다. 가오리연은 꼬리가 달린 연으로 어린이들이 주로 가지고 논다. 창작연은 사람, 동물 등 여러 가지 형태로 제작자의 창의성에 따라 다양한 모양이다.

연놀이 방법은 높이 띄우기, 손놀림에 따라 연을 왼쪽 또는 오른쪽으로 돌리기·급전(急轉)·급강하(急降下)·급상승(急上昇) 등 다양한 공중 곡예(空中曲藝)를 하는 재주 부리기, 연실의 질기고 약함·연의 조종 기술에 따라 연줄을 끊어 먹는 연싸움이 있다. 연싸움은 쌀밥이나 민어 부레로 만든 풀에 유리가루나 사기가루를 섞어서 연줄에 발라 상대방의 연줄을 끊는 것이다. 연 싸움을 하였을 경우, 진 편은 이긴 편을 위하여 멀고 먼 하늘로 좋은 소식을 전하러 연을 날려 보낸 것으로 여겼다. 그래서 이긴 편이 진 편에게 한턱을 냈다. 얼레 하나에 얼마나 많은 연을 매달아 띄울 수 있는가를 겨루기도 하였다.

연날리기는 대개 음력 12월부터 시작하여 정초 세배와 성묘가 끝나면 본격적으로 한다. 그래서 정월 대보름 며칠 전에 절정을 이루었다. 민간에는 정월 대보름 밤이 되면 달맞이를 하고 난 뒤에 각자 띄우던 연을 가지고 나와 '액막이연'을 날리는 풍습이 있었다. 연 바탕에 액(厄)을 멀리 보내고 복을 맞이한다는 뜻의 '송액영복(送厄迎福)'의 축원문을 쓰고, 연 날리는 사람의 생년월일과 이름을 써서 날려 보내면 모든 액과 나쁜 운수가 일소된다고 믿었다. 『조선왕조실록(朝鮮王朝實錄)』 명종 21(1566)년 1월 15일조에는 액막이연이 집에 떨어지면 그 해에 재앙이 있다고 믿는 속신이 있다고 하였다. 송강(松江) 정철(鄭澈)의 시조에 다음과 같은 작품이 있다.

우리 집의 모든 액(厄)을 너 혼자 맡았다가
인간에 디디 마오 야수(野樹)에 걸렸다가

비 오고 바람 부는 날에 자연소멸(自然消滅)하여라.

이것은 민간에 액막이연의 풍습이 널리 퍼져 있었음을 말해준다. 액막이연을 날리는 풍습은 복된 새해를 맞으려는 소망을 표현한 것이라 하겠다.

연날리기가 많은 사람들이 즐겨하는 놀이였던 만큼 연과 관련된 이야기도 많이 전해 온다. 그 중 재미있는 것 두 가지를 소개하면 다음과 같다.

조선 숙종 때 두 대감이 정월 보름이면 '연 끊어 먹기'를 하였다. 어느 해 정월 보름에 두 대감이 연날리기를 하는데, 돌연 연 하나가 와서 두 대감의 연줄을 끊었다. 두 대감이 알아보니 10세 소년이었는데, 그 소년은 비범한 아이였다. 그 후 두 대감은 정월 보름이면 소년과 함께 연 끊어 먹기를 하곤 하였다. 소년이 자라 장원급제(壯元及第)하고 대감이 되니, 해마다 세 대감이 연 끊어 먹기를 하였다고 한다.

또 다른 이야기를 보면, 한 소년이 연날리기를 하다가 연줄이 끊어져 날아갔다. 그가 정신없이 연을 따라 어느 마을로 가니, 연이 어느 집 옆에 있는 대밭의 대나무에 걸렸다. 그가 대밭 가까이 가니, 대밭에서 어떤 남녀가 이야기하고 있었다. 여인이, 혼인날이 며칠 안 남았으니 어찌하면 좋으냐고 하자, 남자가 첫날밤에 신방에 든 신랑을 죽이고 함께 도망가자고 하였다. 그는 형의 혼인날이 그 여자의 혼인날과 같은 것을 알고 깜짝 놀랐다. 그는 할아버지와 아버지께 떼를 써서 형이 장가갈 때 후행(後行)으로 따라갔다. 그는 신방 마루 밑에 숨어 있다가 첫날밤에 신랑을 죽이러 온 중을 보고, 소리쳐서 형을 깨워 구해 냈다고 한다. 연과 관련된 이 이야기는 '신방 엿보기' 풍습이 생긴 유래담으로 꼽히기도 한다.

연날리기는 추운 겨울에 따뜻한 방안에만 있지 않고 동산이나 들판에 나가 연을 날림으로써 겨울철의 건강 증진에 도움을 주는 놀이이다. 옛사람들은 이러한 놀이를 하면서 액을 막고 복을 기원하는 간절한 소망을 드러내기도 하였다. 연날리기는 지금도 많은 어린이들이 하고 있으며, 어른들은 어린 시절의 아름다운 추억으로 간직하고 있다. 서울시에서는 연날리기를 서울특별시 무형문화재 제4호로 지정하여 이를 보호하면서 육성하고 있다.

4. 그네뛰기

그네뛰기는 예로부터 단오절에 널리 행하던 민속놀이다. 그네뛰기는 남성놀이인 씨름과는 달리 여성들 사이에서 주로 행해졌는데, 마을 어귀나 동네 마당의 큰 느티나무나 버드나무 가지에 줄을 매고 하였다. 그네를 매기에 적당한 나무가 없을 때에는 넓은 마당에 긴 통나무 두 개를 세우고, 그 위에 가로질러 묶은 통나무에 그네를 매었는데, 이를 '땅그네'라고 하였다. 그네뛰기는 4월 초파일 전후에 시작하여 오월 단오까지 전국적으로 행해졌다.

강한 체력을 바탕으로 하는 그네뛰기는 긴장감과 박진감이 넘치므로, 재미와 함께 체력을 단련할 수 있는 놀이이다. 그네를 허공 높이 구르기 위해서는 온몸의 탄력을 이용하여야 하는데, 특히 팔 다리의 힘이 뛰어나야 한다. 그러므로 그네뛰기를 하면 팔다리의 힘을 기르고, 온몸의 순발력과 민첩성을 기를 수 있다.

녹음이 우거진 나무 사이에서 예쁘고 화려한 한복을 곱게 차려 입은 여성이 그네에 올라 하늘 높이 몸을 날려 오가는 모습은 새장에 갇혀있던 새가 풀려나 하늘 높이 나는 것처럼 활기가 넘치면서도 아름답다. 우리의 민요에는 단오에 그네뛰기 하던 모습을 다음과 같이 노래하였다.

후여넝출 버들가지 청실홍실 그네 매고
임과 나와 올려 뛰니 떨어질까 염려로다.
한 번 굴러 잎이 솟고 두 번 굴러 뒷이 솟아
허공중층 높이 뜨니 청산녹수 얼른얼른.
어찌 보면 훨씬 멀고 얼른 보면 가까운 듯
올라갔다 내려온 양 신선선녀 하강일세.
난초 같은 고운 머리 금박댕기 너울너울
오이씨 같은 두 발길로 반공 중에 노닌다.

이 민요에는 그네뛰기의 정경은 물론 그 멋과 흥취가 잘 드러나
있다. 민요를 이야기하다 보니, "세모시 옥색치마 금박물린 저 댕기
가 창공을 차고 나니 구름 속에 나부낀다.……한 번 구르니 나무 끝
이 아련하고 두 번을 거듭 차니 사바가 발 아래라."고 노래한 가곡
「그네」의 노랫말이 떠오른다. 이 노랫말에도 그네 뛰는 모습과 함께
그 멋과 흥취가 드러나는데, 예로부터 불러 오던 민요의 내용과 통
하는 점이 있어 매우 흥미롭다.

우리나라의 그네뛰기가 중국에서 전래한 것인지, 아니면 생활 속
에서 자연스럽게 형성된 것인지는 알 수 없다. 갓난아기의 요람이
발전하여 그네가 되었다는 견해도 있고, 농민들이 밭에 나갈 때 아
이들끼리 집에서 잘 놀도록 대문에 끈을 매어주고 타게 하였는데,
그것이 그네로 발전하였다는 견해도 있다.

중국의 경우, 그네뛰기는 북방 유목민에서 연유되었다고 한다. 중
국의 옛 문헌인 『형초세시기(荊礎歲時記)』에 "북방 민족이 한식날 그
네뛰기를 하여 가볍고 날랜 몸가짐을 익혔다. 그 후 이것을 중국 여
자들이 배웠다. 나무 기둥을 세우고 그 위에 나무 가지를 가로질러

맨 다음, 거기에 물감들인 줄을 매달고 선비와 부인들이 줄 위에 앉거나 서서 밀고 잡아당기며 놀았다. 이 놀이를 추천(鞦韆)이라고 일컬었다."고 하였다. 이 기록으로 보아 중국의 그네뛰기는 북방에서 시작되어 점차 남쪽으로 전해졌음을 알 수 있다. 일설에는 제(齊) 나라 환공(桓公)이 북방의 융적(戎狄, 북방에 사는 異民族)을 친 후부터 그들의 놀이인 그네뛰기가 중국에 전해져 청명절을 전후하여 성행하였다고 한다. 당나라 현종은 이 날 궁정에 그네를 매고 궁녀들에게 그네뛰기를 하게 하였는데, 이 놀이를 '반선녀(半仙女) 놀이'라고 하였다고 한다.

우리나라의 그네뛰기에 관한 기록은 고려 때부터 보인다. 중국 문헌 『송사(宋史)』에는 고려 현종 때 고려에 사신으로 왔던 곽원(郭元)이 "고려에는 단오일에 그네뛰기를 한다."고 하였다. 그네뛰기에 관한 기록이 보이는 우리나라 최초의 문헌은 『고려사(高麗史)』인데, "단오절에 최충헌이 그네뛰기를 백정동궁(栢井洞宮)에서 베풀고, 문무(文武) 4품 이상을 초청하여 연회하기를 사흘 동안 하였다."는 기록이 있다. 그리고 최이(崔怡)가 "5월에 여러 관원들을 초청하여 연회를 할 때 그네를 매고 무늬 놓은 비단과 채색 꽃으로 꾸몄다."는 기록이 보인다. 또 우왕(禑王)이 "거리를 순행하고, 수창궁으로 가서 그네뛰기를 하였다."는 기록도 보인다. 이규보(李奎報)는 그네에 관한 시를 여러 편 남겼다. 여러 유생들이 지은 경기체가 「한림별곡(翰林別曲)」에도 그네를 노래한 대목이 있다. 이로 보아 고려 시대에는 그네뛰기가 널리 성행하였고, 매우 호사스러웠음을 알 수 있다.

조선 후기에 쓰여진 『경도잡지(京都雜志)』에는 "단오 날에 여염집 부녀자들 사이에 그네뛰기가 성행하였다."고 하였다. 『동국세시기(東

國歲時記)』에는 "항간에서는 단오절에 남자와 여자들이 그네뛰기를 많이 한다."고 하였다. 『송경지(松京誌)』에는 "5월 5일 단오절이 되면 여염집 여자들은 그네뛰기를 하고, 남자들은 씨름을 한다."고 하였다. 『동국세시기(東國歲時記)』에는 "제주도에는 매년 8월 보름에 다른 놀이와 함께 그네뛰기를 하는 풍습이 있다."고 하였다. 『개성지(開城誌)』에는 "5월 5일에 여자들은 성장을 하고 경덕궁에 모여 그네를 뛰고, 남자들은 만월대에 모여 씨름을 한다."고 하였다. 이로 보아 조선시대에도 그네뛰기가 널리 행해졌음을 알 수 있다.

그네뛰기에는 한 사람이 뛰는 '외그네뛰기'와 두 사람이 마주 서서 뛰는 '쌍그네뛰기'가 있다. 그네뛰기대회를 할 때에는 누가 더 높이 오르는가를 겨루는데, 높이를 재는 방법에는 두 가지가 있다. 하나는 그네 앞 적당히 떨어진 곳에 긴 장대를 세우고 그 꼭대기에 방울을 매단 다음, 그네가 앞으로 높이 솟아오를 때 장대에 매달린 방울을 발로 차서 방울을 울리는데, 정한 횟수를 오가면서 울리는 방울 소리의 많고 적음을 계산하여 승부를 가리는 방법이다. 다른 하나는 그네의 발판에 긴 줄자를 매달아 그네가 높이 올라갔을 때 그 높이를 재는 방법이다. 그네뛰기대회를 할 때에는 푸짐한 상품도 주어 많은 사람이 모였다고 한다.

그네뛰기는 20세기 초까지 전국 각지에서 널리 행해졌는데, 서울을 비롯하여 개성, 평양, 사리원, 수원, 남원, 김천 등에서는 대대적으로 행하였다. 1937년 중·일 전쟁이 일어나자 당시에 우리나라를 통치하고 있던 일제는 전쟁을 승리로 이끌기 위해 국가가 총동원을 해야 하는 때에 그네뛰기와 같은 한가한 민속놀이를 할 수 없다 하여 이를 금하였다. 그래서 한 동안 널리 행해지지 않다가 8·15광복

놀이터와 관광지에 세워 놓은 그네

후부터 다시 전국에서 이 놀이가 부활하였다. 서울에서는 남산과 장
충단공원, 사직공원에서 그네뛰기대회가 민간단체의 주관으로 크게
열렸다. 1956년에는 이승만 대통령 82회 탄신 축하 기념행사로 창경
궁에서 그네뛰기대회가 열리기도 하였다. 이 때 일반은 개인전을, 여
자 중·고생은 단체전을 하여 대성황을 이루었다. 최근에 와서는 다
양한 운동경기와 여가 선용 방법이 널리 보급됨에 따라 그네뛰기는
전처럼 널리 행해지지 않는다. 그래서 지금은 주부클럽연합회에서
신사임당 기념행사의 하나로 1970년부터 매년 5월에 하는 그네뛰기
대회와 밀양의 '아랑제(阿娘祭)'와 남원의 '춘향제(春香祭)' 때에 그네
뛰기대회가 열리고 있는 정도이다.

그네는 지방에 따라 '근데, 군데, 근듸, 군듸, 근의, 군의, 구리'라
고 하는데, 한자로는 '추천(鞦韆)'이라고 한다. 고려 때 지어진 경기

체가 「한림별곡」에는 "홍(紅)실로 홍(紅)글위 매요이다"라 하여 그네를 '글위'라 하였다. 그네를 조선 정조 때 이성지(李成之)가 지은 『재물보(才物譜)』에는 '근의'라 하였고, 숙종 때 신이행(慎以行)·김경준(金敬俊)이 지은 『역어유해(譯語類解)』에는 '그릐'라 하였다. 고소설 「춘향전」에서는 "이애 향단아 근듸 바람이 독하기로 정신이 어찔하다. 근듸줄 부뜰어라."라 하였다. 이로 보아 그네의 명칭은 시대에 따라, 지방에 따라 조금씩 다르다.

그네의 어원에 관하여는 '그네 뛸 때 발을 구르다'의 '구르다'가 활용된 것으로 보는 견해와 '끈(繩)의 놀이(戲)'로 보는 견해가 있다. 앞의 것은 '글위'에 주목한 것이고, 뒤의 것은 '근의'에 주목한 것이다. 이 둘은 깊은 연구의 결과가 아니어서 어느 것이 타당성이 더 높은가를 말할 수 없다.

그네뛰기는 단오에, 놋다리밟기나 강강술래는 추석에 널리 행해온 여성의 민속놀이다. 외출이 자유스럽지 못하던 조선 시대의 여성들도 이 날만은 자유롭게 외출하여 친구·친척·친지들과 함께 이들 놀이를 하면서 하루를 즐기곤 하였다. 그 중 그네뛰기는 녹음방초(綠陰芳草)가 꽃보다 아름다운 신록의 계절에 여성들이 자연 속에서 하루를 즐기면서 체력 단련도 할 수 있었으니, 민속적으로나 정서 함양·체력 단련 면에서 큰 의의를 지니는 놀이이다. '그네를 뛰면 여름에 모기에 물리지 않으며 더위도 타지 않는다.'는 말이 예로부터 전해 온다. 이 말에는 그네뛰기를 하여 체력을 기르면, 여름을 탈 없이 날 수 있다는 뜻이 담겨 있다. 그네뛰기를 전처럼 널리 행하여 우리의 전통적 민속놀이를 계승하면서 체력도 기르는 계기로 삼았으면 좋겠다.

5. 줄다리기

　줄다리기는 줄을 당겨 승부를 겨루던 대동놀이이다. 줄다리기는 지역에 따라 줄당기기, 줄땡기기, 줄싸움, 줄쌈, 게줄쌈, 쥐줄싸움, 동줄다리기 등으로 부른다. 줄다리기는 예로부터 널리 행하여졌는데, 기록상으로는 『동국여지승람(東國輿地勝覽)』에 '제주도에서 조리희(照里戲)가 행해졌다.'는 기록이 맨 처음이다. 중부 이남 지방에서 정월 대보름, 단오일, 팔월 한가위 등에 주로 행하여졌으나, 정월 보름이 가장 많았다. 지금까지 줄다리기가 큰 행사로 거행되는 마을은 경북 의성, 경남 영산, 전남 장흥, 충남 당진 등인데, 이들 지역에서는 그 지역에서 편리한 시기에 줄다리기를 한다. 줄다리기는 암수줄다리기와 외줄다리기가 있다. 암수줄다리기는 암줄과 숫줄을 연결하여 당기는 것인데, 암줄과 숫줄을 연결할 때에는 비녀목을 사용한다. 마을의 동부와 서부, 또는 남과 북, 내의 이쪽과 저쪽이 한 편이 되어 당긴다. 남성적인 지형의 마을에서 숫줄을 만들고, 여성적인 지형의 마을에서 암줄을 만든다. 이 때, 줄다리기에서 이긴 마을은 풍년이 들고, 진 마을은 흉년이 든다고 한다. 그래서 마을 사람들은 줄다리기에서 이기기 위해 온 힘을 기울인다.

　줄다리기 행사가 결정되면, 양편은 줄다리기를 위한 조직을 만든

암줄과 숫줄의 연결 암줄의 목줄에 숫줄의 목줄을 끼우고 비녀목으로 고정한다.

다. 대장(편장, 줄패장)과 중장, 소장을 선임하는데, 애기 장군이 추가
되는 곳도 있다. 대장은 총 책임자로, 행사의 진행을 지휘하고, 감독
하며 비용 마련의 책임을 진다. 중장과 소장은 대장을 보좌한다. 애
기 장군은 아이들이 줄다리기에 참여하게 하는 일을 맡는다. 이것은
줄다리기 행사를 다음 세대에 전승시키기 위한 배려라 하겠다.

   조직 구성이 끝나면 줄 만드는 작업을 한다. 줄다리기에 사용하는
줄은 짚, 또는 짚과 칡을 섞어 만든다. 줄을 만드는 데에 드는 짚은
집집마다 추렴한다. 줄다리기의 줄은 왼새끼 꼬기로 시작하여 그 새
끼를 다시 꼬아 점차 굵게 하여 가닥줄을 만든다. 가닥줄을 겹겹이
꼬아 원줄(몸줄, 용줄)을 만든다. 원줄의 크기는 지역에 따라 다르나
대개 지름이 1~1.5m 정도가 되며, 길이는 50여 m에서 200~300m가
되기도 한다. 원줄의 양 옆에는 실제 줄다리기 할 때 잡고 당기는
줄인 팔뚝 굵기의 곁줄이 일정한 간격을 두고 연결된다. 원줄의 앞
부분에는 둥근 모양의 목줄(줄목)을 만드는데, 숫줄은 남성 성기를,

줄다리기

암줄은 여성 성기를 상징한다. 암줄의 목줄 안으로 숫줄을 삽입하여 비녀목으로 고정하기 때문에 암줄의 목줄은 크게 만든다. 목줄과 원줄이 접합되는 곳에는 곁줄과 동일한 크기의 수염줄(이에미줄)이 여러 개 달린다.

정월 대보름날 자시(子時)에 줄제를 올린다. 지신에게 풍농과 무사태평을 기원하고, 줄다리기에서 승리할 것을 기원한다. 줄다리기 장소로 이동할 때에는 갑옷과 투구로 무장한 대장이 줄에 타고서 진두지휘하고, 그 뒤로 중장과 소장이 보좌한다. 이 때 장군기를 앞세우고 수많은 기와 창을 든 행렬이 호위하고, 여러 풍물패가 뒤따른다. 마을의 부녀자와 노약자들은 응원에 참여한다.

줄다리기 장소에 도착하면 줄목을 끼우는 것으로 실랑이를 하게된다. 암줄의 목줄에 숫줄의 목줄을 끼우고 목나무로 고정하는 단계는 성행위로 보아 음란한 말들이 오가기도 한다. 줄목이 끼워지고나면 신호에 따라 줄다리기가 시작되며 풍물패와 양편 주민의 응원이 고조된다. 승패는 한 번 당겨서 기준점을 넘어간 것으로 가리기도 하지만, 세 번 당겨서 두 번 이기는 쪽이 승리하는 것으로 하기도 한다.

외줄다리기는 하나의 줄을 만들어 가운데에 표시를 하고, 편을 갈라 한쪽씩 잡고 당긴다. 외줄다리기는 한 마을에서 남자와 여자로 나누어 힘을 겨루는 것이 보통인데, 여자 편이 이겨야 풍년이 든다고 한다. 남녀가 편을 갈라 줄다리기를 하는 마을에서는 늘 여자 편이 이긴다. 그것은 아이들과 총각은 여자 편이 되기 때문에 성년 남자들이 있는 힘을 다하여 줄을 당겨도 여자 편을 이길 수 없다고 한다. 농경사회의 지신은 대개 여신이므로, 여신을 즐겁게 하기 위하여 여자편이 이기게 하는 것이라고 하기도 한다. 줄다리기를 마친 줄을 그 마을의 수호신인 당신(堂神)에게 감아 주는 마을도 있다.

줄다리기에 사용하는 줄은 어떤 의미를 갖는 것일까? 짚은 다산성(多産性)을, 왼쪽은 비일상성·신성성을 지닌다. 그러므로 왼쪽으로 꼰 줄은 신성성을 지녀 풍요(豊饒)와 벽사(辟邪)의 기능을 지닌 것으로 인식된다. 줄다리기를 하여 풍년을 기원하는 것이나 아기 갖기를 원하는 여성이 줄을 뛰어넘으면 아기를 갖게 된다는 말은 줄의 신성성을 바탕으로 한 것이다. 줄다리기를 마친 후에 줄은 썰어서 자기 논에 뿌리면 풍년이 든다 하여 썰어서 나누어 갖는다. 이것 역시 줄을 신성한 것으로 여기는 의식의 표현이다.

줄다리기가 널리 행해지던 정월 대보름날은 어떤 의미를 지니는가? 달은 풍요(豊饒) 다산(多産)을 상징한다. 그러므로 정월 대보름은 새해 들어 처음 보름달을 맞는 날로 풍요와 다산의 힘이 넘치는 날이다. 줄다리기할 때의 줄은 용(龍)을 상징한다. 용은 기후를 조절하며 물을 주관한다고 믿는 신이한 존재이다. 암줄과 숫줄을 결합하여 줄다리기를 하는 것은 용신(龍神)의 성행위를 상징적으로 표현한다. 그러므로 줄다리기는 풍요와 다산을 상징하는 특별한 날에, 기후를 조절하는 신이한 능력을 지닌 용신을 자극하여 풍년이 들게 하려는 제의적 성격을 띤 놀이라 하겠다. 울산, 진주 등지에서는 가물어 기우제(祈雨祭)를 지낼 때 줄다리기를 하였다고 한다. 이것은 물을 주관하는 용신을 자극하여 비를 내리게 하려는 의식에서 나온 것이라 하겠다.

줄다리기는 우리와 이웃한 중국과 일본의 오키나와(琉球) 지역, 동남아시아의 벼농사 지역에 공통적으로 전해 오는 풍년 기원의 농경 의례이다. 이들 지역의 줄다리기의 목적이나 시행 시기 역시 우리의 줄다리기와 비슷하다.

줄다리기는 풍년을 기원하면서 액을 막는 놀이라는 점에서 민간신앙의 기능을 지닌다. 줄다리기는 행사의 진행, 비용 마련, 응원 등을 통해 마을 사람들의 지연(地緣) 의식과 생활공동체 의식을 다지는 사회적 기능을 하기도 한다.

6. 판소리

　판소리는 한국의 독특한 공연 예술로, 창자(唱者)와 고수(鼓手) 두 사람이 공연한다. 고수는 앉아서 북으로 반주를 하고, 창자는 주로 서서 북 반주에 맞춰 '창(唱)'과 '아니리'(말로 하는 부분)와 '발림'(몸짓, 너름새라고도 함)으로 이야기를 엮어 나간다. 판소리 공연에서 창자는 해설자와 배역(配役)의 기능을 하고, 고수는 반주자와 연출자와 상대역의 기능을 동시에 수행한다. 청중은 조용히 앉아서 감상만 하는 것이 아니라 진행 상황에 따라 적절한 자리에서 '추임새'를 한다. 청중은 단순한 구경꾼이 아니라 작품 완성에 개입하는 참여자이다.

　판소리는 서사적인 내용을 노래로 부른다는 점에서 서양의 오페라와 같으나 몇 가지 차이점이 있다. 노래하는 사람을 보면, 오페라는 여러 사람이 각각의 배역을 맡아 노래하지만, 판소리는 한 사람이 여러 역할을 수행한다. 반주자를 보면, 오페라는 여러 악기를 연주하는 악단(樂團)이 반주를 하는데, 악단이 연출자의 역할을 하지는 않는다. 이에 비하여 판소리는 고수 한 사람이 북으로 반주하면서 연출자와 상대역의 역할도 수행한다. 청중의 경우, 오페라는 조용히 앉아 감상해야 하고, 자기의 감정을 표출할 수 없다. 그러나 판소리의 청중은 창자가 노래하는 중간에 '그렇지', '얼씨구', '잘한다', '좋다'

판소리 무대 공연 장면

등의 추임새를 하여 자기의 감정을 드러낸다. 또, 창자의 유도에 따라 '예', '옳소', '아니오'와 같은 의사를 표현하기도 하고, 함께 손뼉을 치면서 짤막한 노래를 부르기도 한다. 이처럼 판소리의 청중은 추임새를 하면서 창자를 격려하고, 자기의 흥을 드러내며 분위기를 고조시켜 공연을 완성해 나가는 역할을 한다.

판소리의 '판'은 '씨름판', '노름판', '굿판' 등에서 보는 것처럼 '특수한 행위를 벌이기 위하여 많은 사람이 모인 곳'의 뜻을 지니는 말로 보기도 한다. 또, '처음부터 끝까지 판을 짜다'에서 보는 것처럼 '처음부터 일관된 줄거리로 짜여진 것'을 뜻하는 말로 보기도 한다. 이 두 가지 견해를 합하여 정의하면, '판소리는 많은 사람이 모인 자리에서 일관된 줄거리를 가지고 짜여진 이야기를 다양한 소리로 통일성 있게 짜서 연행(演行)하는 예술'이라고 정의할 수 있다.

판소리의 특징

　판소리는 음악, 문학, 연극의 요소가 복합된 종합 예술이다. 문학으로서의 판소리 사설은 장르 면에서 보면, 서정·서사·희곡이 복합되어 있다. 언어 면에서 보면 육담(肉談)·욕설(辱說) 등의 비속한 언어와 품위 있는 말, 한문 구절 등의 고아한 양반 언어가 복합되어 있다. 음악으로서의 판소리창은 장르 면에서 보면 각종 민요, 잡가, 무가의 가락, 글 읽는 소리, 한시창(漢詩唱), 독경(讀經) 소리, 축문 읽는 소리, 염불 소리, 귀곡성(鬼哭聲), 각종 의성어(擬聲語) 등 갖가지 소리가 복합되어 있다.

　판소리는 온갖 정서가 복합되어 있는 예술이다. 판소리는 쓸쓸함, 비참함, 억울함, 흐뭇함, 통쾌함 등의 갖가지 정서를 강하게 표출한다. 특히 비장(悲壯)과 골계(滑稽)를 함께 표출하여 청중들에게 강렬한 정서적 체험을 주는 데에 판소리의 묘미가 있다.

　판소리는 모든 계층의 예술이다. 판소리는 애초에 천민(賤民) 계층에서 발생한 천민의 예술이었지만, 그 수용 층이 중인 계층과 양반 계층을 거쳐 궁중에까지 확장된 예술이다. 따라서 삶을 바라보는 시각도 서민의 시각과 양반의 시각이 동시에 나타난다. 판소리는 우리나라의 온갖 구비 전승들을 집대성하고, 모든 계층에서 수용할 수 있도록 재창조하였으면서도 그 연희 형태가 최대한 간결하게 압축된 예술이다.

판소리의 형성

판소리의 발생에 관하여는 민속학적 측면에서의 논의와 문학적 측면에서의 논의가 있다. 민속학적 측면에서의 논의는 ①무가(巫歌) · 무속제의(巫俗祭儀) 기원설, ②광대소학지희(廣大笑謔之戲) 기원설, ③중국의 강창문학(講唱文學) 영향설 등이 있다. 문학적 측면서의 논의는 판소리 사설의 형성에 관한 것으로, 근원이 되는 설화에서 판소리 사설이 형성되었다는 '근원설화 선행설'과 소설에서 판소리가 나왔다는 '문장체 소설 선행설'이 있다.

무가 · 무속제의 기원설은 판소리가 무가 · 무속제의에서 기원되었다는 주장이다. 이것은 그 사설과 연창(演唱) 형태, 그리고 담당 계층의 유사성에 그 근거를 두고 있다. 판소리와 무가는 많은 유사점을 가지고 있는데, 무가는 판소리보다 훨씬 전부터 있어 왔다. 그러므로 판소리의 무가 · 무속제의 기원설은 타당성을 지니고 있다.

광대소학지희는 조선 시대에 행하여지던 산대놀이의 일종으로, 남을 희롱하거나 조롱하던 고려 시대의 조희(調戲)의 전통을 이은 것으로 생각한다. 이것은 즉흥적인 재담이나 화술(話術)로써 어떤 사건이나 상황을 연출해 보이는 일종의 소극(笑劇)이다. 소학지희 기원설은 광대의 소학지희에서 산대도감극 · 배뱅이굿으로 내려오면서 표정 · 몸짓을 많이 쓰며, 연극적 요소를 많이 깃들인 잡희 형태가 되고, 그 뒤에 그것이 판소리로 정립되었다는 것이다.

강창문학 영향설은 중국 송나라 때부터 넓은 공연 장소에서 공연되던 강창의 영향으로 판소리가 성립되었다는 것이다. 강창은 구연자가 반주하면서 논리적 구조의 서사시를 부르는 것인데, 반주 악기가 다양하고, 내용 면에서 아니리와 비교될 수 있는 강(講)이 위주가 되고, 창은 보조적 기능만을 담당한다. 발생 시기도 판소리보다 훨씬 이르다. 그래서 판소리가 직접적으로 영향을 받았다고 보기는 어렵다.

근원설화 선행설과 문장체 소설 선행설은 판소리의 사설이 근원 설화나 문장체 소설에서 연원되었다는 것이다. 이것은 판소리 사설이 설화, 고소설과 같은 이야기 문학 전통의 계승·발전에 의해 형성 되었다는 것이다. 판소리는 이야기 문학에 대한 욕구가 다양해져 이야기를 잘하여 인기를 끌던 이야기꾼 즉 강담사(講談師)와 소설을 읽어 주는 것을 업으로 삼는 강독사(講讀師)의 활동이 활발하던 시기에 서민층의 다양해진 예능·오락적 욕구를 보다 효과적인 방법으로 충족시켜 주기 위해 형성되었다. 그런데 사설은 그 소재를 설화나 이미 형성된 문장체 소설에서 취하여 구성하였다.

위에서 살펴본 바와 같이 판소리는 조선 후기에 보다 다양해진 민중의 예능·오락적 욕구에 부응하기 위하여 전부터 있었던 설화나 고소설에서 소재를 취하여 이야기를 구성하고, 이를 광대소학지회·무가·민요 등이 지니고 있는 음악적 요소와 연희적 요소를 결합시켜 새롭게 창출해 낸 예술 형태이다. 이 과정에서 중국 강창문학의 영향도 있었을 것이다.

판소리의 자료

조선 순조 때 사람 윤달선(尹達善)의 『광한루악부(廣寒樓樂府)』에 "창우희(倡優戱)는 한 사람은 서고, 한 사람은 앉는다. 선 사람은 소리를 하고, 앉은 사람은 북으로 장단을 치는데, 잡가 12곡이 있다."
고 하였다. 송만재(宋晚載, 1769~1847)의 「관우희(觀優戲)」와 정노식의
『조선창극사』에도 판소리에는 12바탕이 있다고 하였다. 이로 보아
판소리는 12바탕이 있었음을 알 수 있는데, 12바탕의 이름은 일치하
지 않는다. 이들 두 문헌에 적혀 있는 판소리 12바탕을 보면 다음과
같다.

① 「춘향가」: 고소설 「춘향전」의 내용과 같음.

② 「심청가」: 고소설 「심청전」의 내용과 같음.

③ 「흥보가」: 고소설 「흥부전」의 내용과 같음.

④ 「수궁가(토끼타령)」: 고소설 「토끼전」의 내용과 같음.

⑤ 「적벽가(화용도타령)」: 고소설 「삼국지연의」의 절정인 적벽대전
   대목을 개작한 내용임.

⑥ 「가루지기타령(橫負歌, 변강쇠타령)」: 사설이 전해 옴.

⑦ 「배비장타령」: 고소설 「배비장전」의 내용과 같음.

⑧ 「장끼타령」: 고소설 「장끼전」의 내용과 같음.

⑨ 「옹고집타령」: 고소설 「옹고집전」의 내용과 같음.

⑩ 「매화타령」: 「강릉매화전」이 전해 옴.

⑪ 「왈자타령」(송만재) 또는 「무숙이타령」(정노식): 두 작품은 동일
   한 것으로 봄.

⑫ 「가짜신선타령」(송만재) 또는 「숙영낭자전」(정노식): 앞의 것은
   정확한 내용을 알 수 없고, 뒤의 것은 고소설 작품이 전해옴.

위에 적은 판소리 12바탕 중 지금까지 불려지고 있는 것은 「춘향

가」, 「심청가」, 「홍보가」, 「수궁가」, 「적벽가」 등 5가뿐이다.

「춘향가」의 주인공 춘향은 남원 부사의 자제 이도령과 사랑을 맺었다. 그런데 이도령이 내직(內職)으로 옮겨가는 아버지를 따라 한양으로 가게 됨에 따라 춘향은 이별의 아픔을 견디며 지내고 있었다. 새로 부임한 남원 부사 변학도는 어머니가 기생이니 춘향 역시 기생이라면서 춘향에게 수청을 들라 하였는데, 춘향은 이를 거부한다. 변학도는 춘향이 관장(官長)의 명령을 거역하였다며 매질한 뒤에 감옥에 가두고, 죽이려고 한다. 이 때 한양에 가서 장원급제한 이도령이 암행어사가 되어 남원으로 와서 변학도를 벌하고, 춘향을 구출하여 혼인한다. 「춘향가」는 기생의 딸인 춘향과 양반 자제 이도령의 애정 성취담을 통하여 지배계층의 이념인 '열(烈)'을 강조한다. 그러면서 다른 한편으로는 지배계층의 횡포에 대한 날카로운 비판과 신분 해방에 대한 민중의 의식을 드러내고 있다.

「심청가」는 「춘향가」와 함께 많은 판소리 애호가들의 사랑의 받은 작품이다. 「심청가」의 주인공 심청은 가난한 심봉사의 딸로 태어나 일찍 어머니를 여의고, 눈먼 아버지의 보살핌으로 자란 뒤에 지성으로 아버지를 모신다. 심청은 공양미 300석을 부처님께 바치면 아버지의 눈을 뜰 수 있다는 말을 듣고, 항해의 안전을 기원하는 제의의 제물로 자기 몸을 판다. 심청은 인당수에서 제물로 물에 빠졌는데, 심청의 효성에 감동한 용왕이 연꽃에 태워 다시 인당수로 보낸다. 이곳을 지나던 뱃사람이 이 연꽃을 임금님께 바치고, 연꽃에서 나온 심청은 왕과 혼인하였다. 왕비가 된 심청은 고향을 떠나 떠도는 아버지를 찾기 위해 맹인잔치를 열었다. 맹인 잔치에 온 심청의 아버지는 딸을 만나자 반가움과 놀라움에 눈을 떴다. 효를 주제로 한 「심청가」는 다른 판소리 사설과는 달리 환상적인 요소를 내포하고 있으며, 주인공과 대립하는 적대자가 없다는 점에서 특이하다.

「흥보가」에서 착한 아우 흥보는 가난 때문에 온갖 고생을 하던 중 제비새끼가 떨어져 다리가 부러진 것을 보고 고쳐준다. 이듬해에 그 제비가 가져다 준 박씨를 심어 열린 박을 탔는데, 박에서 많은 보물이 나와 부자가 되었다. 이 말을 들은 형 놀보는 일부러 제비의 다리를 부러뜨리고 고쳐주었는데, 그 제비가 이듬해에 박씨를 가져다 주었다. 놀보는 그 박씨를 심어 열린 박을 타서 망하고 말았다. 「흥보가」는 우애 강조와 인과응보적 권선징악이 표면적 주제를 이루고 있다. 그러나 그 이면에는 화폐경제의 보급에 따라 심화된 빈부 격차의 모순과 생활상이 잘 드러난다.

「수궁가」는 『삼국사기(三國史記)』에 실려 있는 「구토설화(龜兎說話)」와 같은 이야기가 조선 후기에 작품화된 것이다. 「수궁가」에서 자라는 용왕의 병에 효험이 있다는 토끼의 간을 구하기 위해 육지로 올라와서 토끼를 꾀어 수궁으로 데리고 간다. 뒤늦게 속은 줄을 안 토끼는 간을 빼어 바위틈에 두고 왔으니 가져오겠다고 거짓말을 하여 용왕을 속이고 살아 돌아온다. 「수궁가」는 겉으로는 자라의 '충성'을 치하하고 강조하지만, 다른 한편으로는 지배계층의 백성에 대한 독단과 희생 강요의 부당함과 맹목적인 충성의 허망함을 비판한다.

「적벽가」는 중국 소설 「삼국지연의(三國志演義)」의 적벽대전 대목을 독립시켜 판소리화한 것인데, 그 과정에서 많은 창의적인 요소들이 들어가 있다. 예를 들면, 「적벽가」에서는 「삼국지연의」와는 달리 일반 군사들이 주동적인 역할을 한다. 그리고 '방자형 인물'이라고 할 수 있는 '정욱'이 등장하여 적벽대전에서 크게 패하여 화용도로 도망하는 조조를 비판한다. 「수궁가」는 겉으로는 충(忠)과 지용(智勇)을 강조하지만, 다른 한편으로는 인명과 인권을 유린하는 전쟁의 폐해와 지배층의 폭압을 비판한다.

「가루지기타령」은 광대들의 후원자였던 전북 고창의 신재효(申在孝, 1812~1884)가 정리해 놓은 사설만 전해 오고, 불려지지는 않는다. 이 작품에서 천하의 탕아(蕩兒)인 변강쇠와 음녀(淫女)인 옹녀가 만나 지리산에 들어가 산다. 변강쇠가 장승을 뽑다 패어 때고, 동티가 나서 뚱뚱 부어 죽었다. 옹녀는 변강쇠를 파묻기 위해 차례로 남자를 끌어들였는데, 변강쇠의 시신에 손을 대는 사람은 모두 죽었다. 초란이패들이 와서 해원굿을 하고 시신을 묻은 뒤에 달아났다. 이 작품은 겉으로는 음란함을 경계하고 있지만, 안으로는 하층 유랑민들의 비극적인 삶을 형상화하였다.

판소리는 조선 영조·정조 때에 열두 바탕이 이루어졌고, 순조~고종 때 전성기를 이루었으나, 구한말 이후 쇠잔하였다. 1933년 조선성악연구회에서 「춘향가」, 「배비장가」, 「심청가」, 「수궁가」, 「흥보가」 외에 고소설 「장화홍련전」, 「숙영낭자전」, 「유충렬전」 등을 창극으로 불렀다. 근래에는 「안중근 의사전」, 「이순신 장군전」 등과 「판소리 예수전」 등이 판소리로 불려지기도 하였다. 또 박동진이 그 동안 불려지지 않던 「배비장전」, 「변강쇠가」 등을 부르기도 하였다.

지금은 판소리가 무형문화재로 지정되고, 각 바탕을 잘 부르는 명창이 기능보유자(인간문화재)로 지정되어 국가적인 보호와 육성을 받고 있다.

판소리의 가창 방식

판소리는 특별한 무대 설치 없이 고수는 앉아서 장단을 치고, 창자는 서서 부른다. 고수는 북으로 장단을 치면서 추임새로 흥을 돋운다.

창자는 먼저 허두가(목 푸는 소리)를 불러 성대를 조절하고, 청중의 관심을 집중시킨다. 허두가는 가사 풍의 딴 노래, 즉 작품의 주요 내용과 관련이 없는 부분을 부른다.

판소리는 장단의 변화가 심하다. 진양조의 아주 느린 장단으로부터 흥분과 긴박감을 주는 휘모리에 이르는 장단의 변화가 있다. 그리고 말로 하는 '아니리' 부분이 있어 광대로 하여금 숨을 돌리고 휴식을 취하게 하며, 문학적으로는 작중 인물이나 사건에 대하여 흥미 있게 설명한다.

창자는 손에 부채나 손수건 같은 것을 들고 작중 인물의 모든 시늉을 몸짓으로 나타내며 창한다. 이를 '발림' 또는 '너름새'라고 한다. 창자는 일인다역(一人多役)으로 자문자답(自問自答)하며, 작중 인물이 되기도 하고, 관찰·설명하는 제3자가 되기도 한다. 판소리 각 바탕은 전편을 다 부르기보다는 어느 한 대목만 부를 기회가 많고, 그럴 수 있도록 구성되어 있다.

판소리 음악의 주축이 된 것은 육자배기 토리로 되어 있는 시나위 가락이다. 이 시나위는 한반도 서남 지역인 남한강의 남쪽이면서 소백산맥의 서쪽인 지역, 즉 전라도·충청도와 경기도 남부 지역에서 전승되고 있다. 그런데 시나위도 전승 지역에 따라 음악성에 차이가 있기 때문에 이에 따라 판소리의 유파가 형성되었다.

동편제는 전라로 동부 지역에서 전승되었는데, 발성이 무겁고, 시김새가 정대하며, 끝 음을 짧게 끊고, 장단이 빠르다. 장단이 빠르기 때문에 발림이 적다. 송흥록, 김세종, 정춘풍 등의 명창이 이에 속한다. 서편제는 전라도 서남 지역에서 전승되었는데, 발성이 가볍고 시김새가 정교하며, 끝 음을 길게 빼고, 장단이 느리다. 장단이 느리기 때문에 발림이 풍부하다. 박유전, 정창업 등의 명창이 이에 속한다. 중고제는 충청도·경기도 지역에서 전승되었는데, 대체로 동편제와 서편제의 중간 상태를 취한다. 염계달, 고수관, 전정근 등의 명창이 이에 속한다. 그러나 요즈음에는 이 세 유파의 지역적 특성이 사라졌다. 상호 교류가 잦고, 판소리 창자가 소리를 여러 사람에게서 배웠기 때문이다.

판소리에 나타난 사회의식

판소리에는 관념적 인과론(因果論)이 표면적 주제를 이루고 있다. 인간의 운명은 초자연적인 질서에 의해 결정된다는 사고방식과 선을 행하면 복을 받는다는 사고방식이 표출되어 있다. 그래서 충, 효 열, 우애를 강조한다.

판소리에는 현실적 합리주의가 나타나는데, 이것은 이면적(裏面的) 주제를 이루고 있다. 이것은 관념적 인과론과 작품 내의 대결을 통해서 표현되는데, 그 주된 내용은 다음과 같다.

첫째, 경제적인 변화를 민감하게 그리고 있다. 「흥보가」의 '돈타령'과 '매품팔이' 등이 좋은 예이다.

둘째, 신분적 제약으로부터 벗어나 인간적 해방을 성취하려는 욕구를 표현하고 있다. 「춘향가」에서 기생의 딸인 춘향이 이몽룡과 혼인하고, '정렬부인'이 된 것이 좋은 예이다.

셋째, 관념론과 도덕률의 위기를 나타낸다. 「흥보가」에서 흥보를 도덕률과 일치하는 군자라고 하면서 생활에는 무능한 바보로 그리고 있다. 이것은 겉으로는 도덕률을 옹호하나, 도덕률에 대한 반성을 촉구하는 것이라 볼 수 있다. 놀부는 악인으로 표현하면서도 현실적이고 합리적인 사고에 입각해 기존 관념의 파괴를 꾀하고 있다. 「심청가」의 후반부에서는 심봉사와 뺑덕어미의 관계를 통하여 군자의 정체가 허망함을 드러내고 있다. 인과론적 관념론은 엄숙하게 역설되지만, 현실적 합리주의는 풍자와 해학을 통해서 표현되고 있다.

서양의 유명한 음악가가 한국에 와서 판소리 공연을 보다가, 소리하는 명창을 가리키며 "저 사람 왜 화났습니까?"하고 묻더니, 한참 후에는 "한국의 청중은 왜 이렇게 듣는 태도가 나쁘지요?"하고 물었다고 한다. 이 두 가지 질문에 대한 대답은 판소리에 대해 기본적인 것을 알고 있어야 대답할 수 있다. 판소리의 기본을 모르는 외국인이나 젊은이들에게 판소리의 특징이나 가창 방식을 알려주어 판소리를 바르게 이해할 수 있도록 돕는 일은 매우 중요한 일이라 생각한다.

7. 탈춤[假面劇]

　탈춤은 얼굴에 가면(탈)을 쓰고 연희(演戱)하는 예술을 가리키는 말이다. 이를 가면극(假面劇) 또는 탈놀이라고도 한다. 사람들은 왜 멀쩡한 자기 얼굴을 두고 또 다른 모습의 탈을 만들었을까?

　첫째, 벽사진경(辟邪進慶)의 주술적 심성에서 탈을 만들었을 것이다. 옛사람들은 사냥에서 뜻을 이루고 이웃 부족과의 싸움에서 이기고 싶을 때, 질병이나 재난을 물리치고 평안과 풍요를 얻고 싶을 때 초자연적인 힘을 갈망(渴望)하였을 것이다. 이러한 갈망은 초인적인 힘을 지녔다고 믿는 존재의 형상을 만들어 놓고 상징적인 행위를 하면 초자연적인 힘을 얻어 뜻을 이룰 수 있다는 생각으로 이어졌다. 그래서 초자연적인 힘을 지닌 신령(神靈)이나 악귀(惡鬼), 요괴(妖怪), 힘이 세거나 무서운 동물 등의 탈을 만들어 놓고 상징적인 행위를 하면서 뜻을 이루기를 빌었을 것이다. 이러한 주술적(呪術的) 심성에서 탈을 만들었을 것이다.

　둘째, 실체를 감춘 채 다른 형상으로 신성(神聖)과 교섭하려는 의지에서 탈을 만들었을 것이다. 나약한 인간이 신성과 직접 교섭하는 데에는 어려움이 있으므로, 신성과 접촉하기 쉬운 존재로 변환하는 방편으로 탈을 만들었을 것이다. 만든 탈은 걸어놓거나 몸에 지녔을 것이고, 어떤 행위를 할 때에는 얼굴에 쓰기도 하였을 것이다. 이렇게 해서 만들기 시작한 탈은 후대로 내려오면서 창의성과 예술성이 가미되어 다양한 탈문화를 형성하였을 것이다.

탈춤의 유래에 대해서는 몇 가지 주장이 대두되었는데, 산대희(山臺戲) 기원설(起源說), 기악(伎樂) 기원설, 농경제의(農耕祭儀) 기원설 등이 있다.

산대희 기원설은 산대희에서 산대도감극(山臺都監劇)이 생겨났고, 산대극(山臺劇)이 지방에 분산되면서 각 지방에 탈춤이 형성되었다는 주장이다. 산대희는 탈을 쓰고 큰길가나 빈 터에 만든 무대에서 하는 복합적인 구성의 탈놀음인데, 고려 시대에 발생하여 조선 시대까지 궁중에서 성행하였으나 후에 민간에 전파되어 탈놀음 중심의 평민극으로 이어졌다. 현재 산대놀이 계통의 것으로 양주별산대놀이, 송파산대놀이, 봉산탈춤, 강령탈춤, 오광대놀이 따위가 전하고 있다. 이것은 상류층에서 민중들이 즐기는 탈춤이 발생했다고 보는 데에 무리한 감이 있다.

기악 기원설은 백제 사람 미마지(味摩之)가 중국의 남조(南朝) 오(吳)에서 배워 일본에 전했다는 기악을 탈춤의 기원으로 보는 주장이다. 13세기 일본 문헌인 『教訓抄』에 전하는 기악은 묵극(黙劇)이나, 그 내용이 「양주별산대놀이」나 「봉산탈춤」과 흡사하다. 그러므로 기악이 가면극으로 전승되었다는 주장은 타당성이 있다.

농경제의 기원설은 농사가 잘 되라고 거행하던 농경제의에서 탈춤이 유래되었다고 보는 것이다. 농경제의의 모습은 지금도 행하고 있는 마을굿에 보인다. 농경제의에 보이는 신의 가면이 인간의 가면으로 바뀌고, 자연과의 갈등을 주술적으로 해결하자는 굿에서 사회적인 갈등을 예술적으로 표현하자는 연극으로의 전환이 일어나면서 가면극이 발생하였다고 보는 것이다. 이러한 점에서 농경제의 기원설은 타당성이 있다.

『동국세시기(東國歲時記)』에 "고성에서는 가면을 만들어 당집에 넣었다가 신이 하강(下降)하면 마을 사람들이 그 가면을 쓰고 논다."는 기록이 있다. 이를 보면, 초기의 탈춤은 이러한 마을 풍물굿에서 유래된 것으로 보인다. 지금도 「하회별신굿탈놀이」를 하기 전에 마을 사람들이 풍물패와 함께 서낭당에 가 제사를 드린 후 신이 내리면 가면을 쓴 광대들이 탈춤을 연기하고 있어 이를 뒷받침하고 있다. 오광대의 유래담 중 초계 밤마리에 궤짝이 떠내려 왔는데, 그 궤짝 속의 가면을 쓰고 놀이하자 전염병이 사라졌다는 이야기가 있는데, 여기서도 탈춤과 제의와의 관련성이 확인된다. 이렇게 신을 위하는 굿에서 마을 사람들이 참가하는 극으로 바뀐 것이 오늘날의 탈춤이다.

탈춤이 처음 발달한 지역은 처음에는 농촌 지역이었다. 농경의례에서 마을의 평안과 풍년을 기원하는 의식이 주로 농촌을 중심으로 행해졌기 때문이다. 현재까지 전승되고 있는 농촌 탈춤은 「하회별신굿탈놀이」와 「강릉관노탈놀이」가 있다. 이 둘은 모두 서낭굿과 함께 공연된다는 공통점을 가지고 있다. 그러나 이러한 농촌탈춤은 지배층의 용인 아래에 공연되기 때문에 지배층으로부터 완전하게 자유로울 수 없었다. 따라서 지배층에 대한 신랄한 비판은 발견되지 않으며, 마을굿을 떠나서는 공연할 수 없기 때문에 형식에서 다양한 발전을 꾀할 수 없다. 그리고 무엇보다도 경제적인 능력이 부족하여 독자적으로 공연할 수 없다는 한계가 있다.

그 후에 본격적인 탈춤이 도시를 중심으로 나타나기 시작했는데,

그 지역은 주로 조선 시대에 상업이 발달했던 지역들이다. 해서탈춤이 발달한 황주, 해주, 봉산 등은 모두 서울에서 평양 가는 길목에 위치하고 있다. 오광대가 발달한 통영, 고성은 상업이 발달한 지역이었다. 송파와 양주 또한 서울 근교에 위치하고 있어 상업이 발달할 수 있는 입지 조건을 가지고 있었다. 따라서 경제적인 능력을 가진 상인들은 자신들의 경제적인 능력을 바탕으로 지배층인 양반에 대한 반감을 명확하게 나타낼 수 있었다. 이에 따라 도시 탈춤이라 불리는 탈춤이 전국에서 공연되었다. 현재 전승되고 있는 많은 탈춤이 조선 후기에 이루어진 도시탈춤이다. 농촌탈춤에서는 보이지 않는 '영노'가 등장하여 양반을 잡아먹는 장면도 도시탈춤에서는 가능하다. 그만큼 도시탈춤은 민중적인 성격을 가지고 발전할 수 있었던 것이다.

현재 전승되고 있거나 무형문화재로 지정되어 재연되고 있는 탈춤은 다음과 같다

서울 및 경기도 : 양주별산대놀이(중요무형문화재 제2호),
송파산대놀이(중요무형문화재 제49호)

황해도 : 봉산탈춤(중요무형문화재 제17호)
강령탈춤(중요무형문화재 34호)
은률탈춤(중요무형문화재 제61호)

함경도 : 북청사자놀이(중요무형문화재 제15호),

강원도 : 강릉관노탈놀이(중요무형문화재 제13호)

경상도 : 낙동강 상류 지역─하회별신굿탈놀이(중요무형문화재 제69호),
낙동강 동쪽 지역─동래야유(들놀음)(중요무형문화재 제18호)
수영야유(들놀음)(중요무형문화재 제43호)

낙동강 서쪽 지역─통영오광대(중요무형문화재 제6호)
　　　　　　　　고성오광대(중요무형문화재 제7호)
　　　　　　　　가산오광대(중요무형문화제 제73호)
사당패 덧뵈기(중요무형문화제 제3호)

　위에서 보는 바와 같이 서울 근교에는 산대놀이가, 해서 지방에는 탈춤이 발달하였다. 낙동강 동쪽에는 야유(들놀음)가, 낙동강 서쪽에는 오광대가 발달하였다.

탈춤의 특징

　탈춤은 우리의 전통적인 연극으로, 현대 연극에 비해 다음과 같은 특징을 가진다.

　첫째, 공연 장소에 제약이 없으며 특별한 무대 장치가 필요 없다. 현대 연극에서는 무대에 배경을 나타내는 여러 가지를 설치하지만, 탈춤에서는 공연 장소가 곧 극중(劇中) 장소가 되면서 진행된다. 따로 배경을 만드는 것이 아니라 등장한 인물이 여기가 어디라고 말로 하면 그 때부터 그곳은 극중 장소로 바뀐다. 따라서 등장인물 간의 거리도 실제로 인물 간의 거리가 아니라 내용에 따라 달라진다. 봉산탈춤 미얄마당에서 영감과 할미는 아주 가까이에서 연기를 하고 있으면서도 멀리 떨어진 것으로 간주하고 있는 것이 한 예이다. 이러한 것은 그만큼 극중의 내용이 자유롭게 변화될 수 있다는 점과 현대 연극에서 보이는 제약을 극복할 수 있다는 점에서 긍정적이다.

　둘째, 탈춤은 무대와 관객의 구분이 없어서 현장감을 느낄 수 있다. 탈춤이 공연되는 곳은 특별한 공간이 아니라 관객이 둥글게 둘러앉아서 관람을 할 수 있는 장소면 충분하다. 대개 마당에서 행해졌기 때문에 마당놀이라고 부르기도 한다. 그리고 탈판에 참가한 관중들은 얼마든지 탈춤의 진행에 개입할 수 있다. 자신의 뜻에 맞지 않은 대사가 있으면 소리를 질러서 자신의 뜻을 나타낼 수 있으며, 배우의 동작에 함께 어울려 춤을 출 수도 있다. 악사(樂士)도 단순히 악기를 연주하는 차원에서 벗어나 등장인물과 대화를 주고받으며 극의 진행에 관여할 수 있다.

셋째, 재담(才談)과 춤이 반복된다. 등장하는 인물은 걸어서 나오기보다는 춤을 추며 나오고, 각각의 과장(거리, 마당)에서는 춤을 추면서 퇴장하여 갈등을 용해(溶解)하는 구실을 한다. 그리고 춤 중간중간에 대사를 주고받아서 극중의 사건을 진행시킨다. 이러한 것은 탈춤이 농경제의에서 출발했음을 나타내는 것이다.

넷째, 민중의식이 반영되어 있다. 지배층에 대한 신랄한 풍자와 비판이 나타나 있어 관객들의 심적 욕구를 충족시킨다. 말뚝이와 취발이로 대표되는 민중은 권위와 위선(僞善) 덩어리인 양반들의 모순성을 통렬하게 비판한다. 이러한 민중의식의 반영은 현대까지 이어져 마당놀이, 마당극이라는 현대적인 갈래를 산출하게 하기도 하였다.

전승 탈춤의 모습

야유(들놀음)

야유(들놀음)에는 수영야유(들놀음)와 동래야유(들놀음)가 전승되고 있다. 들놀음은 낙동강 동쪽에 주로 전승되고 있으며, 100여 년 전후에 오광대에서 유입된 것으로 여겨지고 있다. 음력 정월부터 지신밟기를 통해 연희 비용을 모으고, 그 비용에 의해 길놀이를 논 다음, 탈놀이를 한다. 그리고 이어서 줄다리기를 한다. 들놀음은 다음과 같은 순서로 공연된다.

① 수영들놀음―양반마당, 영노마당, 할미영감마당, 사자춤마당
② 동래들놀음―문둥이마당, 양반마당, 영노마당, 할미마당

오광대

오광대는 낙동강 서쪽에 주로 전승되고 있으며, 통영오광대놀이와 고성오광대놀이가 현재 전승되는 대표적인 오광대이다. 중부 지방의 산대놀이와 매우 유사하며 낙동강 상류 초계 밤마리에서 유래되었다고 한다.

① 통영오광대놀이―문둥이마당, 말뚝이마당, 영노탈마당, 제자각시탈마당, 포수탈마당
② 고성오광대놀이―승무마당, 북춤마당, 오광대마당, 비비(영노)마당, 제밀지[小母]마당

통영오광대는 31배역에 26개의 탈이 운영되며, 고성오광대는 23배역에 15개의 탈이 운영되고 있다.

산대놀이

중부 지방에 주로 전승되고 있는 탈춤으로 양주별산대놀이, 송파산대놀이가 전승되고 있다. 산대놀이라는 말은 조선 시대의 산대도감에서 유래된 것으로 여겨지는데, 자생적인 민중 놀이가 산대도감과의 관련 아래에 발전한 것이다.

① 양주별산대놀이─상좌마당, 옴중마당, 먹중마당, 연잎·눈끔쩍이마당, 팔먹중마당(염불놀이─침놀이─애사당버꾸놀이), 노장마당(먹중놀이─소무놀이─원숭이놀이─취발이놀이), 샌님마당(말뚝이놀이─포도부장놀이), 신할아비 미얄할미 마당

② 송파산대놀이─상좌춤마당, 옴중마당, 연닢·눈끔쩍이마당, 팔먹중마당(북놀이─곤장놀이─침놀이), 노장마당(파계승놀이─신장수놀이─취발이놀이), 샌님마당(의막사령놀이─샌님 미얄할미 놀이─샌님 포도부장 놀이), 신할아비 신할미마당

양주별산대놀이 제5과장 풀목중 제3경 애사당법고놀이의 한 장면

해서탈춤

황해도 지방에 전승되는 탈춤으로 현재는 휴전선 북쪽이 되어서 실상을 정확하게는 알 수 없다. 다른 지역의 오광대, 별산대, 들놀음과 같은 맥락에서 해서 지방에 전승되어 온 것으로 여겨진다. 현재 알려진 것은 월남한 사람들을 대상으로 조사하여 이를 기반으로 구성한 것이다.

① 봉산탈춤—사상좌춤마당, 팔목중춤마당(팔목중춤, 법고놀이), 사당춤마당, 노장춤마당(노장춤놀이—신장사춤놀이—취발이춤놀이), 사자춤마당, 양반춤마당, 미얄춤마당

② 강령탈춤—사자춤마당, 원숭이춤마당, 말뚝이춤마당, 상좌춤마당, 양반춤마당, 노장춤마당(먹중놀이—소무놀이—취발이놀이), 영감할미광대춤마당

봉산탈춤 제4과장 노장춤에서 노장이 염주를 소무의 목에 걸어주는 장면

함경도 북청사자놀이

북청읍 여러 마을에서 해마다 음력 정월 보름날 밤에 하던 놀이이다. 이날 초저녁에 출연자들과 동네 사람들이 장단을 잡히고 소리와 춤으로 놀음을 시작한다. 퉁소와 피리, 큰북에 맞춰 사자 닐리리 곡조를 띄운다. 놀이꾼은 사자 외 꼭쇠, 양반, 중, 점받치, 의색, 거사, 무동이 따른다. 길군악에 맞춰 북청읍에 다다른다.

사자놀이는 잡귀와 잡신을 쫓고 1년 동안 평안하기를 비는 뜻을 가지고 있다. 북청 사람들은 이 놀이를 하고 나면 집안에 잡신이 없어지고, 농사가 잘 된다고 믿었다. 공연 내용은 다음과 같다.

행렬을 지어 각기 호별 방문으로 들어간다. 춤은 사자 닐리리의 초장을 시작으로 중장, 말장으로 넘어간다. 음률은 더 급격하고, 북소리는 격동한다. 이에 맞추어 사자는 더 날래고 재빠르며 급한 동작으로 환희에 넘치는 춤을 춘다. 이때 아이 또는 기생을 희생으로 넘겨주면, 그것을 삼키는 동작을 한다. 삼킨 것이 체해서 쓰러지면

북청사자놀이의 한 장면

의원이 다시 살려낸다. 소생한 사자는 홍겨운 춤을 춘다. 이때 무동을 타서 선 사자(立獅子)가 되어 춤을 추는 등 온갖 재주를 부린다. 이후 모든 사람들이 함께 춤을 추며 즐긴다.

별신굿탈놀이

마을 풍물굿과 함께 공연되는 탈춤으로 강릉관노탈놀이와 하회별신굿탈놀이가 있다. 강릉관노놀이는 강릉 단오굿에서 공연되는 탈춤인데, 묵극(黙劇)으로 알려져 있다. 이는 관노들이 주를 이루어 전승되어온 것이기 때문에 특별한 재담이 필요하지 않았기 때문이다. 일제 시대에 전승이 중단되었다가 1965년 다시 재연되었다. 강릉단오제의 한 종목으로 인정되어 무형문화재 제13호로 지정되었다.

하회별신굿탈놀이는 안동 하회리에서 전승되어 오는 탈춤으로 중요무형문화재 제69호로 지정되었고, 하회가면은 국보 제121호로 지정되어 있다.

① 강릉관노탈놀이—장자마리 개시마당, 양반과 소매각시 사랑마당, 시시딱딱이 훼방마당, 소매각시 자살소동마당, 양반과 소매각시의 화해마당

② 하회별신굿탈놀이—각시의 무동마당, 주지마당, 백정마당, 할미마당, 파계승마당, 양반과 선비마당, 혼례마당, 신방마당

사당패 덧뵈기

사당패는 이른바 떠돌이 놀이패로, 일정한 거주를 정하지 않고 곰뱅이만 텄다 하면(마을에 들어와서 공연을 해도 좋다는 허락을 받으면) 그

곳을 공연지로 삼는 패거리이다. 따라서 이들이 벌이는 덧뵈기는 공연 시간의 제한이 없으며, 여러 마을을 다니면서 수시로 공연하였다. 늘상 낯선 관중들 앞에서 공연을 해야 하기 때문에 그들은 자신들의 생계유지를 위해서 무엇보다도 기교(技巧)가 필요하였다. 따라서 이들 공연 제목 중 제일 나중에 벌이는 덧뵈기도 여타 가면극과는 달리 더욱 재미있는 재담으로 엮는다.

덧뵈기는 놀이판 부정을 씻기 위한 '비나리'를 외는 마당씻이 마당과 옴탈의 내력을 말하는 옴탈잡이, 양반의 행위를 꼬집는 샌님잡이마당, 그리고 취발이가 등장하여 파계승을 풍자하는 먹중잡이마당 순서로 놀았다. 이는 기존의 가면극보다 극 진행의 속도가 훨씬 빠르며 풍물가락과 춤사위가 힘차고 대사도 다양하다. 대사는 시시때때로 바꿀 수가 있다. 이것은 구비전승되는 문학의 특징이기도 하다.

V. 설화의 주인공들

　설화는 일정한 구조를 가진 꾸며낸 이야기이다. 이것은 개인의 창작물이 아니라 민족적 집단의 공동생활 속에서 공동의 심성(心性)에 의하여 자연발생적으로 형성된 구전문학이다. 그러므로 그 속에는 민족의 역사, 신앙, 관습, 세계관, 꿈과 낭만, 웃음과 재치, 생활을 통해서 얻은 교훈, 역경을 이겨내는 슬기와 용기 등이 문학적으로 형상화되어 있다.

　설화는 일정한 구조를 가진 꾸며낸 이야기이기에 일상의 신변 잡담이나 역사적 사실을 전하는 이야기는 설화에 포함되지 않는다. 설화 중에는 사실을 가장하는 이야기가 많이 있으나, 이것은 어디까지나 사실이 아닌 사실적인 이야기이다. 설화는 사실 여부보다는 문학적인 흥미와 교훈 때문에 존재하는 것이다.

　설화는 신화, 전설, 민담의 셋으로 구분하는 것이 보통이다. 신화는 신성시하고 진실되다고 믿는 이야기이다. 신화의 주인공은 탁월한 능력을 발휘하여 새로운 질서를 확립한다. 전설은 진실되다고 믿고, 실제로 있었다고 주장하며 구체적인 시간과 장소가 제시되고, 개별적인 증거물을 가진 이야기이다. 전설의 주인공은 여러 부류의 인간인데, 예기지 않던 사태에 직면하면

좌절하거나 왜소해지는 경우가 많다. 민담은 신성성이나 진실성이 전제되지 않는 흥미 본위의 이야기이다. 민담의 주인공은 일상적인 인간이 대부분인데, 이들은 어떠한 난관에 부딪혀도 이를 극복하고 운명을 개척한다.

여기서는 설화에 등장하는 인물들의 활동을 통하여 우리의 역사와 우리 조상들이 지녔던 삶의 모습과 의식, 가치관 등을 살펴보려고 한다.

1. 고조선을 세운 단군(檀君)

단군신화(檀君神話)는 고조선(古朝鮮)의 건국(建國) 신화로, 우리 민족의 우월성과 정통성을 일깨워 주고, 우리 문화의 원형(原形)을 해명해 준다. 그리고 우리 민족이 지향해야 할 이념을 제시해 주는 아주 소중한 자료이다.

단군신화는 『삼국유사(三國遺事)』를 비롯하여 『제왕운기(帝王韻紀)』, 『동국통감(東國通鑑)』 등의 문헌에 수록되어 있다. 그런데 『삼국유사』에 실려 있는 내용이 가장 상세하고, 신화로서의 짜임새도 훌륭하며, 우리 민족의 기원과 역사·문화와 사상을 가장 폭넓게 담고 있다. 『삼국유사』에 실린 내용을 적어 보면 다음과 같다.

옛날에 환인(桓因)의 작은아들 환웅(桓雄)이 천하에 뜻을 두고, 자주 사람이 사는 세상을 탐내어 구하였다. 그의 아버지가 아들의 뜻을 알아차리고, 삼위태백(三危太伯)을 내려다보니, 인간을 널리 이롭게 할 만하였다[弘益人間]. 이에 환인은 환웅에게 천부인(天符印) 세 개를 주어 인간 세계를 다스리게 하였다. 환웅은 무리 3,000여명을 거느리고 태백산 마루턱(태백산은 지금의 묘향산)에 있는 신단수(神壇樹) 밑으로 내려왔다. 이곳을 신시(神市)라 하고, 이 분을 환웅천왕(桓雄天王)이라고 한다. 그는 풍백(風伯)·우사(雨師)·운사(雲師)를 거느리고 와서, 곡식·수명·질병·형벌·선악 등을 주관하고, 인간의 360여 가지 일을 주관하며 세상을 다스리고 교화(敎化)하였다.

이때, 곰 한 마리와 호랑이 한 마리가 같은 굴속에서 살고 있었는데, 이들은 항상 환웅에게 사람이 되게 해 달라고 빌었다. 이에 환웅이 신령스러운 쑥 한 줌과 마늘 스무 개를 주면서 말하였다.

"너희들이 이것을 먹고 백일 동안 햇빛을 보지 않으면, 변하여 사람
  이 될 것이다."

곰과 호랑이는 이것을 받아서 먹었는데, 곰은 삼칠일(三七日) 간 금기(禁忌)를 지켰으므로 여자의 몸으로 변하였다. 그러나 호랑이는 금기를 지키지 않았으므로, 사람으로 변하지 못하였다.

웅녀(熊女)는 혼인할 사람이 없으므로, 매일 단수(壇樹) 밑에서 아기배기를 축원하였다. 이에 환웅은 거짓 변하여 그녀와 혼인했더니, 바로 잉태하여 아들을 낳았다. 그 아기의 이름을 단군왕검(檀君王儉)이라고 하였다.

단군왕검이 당나라 요 임금이 즉위한 지 50년인 경인년(庚寅年)에 평양성(지금의 西京)에 도읍(都邑)하여 처음으로 조선(朝鮮)이라고 불렀다. 그는 1,500년 동안 나라를 다스린 후 산신이 되었다.

환인(桓因)은 우주 만물을 주관하는 천제(天帝), 즉 하느님이고, 환웅(桓雄)은 천제의 아들이다. 천제의 아들인 환웅이 인간 세계로 내려와 신시(神市)를 열고 인간을 교화하였고, 우리 민족의 시조인 단군의 아버지가 되었다. 이것은 단군의 부계(父系)가 천신(天神)으로, 더없이 신성하고 존귀함을 의미하는 것이다.

현대인들은 인간의 생명을 존귀하게 여기고, 동물이나 식물의 생

명을 하찮게 여긴다. 그러나 고대인들은 동물이나 식물의 생명을 인간의 생명보다 더 존귀하고 신성한 것으로 보았다. 그래서 동물이나 식물을 개인 또는 부족의 표지(標識)로 삼고, 이를 숭배하였다. 이를 토테미즘(totemism)이라고 한다. 고대인들은 토템 동물을 그 부족의 조상신(祖上神), 또는 수호신(守護神)으로 믿었다. 숭배의 대상이 된 토템(totem) 동물에는 곰, 호랑이, 거북, 닭 등이 있었던 것으로 생각한다.

단군신화에서 곰이 여자의 몸으로 변신하였다는 것은 실제로는 있을 수 없는 일이다. 이것은 곰 토템 부족의 여자가 악귀(惡鬼)를 쫓는 효능을 지닌 쑥과 마늘을 가까이하며, 햇빛이 비치지 않는 동굴에 들어가 일정한 금기를 지킨 뒤에 성숙한 여인이 되는 입사식(入社式, initiation)의 표현으로 보는 것이 좋겠다. 그렇게 본다면, 참을성이 있는 곰 토템 부족의 여인은 금기를 지켜 성숙한 여인으로 변신한 다음, 천신의 아들이라고 하는 태양 토템 부족의 아들 환웅의 배우자로 선택되었다. 금기를 지키지 못한 호랑이 토템 부족의 여인은 입사의례(入社儀禮) 과정에서 시련을 이겨내지 못했기 때문에 천신의 후예임을 자처하는 환웅의 배우자가 되지 못하였다. 이렇게 본다면, 환웅과 웅녀(熊女)의 혼인은 천신(天神)과 지신(地神)이 결합한 신혼(神婚)이다. 따라서 단군은 천신과 지신의 혼인에 의하여 탄생한 신이한 존재이다.

신화적 사고에서 보면, 평범한 아버지와 어머니 사이에서 출생한 사람은 평범한 인물이 된다. 평범한 인물은 나라를 세우거나 인류를 구원할 구세주(救世主)가 될 수 없다. 그래서 나라를 세울 인물이나 씨족의 시조, 인류를 구원할 구세주는 신이한 인물에 의해 비범한 출생을 하도록 구성하였다. 고구려를 세운 주몽(朱蒙)은 천신인 해모수(解慕漱)와 수신(水神)인 하백(河伯)의 딸 사이에서 알로 태어났다. 가야를 세운 수로왕(首露王)은 알의 상태로 하늘에서 자주색 끈을 타고 내려왔다. 온 인류를 죄악에서 구원하기 위해 세상에 온 예수 역시 정혼(定婚)은 하였으나, 한 번도 남자를 가까이 한 적이 없는 동정녀(童貞女) 마리아의 몸에 성령(聖靈)으로 잉태하여 탄생하였다. 이것은 주인공을 신이한 인물, 또는 비범한 인물로 성화(聖化)시키기 위해 자주 사용하는 신화적 표현법이다.

환웅과 웅녀의 혼인을 역사적 사실의 신화적 표현으로 해석할 수도 있다. 하늘에서 내려왔다고 하는 환웅은 일찍부터 농경생활을 시작하여 태양을 숭배하는 태양 토템 부족의 아들이고, 웅녀는 곰 토템 부족의 딸이다. 환웅은 곰과 호랑이를 비롯한 여러 토템 부족이 이미 자리 잡고 있는 지역으로 이동해 와서, 어느 부족과 손을 잡고 나라를 세울 것인가를 놓고 저울질하다가 곰 토템 부족과 연합하여 부족국가를 세운 것이다. 이렇게 하여 부족국가를 세운 환웅은 자신의 가계(家系)를 성화하기 위해 하늘에서 왔다고 하였을 것이고, 웅녀는 토템신인 곰이 여자로 변신한 것이라고 하였을 것이다. 이것은 고아시아족과 알타이족의 융합을 신화적으로 표현한 것이라 하겠다.

단군이 고조선을 건국한 시기를 『삼국유사』에는 중국의 요 임금이 즉위한 지 50년이 되는 해라고 하였다. 그리고 『동국통감』에는 중국 요 임금 시대의 무진년이라고 하였다. 최근까지 우리가 쓰던 단기(檀紀) 원년(元年)인 BC 2333년은 단군이 고조선을 건국한 시기를 『동국통감』의 기록을 바탕으로 추정한 것이다. 이것은 우리의 역사가 중국 역사에서 신화적 인물로 꼽히는 요 임금 시대와 같다는 것으로, 우리 역사의 유구(悠久)함을 말해 준다. 단군왕검이 세운 고조선은 한반도에서 만주를 포함하는 넓은 영토를 차지하고 있었다고 한다.

고조선을 세운 단군은 고유명사가 아니고, 백성들의 신망과 숭배를 받는 한편, 신으로까지 대접을 받던 제정일치(祭政一致) 시대의 사제왕(司祭王)을 뜻하는 보통명사이다. 우리가 민족의 시조로 삼고 있는 단군은 처음으로 고조선을 건국한 최초의 사제왕이다. 단군이 1,500년 동안 나라를 다스렸다는 것은 이러한 사제왕이 대(代)를 이어 사제권(司祭權)과 통치권(統治權)을 행사하였음을 뜻하는 것이라 하겠다.

단군을 사제왕으로 본다면, 환웅은 단군이 아버지라고 믿는 신이다. 환웅은 풍백(風伯)·우사(雨師)·운사(雲師)를 부려 기후를 조절할 수 있고, 곡식·수명·질병·형벌·선악을 주관하며, 인간의 모든 일을 주관하여 다스리는 신이다.

단군신화에는 새로운 국가 건설의 이상과 개척 정신, 지상천국 건설의 현세주의적 이념, 모든 사람을 널리 이롭게 한다는 홍익인간(弘益人間)의 이념이 나타난다. 홍익인간의 정신에는 인간 존중과 인류 평화 건설에 기여하는 정신이 담겨 있다. 그래서 우리나라에서는 이를 교육법 제1조에 넣어 교육의 이념으로 삼고 있다.

단군신화는 한국 문학의 원형이 되어 여러 가지 형태로 계승되어 왔다. 단군신화에는 천상계와 지상계가 함께 설정되어 있는데, 지상계 중심으로 이야기가 진행된다. 이것은 지상국 건설의 현세주의적 이념이 표출된 것인데, 「구운몽」을 비롯한 후대의 문학 작품에 계승되고 있다. 단군신화에서 곰은 시련을 극복하고 사람으로 변신한다.

곰의 시련 극복과 그 결과로 얻어지는 소원 성취는 후대 문학의 원형으로 작용하여 계승되고 있다.

단군신화에서 환웅은 천부인(天符印) 세 개를 가지고 지상으로 내려왔다. 환웅이 가지고 온 천부인 세 개를 거울, 칼, 방울로 보기도 한다. 이것은 지금 무당이 점을 치거나 굿을 할 때 무구(巫具)로 사용되고 있다. 천부인은 신과 신 사이에 주고받은 신성의 징표인데, 이것은 후대 문학 작품의 신물(信物)로 이어지고 있다.

단군신화에는 민족 고유의 신앙과 풍습의 원형이 들어 있다. 단군신화에 나타나는 천신숭배 신앙과 산신(山神) 신앙은 현대의 민간신앙에도 이어지고 있다. 웅녀가 나무 밑에서 아들 낳기를 빌던 기자(祈子)의 민속 역시 현재까지 이어지고 있다. 곰이 쑥과 마늘을 먹으며 햇빛을 보지 않고 금기를 지킨 3·7일은 현재 출산한 여인의 산후조리(調理) 기간으로 이어지고 있다.

단군신화에서 환웅은 풍백, 우사, 운사를 거느려 기후를 조절하고, 곡식을 주관하였다. 이것은 농경생활이 시작되었음을 나타내는 것이다. 지금까지 전해 오는 농경문화는 그 시원을 단군신화에서 찾을 수 있다.

2. 고구려를 세운 주몽(朱蒙)

고구려의 시조인 주몽에 관한 신화는 한국의 문헌과 중국의 문헌에 실려 있다. 한국의 기록은 「광개토대왕비(廣開土大王碑)」를 비롯한 비문(碑文)과 『삼국사기(三國史記)』, 『삼국유사(三國遺事)』, 『제왕운기(帝王韻紀)』, 「동명왕편(東明王篇)」 등의 여러 문헌에 실려 있다. 중국의 문헌 기록으로는 『논형(論衡)』을 비롯한 10여 종이 있는데, 시대적으로는 한국의 기록에 훨씬 앞선다.

고려의 문호(文豪)인 이규보(李奎報)는 주몽에 관한 중국의 기록과 『구삼국사(舊三國史)』의 「동명왕본기(東明王本紀)」를 읽고 크게 감동을 받았다. 그는 나라를 창업한 신비한 사적(事蹟)을 후세에 알려야겠다는 생각에서 이를 오언율시(五言律詩)로 썼다. 이것이 민족서사시(民族敍事詩)로 높은 평가를 받고 있는 「동명왕편(東明王篇)」이다. 「동명왕편」에는 시의 내용에 맞춰 『구삼국사』「동명왕본기」의 내용이 주석 형식으로 적혀 있다. 이를 참고로 주몽신화의 줄거리를 정리하면 다음과 같다.

부여(夫餘)의 왕 해부루(解夫婁)가 늙도록 자식이 없어 명산대천(名山大川)에 아들 낳기를 빌었다. 하루는 그가 탄 말이 곤연(鯤淵)이라는 못가에 이르러 큰 돌을 보며 눈물을 흘렸다. 왕이 이상히 여겨 신하를 시켜 그 돌을 굴리니, 금빛 개구리 모양의 어린아이가 있었다. 왕은 이를 하늘이 준 아들이라 기뻐하며, 아이 이름을 금와(金蛙)라 하고, 태자를 삼았다.

해부루왕은 정승 아란불(阿蘭弗)의 권유에 따라 도읍을 동해 가의 가섭원(迦葉原)으로 옮기고, 동부여라고 하였다. 전 도읍 터에는 천제(天帝)의 아들 해모수(解慕漱)가 내려와 도읍하였다. 해모수는 오룡거(五龍車)를 타고, 따르는 사람 100여명은 모두 흰 고니를 타고 다녔다. 그가 아침에는 정사(政事)를 돌보고, 저물면 하늘로 올라가니, 세상 사람들은 그를 '천왕랑(天王郎)'이라고 하였다.

성 북쪽 청하(靑河, 지금의 압록강)의 수신(水神) 하백(河伯)에게 세 딸이 있었다. 세 딸이 청하에서 나와 웅심연(熊心淵) 가에서 놀고 있을 때 해모수왕이 사냥을 나왔다가 이들을 보고, 왕비로 삼으면 후사를 얻겠다고 하였다.

왕이 말채찍으로 땅에 금을 그으니, 구리로 된 으리으리한 집이 나타났다. 왕이 술상을 차려놓고 세 여인을 청하니, 세 여인이 와서 서로 권하며 마서 크게 취하였다. 왕이 나가서 막으니, 세 처녀가 놀라서 달아났는데, 맏이인 유화(柳花)가 왕에게 붙잡혔다.

하백이 크게 노하여 왕에게 사람을 보내어 "너는 어떠한 사람이기에 내 딸을 함부로 잡아두느냐?"고 하였다. 왕이 나는 천제(天帝)의 아들로, 지금 하백에게 구혼하고자 한다고 하였다. 왕이 유화와 함께 오룡거를 타고 하백의 궁전에 이르니, 하백은 왕에게 천제의 아들이라면, 신이(神異)한 재주가 있느냐고 물었다. 왕이 무엇이든 시험하여 보라고 하였다. 이에 하백이 잉어로 변하여 물에서 노니니, 왕이 수달로 변하여 잉어를 붙잡았다. 하백이 다시 사슴으로 변하여 달아나니, 왕이 승냥이로 변화여 쫓았다. 하백이 다시 꿩으로 변하니, 왕은 매로 변하여 쫓았다. 하백은 왕이 천제의 아들이라 여겨 유화와 해모수의 혼례를 올리게 하였다.

하백은 해모수왕이 딸을 데려가지 않을까 걱정이 되어 술을 권하여 취하게 한 뒤에 딸과 함께 가죽 수레에 넣어 용거(龍車)에 실었다. 이것은 함께 하늘로 오르게 하려 함이었다. 술이 깬 왕은 유화의 황금 비녀로 가죽 수레를 뚫고, 그 구멍으로 홀로 나와 하늘로 올라갔다.

하백은 가문을 욕되게 하였다고 유화를 꾸짖은 뒤에 유화의 입을 잡아당겨 입술의 길이를 석 자나 되게 하였다. 그리고 태백산 남쪽에 있는 우발수(優渤水) 가운데로 추방하였다.

금와왕이 어부의 말을 듣고 그물로 끌어올려 보니, 한 여인이 돌에 앉아 있는데, 입술이 길어서 말을 못하였다. 왕이 여인의 입술을 세 번 잘라내게 하니, 비로소 말을 하였다. 금와왕은 이 여인이 해모수왕의 왕비임을 알고, 별궁에 거처하게 하였다.

유화는 품안으로 햇빛이 비치자 임신하여 왼쪽 겨드랑이로 큰 알을 낳았다. 금와왕이 괴이하게 여겨 마구간에 두게 하였더니, 말들이 밟지 않았다. 다시 깊은 산에 버리니, 모든 짐승이 호위하였다. 그리고 구름이 끼어 흐린 날에도 알 위에 햇빛이 비쳤다. 왕이 알을 도로 유화에게 주었더니, 얼마 후 알에서 사내아이가 나왔다.

한 달이 지나자 아이가 말을 하기 시작하였는데, 파리 때문에 잠을 자지 못하겠으니 활을 만들어 달라고 하였다. 어머니가 활과 화살을 만들어 주니, 화살로 파리를 모두 쏘아 죽였다. 부여에서는 활 잘 쏘는 사람을 '주몽(朱蒙)'이라고 하므로, 아이 이름을 주몽이라 하였다. 아이는 자라면서 여러 가지 재능을 갖게 되었다.

금와왕은 아들 일곱이 있는데, 늘 주몽과 함께 놀면서 사냥을 하였다. 어느 날 함께 사냥을 갔는데, 왕자들과 따르는 사람 40여명이 겨우 사슴 한 마리를 잡았다. 그런데 주몽은 사슴 여러 마리를 잡았으므로,

왕자들이 이를 시기하여 주몽을 붙잡아 나무에 묶어두고, 사슴을 빼앗아 가지고 내려왔다. 주몽은 나무를 뿌리째 뽑아서 업고 돌아왔다. 이를 본 태자 대소(帶素)가 왕에게 신통하고 용맹한 주몽을 일찍 도모하여 후환을 없애자고 하였다.

금와왕은 주몽의 뜻을 시험하려고 말 기르는 일을 시켰다. 주몽의 어머니는 큰일을 하려면 준마(駿馬)가 있어야 한다면서 말 고르는 법을 가르쳐 주었다. 주몽이 준마를 고른 뒤에 그 말의 혀 밑에 바늘을 꽂아두니, 그 말이 잘 먹지 못하여 야위었다. 금와왕은 말들을 살핀 뒤에 여러 말이 살찐 것을 보고 기뻐하면서 야윈 말을 주몽에게 주었다. 주몽은 그 말의 바늘을 빼고 잘 먹였다.

주몽은 몰래 오이(烏伊), 마리(摩離), 협부(陜父) 등과 함께 남쪽으로 향하였다. 일행이 압록강 동북쪽의 엄체수(淹滯水, 일명 蓋斯水)에 이르렀는데, 건널 배가 없었다. 주몽은 추격하는 군사가 곧 닥칠까 두려워서 채찍으로 하늘을 가리키며 탄식하였다.

"나는 천제의 손자요, 하백의 외손자인데 난을 피하여 여기에 이르렀으니, 나를 불쌍히 여기시어 배와 다리를 주소서."

말을 마치고 활로 물을 치니, 물고기와 자라가 나와 다리를 이루었다. 주몽이 건너고 난 뒤에 쫓는 군사가 이르니, 그 다리가 허물어졌다. 그래서 이미 다리에 오른 자는 모두 빠져 죽었다.

주몽은 떠나올 때에 어머니께서 오곡(五穀)의 종자를 싸 주었는데, 깜빡 잊고 이를 가져오지 않았다. 주몽이 큰 나무 밑에서 쉬고 있는데, 비둘기 한 쌍이 날아왔다. 주몽이 "신모(神母)께서 보리 종자를 보내신 것이리라." 하고 한 화살로 비둘기 두 마리를 맞혀 떨어뜨렸다. 주몽은 비둘기의 목구멍을 벌려 보리씨를 얻은 뒤에 물을 뿌려 살려 보냈다.

남쪽으로 내려온 주몽은 지세가 좋은 땅을 가려서 도읍을 정하고, 군신의 위계(位階)를 정한 뒤에 왕좌에 앉았다. 이렇게 하여 세운 나라가 고구려이다.

비류왕(沸流王) 송양(松讓)이 주몽에게, 이곳은 땅이 좁아 두 왕이 다스릴 수 없으니 항복하여 부속국(附屬國)이 되라고 하였다. 왕이 거절하니, 송양은 왕의 재주를 시험하려고 활쏘기를 하자고 하였다. 송양은 사슴을 그려서 백보 안에 놓고 쏘았는데, 사슴의 배꼽을 맞추지 못하였다. 왕은 옥지환(玉指環)을 백보 밖에 걸어놓고 쏘았는데, 명중하여 옥지환이 부서졌다.

왕은 두 차례나 지혜로 송양의 기를 꺾어 놓았다. 그리고 흰 사슴을 잡아 거꾸로 매달고 주술(呪術)을 행하며, "비를 내려서 비류의 왕도가 물에 잠기도록 하늘에 호소하라."고 하였다. 사슴이 슬피 울어 그 소리가 하늘에 사무치니, 7일 동안 비가 내려 송양의 도읍이 떠내려가 버렸다. 왕이 갈대 밧줄로 백성들을 구한 뒤에 채찍으로 물을 그으니, 물이 줄어들었다. 6월에 송양은 나라를 들어 왕에게 항복하였다.

7월에 검은 구름이 골령(鶻嶺)을 덮어 사람들이 그 산을 볼 수 없었다. 그런데 수천 명의 사람 소리와 나무 베는 소리가 들렸다. 왕은 '하늘이 나를 위해 성을 쌓는다.'고 하였다. 7일 만에 구름과 안개가 걷혔는데, 성곽과 궁대(宮臺)가 나타났다. 왕은 하늘에 절하고 나아가 살았다.

9월에 왕은 하늘로 올라가고, 다시 내려오지 않으니, 그 때 나이가 40이었다. 태자는 왕이 남긴 옥채찍을 용산에 장사하였다.

주몽신화에 나타나는 주몽의 특이성은 다음의 네 가지이다. 첫째, 주몽은 고귀한 혈통을 타고난 인물이다. 아버지가 천신인 해모수라 하였으니, 부계(父系)가 천신(天神) 즉 태양신의 성격을 지니고 있음을 의미한다. 어머니 유화는 수신 하백의 딸이니 수신의 성격을 지니고 있다. 곡식의 씨앗을 주몽에게 준 것은 유화가 곡모신(穀母神), 농신(農神), 지모신(地母神)의 성격을 지니고 있음을 말해 준다.

둘째, 주몽은 비정상적인 출생을 하였다. 이것은 주몽의 신이성(神異性)을 드러내기 위한 것이다. 태양에 감응(感應)하여 회임(懷妊)이 되었다는 것은 태양신 숭배사상에서 형성된 것이다. 주몽이 알에서 태어난 것은 알을 생명의 근원, 태양의 상징으로 보아 신성하게 여기는 의식의 표현이라 하겠다.

셋째, 주몽은 시련을 이겨냈다. 주몽은 알로 태어난 때문에 버림을 받았었다. 그리고 금와왕 왕자들의 시기와 모함을 받아 말먹이는 일을 하였다. 이러한 시련은 영웅적 능력을 갖추는 과정으로 볼 수 있다. 주몽은 어려서부터 시련 과정을 거쳤기 때문에 둘레 사람들로부터 인정을 받았고, 뒤에 큰일을 할 수 있었다.

넷째, 주몽은 탁월한 능력을 지니고 있었다. 주몽은 어려서부터 활을 잘 쏘았고, 말 고르기와 말 타기 능력이 뛰어났다. 이것은 수렵사회의 필수적인 능력이었고, 외적과의 싸움에서 자기 집단을 보호하기 위해서 필요한 능력이었다. 주몽은 엄체수에서 물고기와 자라가 떠올라 다리를 이루게 하였는데, 이것은 주몽이 신과 교통하는 능력을 지니고 있었음을 말해 준다. 주몽은 흰 사슴을 잡아 주술을 행하여 큰 비가 오게 하고, 홍수를 조절하였다. 이것은 주몽이 물을 다스리는 능력이 있었음을 말해 준다.

주몽신화는 고구려 사람들에게 고귀한 혈통을 이어받고, 탁월한 능력을 소유한 주몽의 후손임을 일깨워 민족적 자부심과 긍지를 갖게 해 주었을 것이다.

3. 신라를 세운 혁거세(赫居世)

신라를 건국한 혁거세와 관련된 신화는『삼국사기』,『삼국유사』,
『동국여지승람(東國輿地勝覽)』등에 전해 오는데,『삼국유사』의 내용
이 가장 풍부하고 재미있다.『삼국유사』에 기록된 내용을 간추려 적
어보면 다음과 같다.

옛날에 진한(辰韓) 땅에는 여섯 마을이 있었다. 첫째는 알천(閼川)
양산촌(陽山村)인데, 남쪽이 지금의 담엄사(曇嚴寺) 부근이다. 촌장(村
長)은 알평(閼平)인데, 처음에 하늘에서 표암봉(瓢嵓峰)으로 내려왔으
며, 급량부(及梁部) 이씨(李氏)의 조상이 되었다.

둘째는 돌산(突山) 고허촌(高墟村)인데, 촌장은 소벌도리(蘇伐都利)
이다. 그는 처음에 하늘에서 형산(兄山)에 내려왔으며, 사량부(沙梁部)
정씨(鄭氏)의 시조가 되었다.

셋째는 무산(茂山) 대수촌(大樹村)인데, 촌장은 구례마(俱禮馬)이다.
그는 처음에 이산(伊山)에 내려왔으며, 점량부(漸梁部) 또는 모량부(牟
梁部) 손씨(孫氏)의 시조가 되었다.

넷째는 취산(觜山) 진지촌(珍支村)인데, 촌장은 지백호(智伯虎)이다.
그는 처음에 화산(火山)으로 내려왔으며, 본피부(本彼部) 최씨(崔氏)의
시조가 되었다. 최치원(崔致遠)은 본피부 사람이다.

다섯째는 금산(金山) 가리촌(加利村)이니, 촌장은 지타(祇沱)이다. 처음에 명활산(明活山)에 내려왔으며, 한기부(漢岐部) 배씨(裵氏)의 시조가 되었다.

여섯째는 명활산(明活山) 고야촌(高耶村)이니, 촌장은 호진(虎珍)이다. 처음에 금강산(金剛山)으로 내려왔으며, 습비부(習比部) 설씨(薛氏)의 조상이 되었다.

위의 글을 살펴보면, 이 육부의 조상들은 모두 하늘에서 내려온 것 같다. 노례왕(弩禮王) 9년에 비로소 6부의 이름을 고치고, 또 이들에게 성(姓)을 주었다.

전한(前漢) 지절(地節) 원년(元年) 임자(壬子, 서기전 69년) 3월 초하룻날 6부의 조상들이 각각 자제들을 데리고 알천 언덕에 모여 의논하였다.

"우리들은 위로 임금이 없어 백성들을 다스리지 못하고 있다. 그렇기 때문에 백성들은 모두 방자(放恣)하여 저 하고 싶은 대로 하고 있다. 덕이 있는 사람을 찾아서 그를 임금으로 삼아 나라를 세우고, 도읍을 정해야 할 것 아닌가?"

이들이 의논을 마치고 높은 곳에 올라 남쪽을 바라보았다. 양산(楊山) 아래 나정(蘿井)이라는 우물가에 번갯불처럼 이상한 기운이 하늘로부터 땅에 닿도록 비치고 있는데, 거기에는 백마(白馬) 한 마리가 꿇어앉아 절하는 시늉을 하고 있었다. 그곳으로 달려가 살펴보니, 거기에 자줏빛 알 한 개가 있었다. 말은 사람을 보고는 길게 울더니, 하늘로 올라갔다. 알을 깨고서 어린 남자 아이를 얻었는데, 그 아이는 모양이 단정하고 아름다웠다. 모두 놀라고 이상히 여겨 동천(東泉)에 목욕시키니, 몸에서 광채가 나고, 새와 짐승들이 따라서 춤을 추었다. 이윽고 천지가 진동하고, 해와 달이 청명하여졌다.

이로 인하여 6부의 촌장들은 그를 혁거세왕(赫居世王)이라 하고, 그 위호(位號)를 거슬한(居瑟邯) 또는 거서간(居西干)이라 하였다. 그 당시의 사람들은 다투어 치하하면서, "천자(天子)가 이미 내려왔으니, 마땅히 덕이 있는 여인을 찾아 배필을 삼아야 하겠다."고 하였다.

이 날, 사량리(沙梁里)에 있는 알영정(閼英井) 가에 계룡(鷄龍)이 나타나서 왼쪽 옆구리로 여자 아이를 낳았다. 그 아이는 얼굴이 아주 곱고 예뻤으나, 입이 닭의 부리와 같았다. 이에 월성 북쪽에 있는 냇물에 목욕을 시켰더니, 그 부리가 빠졌다. 그래서 그 내를 발천(撥川)이라 하였다.

남산 서쪽 기슭에 궁실을 짓고, 거룩한 두 아이를 받들어 길렀다. 남자 아이는 알에서 나왔고, 그 알의 모양이 박과 같은데, 사람들이 박[瓠]을 박(朴)이라고도 하므로, 성을 박이라 하였다. 또 여자 아이는 그가 나온 우물 이름으로 이름을 삼았다.

두 성인이 열세 살이 된 오봉(五鳳) 원년 갑자에 남자가 왕이 되어 그 여자를 왕후로 삼았다. 그리고 나라 이름을 서라벌(徐羅伐)·서벌(徐伐), 또는 사라(斯羅)·사로(斯盧)라 하였다. 처음에 왕비가 계정(鷄井)에서 태어났기 때문에 나라 이름을 계림국(鷄林國)이라고도 하였다. 이것은 계룡이 상서(祥瑞)를 나타내기 때문이다. 일설(一說)에는 탈해왕(脫解王) 때 김알지(金閼智)를 얻었는데, 닭이 숲속에서 울었다 해서 나라 이름을 계림이라고 고쳤다고도 한다. 그 뒤에 나라 이름을 신라(新羅)라 하였다고 한다.

나라를 다스린 지 61년 되던 어느 날, 왕은 하늘로 올라갔는데, 7일 뒤에 그 죽은 몸뚱이가 땅에 흩어져 떨어졌다. 왕후 역시 왕을 따라 죽었다. 나라 사람들이 왕의 몸을 합해서 장사지내려 하였더니, 큰 뱀이 쫓아다니면서 이를 방해하였다. 그래서 머리, 두 손, 두 발을 각각 장사지내어 오릉(五陵)을 만들었다. 이를 사릉(蛇陵)이라고도 하는데, 담엄사 북쪽의 능(陵)이 바로 그것이다. 태자 남해왕(南解王)이 왕위를 계승하였다.

위에 적은 「박혁거세 신화」는 '육촌장(六村長) 이야기', '박혁거세 탄생 이야기', 혁거세의 부인이 된 '알영 부인 이야기', '혁거세가 죽은 뒤의 이야기'로 이루어져 있다.

첫 부분에 나오는 육촌장 이야기에서는 씨족 집단의 거주 지역과 부족장(部族長)의 이름을 이야기하였는데, 부족장들이 모두 하늘에서 내려왔다고 하였다. 이것은 천신을 숭배하는 부족들이 부족장을 중심으로 집단생활을 하였음을 말해 준다. 이들은 뒤에 이(李), 정(鄭), 손(孫), 최(崔), 배(裵), 설(薛) 씨의 시조가 되었다. 이 이야기에서 여섯 부족들은 연맹체를 결성하여 국가의 모습을 갖추고 혁거세를 왕으로 옹립하였다. 육촌장 회의는 신라 때에 나라의 중대사를 의논하던 회의 제도인 '화백(和白)'의 연원을 말해 준다. 화백의 의결 방법은 만장일치제(滿場一致制)로, 처음에는 경주 육촌(六寸) 사람들의 회의였다. 뒤에는 진골(眞骨) 이상의 귀족 회의로 변하였다고 한다. 화백은 한국적 민주주의 뿌리라는 점에서 주목된다.

혁거세 탄생 이야기에서 혁거세가 태어난 날은 삼월 초하루이다. 새해 농사를 시작하는 이 날에 여섯 부족들은 모여서 풍년을 기원하는 제의를 올리고, 왕을 맞이하는 굿을 하였을 것이다. 혁거세가 태어난 곳은 우물가인데, 우물은 생명을 지속하게 해 주는 물이 있는 성스러운 곳이다. 하늘에서 뻗어 내려온 번갯불과 같은 기운은 남성을 의미하고, 나정 옆의 땅은 여성의 자궁과 같은 대지(大地)를 상징한다고 볼 수 있다. 그러므로 혁거세의 출생 대목은 남성 상징인 하늘과 여성 상징인 땅이 결합하는 모습을 표현한 것이라 할 수 있다.

하늘에서 알을 가지고 내려온 백마(白馬)는 신성한 존재인 혁거세를 하늘에서 땅으로 인도하고, 그 임무를 마치자 다시 하늘로 올라갔다. 여기서 말은 천신(天神)의 사자(使者)임을 말해 준다. 천신의 사자인 말이 백마인 것은 태양의 빛을 상징하는 흰 빛, 흰 색을 숭상하고 좋아하는 의식의 표현이라 하겠다. 우리 민족이 흰 옷을 즐겨 입어 백의민족(白衣民族)이라고 하는 것은 흰 색을 신성시하며 좋아하는 의식에서 나온 것이라 하겠다. 경주의 천마총(天馬塚)에서 출토된 천마도(天馬圖)는 혁거세 신화의 천마(天馬)를 연상하게 해 준다.

혁거세는 알에서 태어났다. 가락국의 시조인 수로왕(首露王)이나 고구려의 시조인 주몽(朱蒙) 역시 알에서 태어났다. 신화에서 알은 생명의 근원처(根源處)를 상징하며, 하늘에 떠 있는 태양을 상징하기도 한다. 고대인들은 새가 알에서 태어나는 것을 보면서 알을 생명의 근원으로 생각하여 신성시 하였을 것이다. 그 알의 모습이 성스러운 존재로 믿는 태양과 같기도 하고, 주렁주렁 열리는 박의 모양과도 비슷하다. 그래서 태양, 알, 박을 성스러운 존재로 여겼을 것이다. 그러므로 혁거세가 알에서 태어났다고 한 것은 신라의 시조인 혁거세를 성스러운 존재로 만들기 위한 신화적 표현이라 하겠다.

혁거세왕의 왕비가 된 알영은 알영정에서 나온 계룡의 몸에서 태어났다. 계룡은 백마에 대응되는 신성한 동물이다. 닭은 새벽을 알리고, 암흑과 악귀(惡鬼)를 쫓는 신성한 동물로 인식되어 왔다. 알영이 계룡의 몸에서 태어나고, 입술이 닭의 부리와 같았다고 한 것이라든지, 김알지가 태어날 때 계림에서 흰 닭이 울었다고 한 것은 신라 사람들이 닭을 신성한 동물로 여겼음을 의미한다.

십이지(十二支)에서 닭을 나타내는 유(酉)는 밤이 시작되는 시각을 말하고, 방위로는 서방(西方)을 가리키므로 닭은 밤과 관련이 있는 동물로 볼 수도 있다. 그러므로 계룡의 몸에서 태어난 알영은 물, 밤과 관련이 있는 인물이라 할 수 있다. 하늘에서 밤을 밝히는 것은 달인데, 달은 지상의 물과 관련을 가지므로, 월신(月神)은 수신(水神)이 되기도 한다. 혁거세는 하늘에서 내려온 남성으로, 태양과 관련을 가진 인물이다. 알영은 땅에서 태어난 인물로, 달과 관련이 있는 인물이다. 따라서 혁거세와 알영의 혼인은 하늘과 땅, 태양과 달의 결합을 의미한다. 기후를 조절하는 능력을 지닌 하늘─태양의 후손인 혁거세와 물─대지를 상징하는 알영의 결합은 풍요 기원의 의미를 지니고 있다.

혁거세가 죽어서 하늘로 올라갔다고 한 것은 그가 태양신의 후예이므로, 자기의 고향으로 돌아갔음을 의미한다. 땅에서 태어난 알영은 죽어서 땅에 묻혔을 것이다. 그런데 혁거세가 죽어 하늘로 올라간 지 일주일 뒤에 시신이 다섯 조각으로 나뉘어 떨어졌고, 이를 한 곳에 모아 장사하려는 것을 뱀이 방해하였다고 한다. 이것은 혁거세가 죽어 농경신(農耕神)이 되었음을 의미한다. 이집트의 오시리스(Osiris) 신화에서 농경신은 그 몸을 땅의 여러 곳에 묻어 곡식이 싹터서 자라게 한다고 한다. 합장(合葬)을 방해한 뱀은 달의 속성을 지닌 달동물(lunnar animal)의 하나이다. 뱀은 겨울잠을 자며, 주기적으로 허물을 벗고 삶을 갱신(更新)하는 것 때문에 재생(再生)을 상징하는 신비한 동물로 인식되어 왔다. 이러한 뱀이 혁거세의 시신을 한 곳에 묻지 못하게 한 것은 혁거세가 농경신이 되어 후손들을 풍요롭게 해 주도록 도운 것으로 볼 수 있다.

위에서 살펴본 바와 같이 이 신화는 여섯 부족이 연합하여 신라를 건국한 역사적 사실이 들어 있다. 그리고 신라의 건국시조인 박혁거세와 알영의 출생과 혼인 과정이 매우 성스럽게 표현되어 있다. 이를 통하여 우리는 조상들이 신라 건국 사실을 매우 신성하게 여기고, 자부심과 긍지를 느꼈음을 알 수 있다.

4. 민담의 주인공들

　민담(民譚)은 특정의 시간·장소·인물이 지적되지 않는 흥미 본위의 이야기인데, 흔히 '옛날이야기'라고도 한다. 민담은 신화·전설과 함께 오랜 옛날부터 오늘에 이르기까지 입에서 입으로 전해 오고 있다. 민담은 구전(口傳) 과정에서 『삼국유사』, 『계서야담(溪西野談)』, 『청구야담(靑邱野談)』, 『동야휘집(東野彙輯)』을 비롯한 많은 문헌에 기록·정착되기도 하였다. 최근에는 더욱 많은 민담들이 채록(採錄)되어 책으로 간행되었다.

　민담 속에는 우리 조상들의 꿈과 낭만, 웃음과 재치, 생활을 통해서 얻은 교훈, 역경을 이겨내는 슬기와 용기 등이 문학적으로 형상화되어 있다. 그래서 이들 민담을 분석해 보면, 우리 조상들이 가졌던 전통적 의식과 함께 마음속으로 생각하고 키워 온 한국인의 모습을 어느 정도 짐작할 수 있다.

민담의 등장인물

　민담의 주인공은 신화, 전설의 주인공과 다른 점이 있다. 신화의 주인공은 뛰어난 능력을 지닌 인물로, 자기가 지닌 능력을 발휘하여

자연의 질서를 확립하거나, 국가를 창건하고, 시련을 극복한 후 큰 일을 성취한다. 전설의 주인공은 예기치 않던 사태에 직면하면 당황하거나 왜소해지는 경우가 많다. 그러나 민담의 주인공은 일상적인 인물들인데, 이들은 스스로의 능력과 노력에 의해서 자신의 운명을 개척하고, 행복을 누린다.

민담의 수는 대단히 많고, 이들 민담에 등장하는 인물 역시 그 수만큼이나 다양하여 이들을 유형별로 세분하기는 어렵다. 그러나 이들을 그 특징에 따라 몇 가지로 나누어 보면 다음과 같다.

모험적인 인물

한국 민담에는 모험적인 인물들이 많이 등장하는데, 이것은 외국 민담의 주인공들이 모험을 즐기는 것과 같다.

① 옛날에 한 한량(閑良)이 서울로 과거를 보러 가다가 벽에 써 붙인 방문(榜文)을 보았다. 그 방문은 부자가 써 붙인 것인데, "지하 요괴(妖怪)가 납치해 간 딸을 찾아오는 사람에게 재산의 반과 딸을 주겠다."고 하였다. 그는 부자를 만나 방문의 내용이 사실인가를 확인한 뒤에 요괴를 찾아 나섰다. 그는 사방으로 찾아다니던 중 세 사람의 초립동(草笠童)을 만나 그들과 결의형제(結義兄弟)를 하였다. 맏형이 된 그는 세 아우와 함께 요괴가 있을 만한 곳을 두루 찾아다녔다.

그들은 지쳐서 누워 있다가 전에 다리를 고쳐준 까치의 인도로 요괴가 있는 굴의 입구를 발견하였다. 그는 세 사람을 굴 밖에서 기다리게 하고는, 풀과 칡덩굴로 만든 줄을 타고 깊은 굴 아래로 내려갔다. 거기에는 또 다른 세계가 있었다. 그는 우물가에 숨어서 동정을 살피다가 물을 길러 나온 부자의 딸을 만나 집안으로 들어갔다. 그는 집안에 숨

어 지내면서, 그 여자가 구해다 주는 동삼수(童蔘水)를 먹어 기력을 보
강한 후 지하 요괴의 목을 잘라 죽였다.

그는 부자의 딸은 물론 그곳에 붙들려 와 있던 세 여인을 구해 지상
으로 올라왔다. 그는 부자의 딸과 혼인하고 재물을 얻어 잘 살았다. 세
아우도 지하국에서 구해 온 여인과 혼인하여 잘 살았다.

민담의 주인공들은 위 이야기의 주인공처럼 모험을 하고, 모험을
통해서 스스로 운명을 개척함으로써 행복을 쟁취한다. 이들의 모험
은 지상계에서만 펼쳐지는 것이 아니고, 지하계·수중계·천상계로
그 공간이 확대되면서 펼쳐지기도 한다. 이들은 미지의 세계에서 사
람·동물·괴물·신이한 존재 등과 맞부딪치기도 하지만, 조금도 주
저하거나 두려워하지 않고 모험을 감행한다. 그렇게 함으로써 이들
은 자신의 운명을 개척하고 행복을 얻는다.

고난을 극복하는 적극적인 인물

민담의 주인공이 겪어야 하는 고난은 민담의 전승 집단인 민중들
이 일상생활에서 겪는 고난의 종류만큼이나 다양하다. 민담의 주인
공들은 자기 앞에 놓인 가난과 비천(卑賤)한 신분 문제를 해결해야
하고, 자신들을 해치려는 악인·통치자·동물·요괴·잡귀 등과 대결
하여 자신들의 존재를 지키고 행복을 쟁취(爭取)하여야 한다. 이것은
탁월한 능력을 타고나지 못한 민담의 주인공들로서는 정말 힘겨운
일이다. 그러나 그들은 이에 굴복하거나 좌절하지 않는다.

② 옛날에 가난한 집 아들인 '두꺼비'가 부잣집 아들인 '돌이'의 말대

로 거짓으로 점(占)을 하고 후한 상을 받았다. 그 일이 있은 뒤에 그는 '신통한 점쟁이'라는 말을 듣게 되었다. 그 소문 때문에 그는 중국 천자의 잃어버린 옥새(玉璽)를 찾아야 하는 어려움을 당했다.

그가 중국에 가니, 천자는 속히 옥새를 찾으라고 하였다. 그는 한 달의 말미를 얻은 뒤에 사방을 돌아다니며 수소문하였다. 며칠 후 두꺼비는 밤중에 일어나 고향 쪽을 바라보며 통곡하였다. 그를 감시하는 중국 관리가 그 이유를 물었다. 그는 '지금 우리 집이 불에 타고 있어서 운다.'고 하였다. 이 말을 들은 천자가 조선에 연락하여 알아보니, 그 시각에 그의 집 사당이 불에 탔다고 하였다.

천자는 그의 신통력을 시험하기 위해 뒷간에 들어온 두꺼비 한 마리를 잡아 돌로 눌러놓고 나왔다. 그리고는 그를 불러 '내가 아침에 무슨 일을 하였는지 알아맞추라.'고 하면서, 맞추지 못하면 죽이겠다고 하였다. 그는 절망감을 느끼면서 "돌아, 너 때문에 애매한 두꺼비가 죽게 되었다!"고 탄식하였다. 이 말을 들은 천자는 바로 맞혔다며 그를 풀어주었다. 이 일이 퍼지자 조선에서 온 소년은 신통력이 뛰어난 사람이라는 소문이 중국 전역에 퍼졌다.

그가 얻은 한 달 말미가 끝나기 전날 밤중에 한 남자가 숙소로 찾아와 옥새를 자기가 감췄다면서 목숨만은 살려 달라고 하였다. 그는 옥새가 있는 곳을 말하게 한 뒤에 그 사람을 피신시켰다. 그는 옥새를 찾아준 뒤에 큰 상을 받고 돌아와 벼슬을 하며 잘 살았다.

위 이야기에서 '두꺼비'는 중국에 가서 계교(計巧)를 써서 자신의 신통력을 과시한다. 천자가 그를 시험할 때에는 절망적인 탄식을 했는데, 그 말이 어려운 문제를 풀어 주고, 그가 신통력이 뛰어난 사람임을 입증해 준다. 그는 옥새를 훔친 도둑이 그의 신통력에 놀라 자복(自服)함으로써 옥새를 찾고, 큰 상을 받아 잘 살았다. 위 이야기에서 '두꺼비'는 우정과 지혜, 고난 극복의 의지와 용기를 가지고 현실에 대처함으로써 눈앞에 닥친 위기를 해결함은 물론, 근원적으로 안고 있던 가난과 신분 문제를 해결하고 행복을 누렸다.

이처럼 민담의 주인공들은 어떠한 적대자와도 싸워서 이기고, 어떠한 고난이 닥쳐올지라도 이를 극복하겠다는 의지와 용기, 신념과 지혜를 가진 적극적인 인물들이다. 그들은 자기 앞에 닥친 고난과 싸우고, 이를 극복한다. 그런데 고난과의 대결 과정에서 그 고난이 너무도 엄청난 것이어서 주인공 혼자의 힘으로 감당하기 어려울 경우에는 의외의 협조자가 나타나 도와주기도 하고, 이적(異蹟)이 나타나 고난을 해결해 주기도 한다.

부지런하고 착한 사람

민담의 주인공에는 나무꾼, 농부, 소금장수, 가난한 선비 등 여러 종류의 인물이 있다. 이들에게는 여러 가지 어려움이 닥쳐오지만, 이를 극복하고 행복을 얻는다. 이들의 공통적인 특성을 보면 대체적으로 착하고 부지런하며, 스스로 노력하여 그 대가를 받으려는 사람들이다. 이들은 상황에 따라 모험을 하기도 하고, 자신이나 이웃의 생존을 위태롭게 하는 고난과 맞서서 싸우기도 한다. 그러나 부지런하고 착한 심성에는 변함이 없다. 이들이 모험을 하거나 고난과 싸우는 동안 힘겨운 일을 당하였을 때에는 협조자가 나타나 도와주기도 하고, 이적이 나타나 고난을 해결해 준다. 이것은 이들이 원래부터 착하고 부지런하기 때문이다. 욕심쟁이, 심술꾸러기에게는 보조자의 도움이나 이적이 나타나지 않는다.

효성이 지극한 사람

민담에는 효성이 지극한 사람이 많이 등장한다. 이들은 여러 가지 어려움을 겪지만, 마침내 효를 성취하고, 행복하게 산다.

③ 옛날에 한 효자가 홀어머니의 병에 온갖 약을 써도 효험이 없어 근심하고 있었다. 어느 날, 한 도사가 와서 그의 아들이 명약이라고 하였다. 효자 내외는 고민을 하다가 결심을 하고는 밖에서 들어오는 아들을 안아다가 삶아서 어머니께 드렸다. 그런데 얼마 후에 아이가 밖에서 들어왔다. 이들 내외가 놀라서 솥을 열어보니, 솥에는 산삼이 들어 있었다. 어머니는 그 약을 먹고 완쾌되었다.

위 이야기에서 효자는 어머니의 병을 낫게 하려고 온갖 약을 다 쓰고, 마침내는 자기의 아들을 희생하기까지 한다. 이러한 그의 효성에 감동한 신은 동자삼을 그의 아들로 변하게 하여 보냈던 것이다. 한국 설화에는 「효녀 지은」, 「효녀 우례」, 「에밀레종」 이야기처럼 자기 몸을 희생하여 효도를 한다는 내용의 설화가 있다. ③의 효자처럼 자기의 아들을 희생하는 이야기도 있다. 또 가난한 효자가 부모님께 드리는 음식을 축내곤 하는 아들을 땅에 묻으려고 땅을 파다가 보물을 얻어 아이도 살리고 부모님도 잘 봉양했다는 이야기, 시아버지를 살리기 위하여 업고 있던 아들을 호랑이에게 던져 주었다는 효성스런 며느리 이야기도 있다. 이 외에도 많은 효행 설화가 널리 전해 오고 있다.

이러한 효행 설화 속에는 효에 최고의 가치를 부여하고, 효야말로 인간이 실천해야 할 최고의 규범이요 덕목이라고 하는 의식이 그 밑

바탕에 깔려 있다. 이 의식은 '효는 만물을 감동하게 한다.'는 의식과 연결되어 있다. 그래서 효자의 지극한 효성에 인간과 신은 물론 하늘·바다·산·물과 같은 자연물, 호랑이·솔개·나무와 같은 동식물까지도 감동하여 효의 성취를 돕는다. 효자에게는 그 보상으로 명예와 재물을 준다. 그래서 효행 설화에는 효행에 따른 이적이 많이 나타난다.

이 외에도 민담의 주인공으로는 욕심쟁이, 심술꾸러기 등이 등장한다. 이들은 모험적인 인물, 고난을 극복하는 적극적인 인물, 부지런하고 착한 사람, 효성이 지극한 사람 등이 성공하는 것을 보고 이를 모방하다가 징벌을 받거나 망신을 당한다. 민담에는 바보, 어리석은 사람들이 등장하여 웃음을 자아내게 하는 이야기들이 많이 있다. 이것은 낡은 권위나 굳어 있는 관념을 파괴하고, 삶의 진실한 모습을 보여 주고 있다.

민담에 담긴 한국인의 의식

한국 민담에는 선과 악이 대결하는 이야기가 많다. 착한 주인공과 대결하는 악은 비인간적인 존재로 나타나기도 하고, 인간으로 나타나기도 한다. 비인간적인 존재로는 ①에서처럼 요괴(妖怪)로 나타나기도 하고, 뱀·호랑이·여우 등으로 나타나기도 한다. 민담의 주인공들은 적대적인 관계에 있는 이들 비인간적인 존재와 싸워서 승리를 거둔다. 또, 부지런하고 착한 주인공들이 인색한 부자, 욕심쟁이, 심술꾸러기, 백성을 괴롭히는 양반 등 악인과의 대결에서 승리를 거두고 행복을 누린다. 이처럼 선과 악의 대결에서 선은 처음에는 곤란을 겪지만, 마침내는 승리를 거둔다. 이것은 민담의 향유자들이 선의 승리에 대한 신념을 갖고 있었음을 말해 준다.

민담의 주인공들은 여러 가지 고난과 시련을 겪지만, 끝에 가서는 행복을 누린다. 이들의 행복은 자력으로 얻어지는 경우도 있고, 의외의 행운으로 얻어지는 경우도 있다. 그러나 어떠한 경우에도 행운이 가만히 앉아 운명을 기다리는 자에게 저절로 찾아오지는 않는다. ①, ②, ③의 주인공처럼 계속해서 움직이고, 모험을 하고, 고난과 맞붙어 싸울 때 행운도 있어 마침내 행복을 얻게 된다. 이처럼 민담에는 행복은 힘써 노력하여 얻는 것이고, 스스로 노력하는 사람은 하늘이 돕는다고 하는 민담적 운명론이 나타나 있다.

②에서 중국 천자는 조선에 잃어버린 옥새를 찾을 명인(名人)을 보내달라고 한다. 이것은 중국인이 한국인의 지혜나 인물을 시험하기 위해 풀기 어려운 문제를 보냈다는 이야기와는 그 방향을 달리한다. 이것은 중국에는 잃어버린 옥새를 찾을 만한 인물이 없음을 스스로 폭로한 것이다. 한국에서 명인으로 뽑힌 사람은 지혜와 용기가 뛰어난 사람으로 점(占)과는 무관한 사람이었다. 그는 중국에 가서 지혜와 용기, 계략으로 중국인들을 속이고 신통력을 과시했다. 그리하여 옥새를 훔친 도둑이 제 발이 저리어 자복하게 하였다. 중국 천자의 옥새를 훔친 대도(大盜)가 한국의 이름 없는 어린 명인에게 무릎을 꿇고, 중국의 대신들이 찬탄을 하고, 천자가 상을 아끼지 않았다는 것은 한국인의 통쾌한 승리이다. 이처럼 중국인과의 대결에서 승리를 거둔다는 이야기는 ② 외에도 많이 있다. 이것은 설화의 주된 향유 계층인 민중들이 상류 지배 계층과는 다르게 사대모화사상(事大慕華思想)에 반발하며 자주 정신을 갖고 있었음을 말해 준다.

지금까지 살펴 본 바와 같이 민담의 주인공들은 모험적인 인물, 고난을 극복하는 적극적인 인물, 부지런하고 착하며 효성이 지극한 인물 들이다. 민담의 향유자들은 이들의 활동을 통하여 선의 승리에 대한 신뢰를 나타낸다. 그리고 행복은 스스로의 노력에 의해서 얻는 것이요, 운명은 개척할 수 있는 것이라는 민담적 운명론을 펼치고 있다. 또 민족적 긍지와 자주 정신을 강조하고 있다.

　　민담은 향유 계층의 의식이나 가치관을 상상을 통하여 문학적으로 형상화한 이야기이다. 따라서 앞에서 살핀 민담의 주인공들의 모습이 바로 우리 조상들이 예로부터 마음속으로 바라고 생각하며 키워 온 한국인상(韓國人像)이라 하겠다.

5. 설화 속의 호랑이

　호랑이는 우리 민족의 건국 신화인 「단군신화」에서부터 등장한다. 호랑이는 고려 시대의 기록이나 최근에 조사된 민속 자료에 산신(山神)으로 나타나는데, '산 손님', '산신령', '산군(山君)', '산돌이', '산 지킴이' 등으로 불리기도 하였다. 이처럼 신성시된 호랑이가 우리의 설화나 민화(民畵) 속에서는 여러 가지 모습으로 나타난다. 설화나 민화 속에서 우리는 무서운 호랑이, 익살스런 호랑이, 정이 철철 넘치는 호랑이, 신이(神異)한 호랑이를 만날 수 있다. 여기에서는 우리 민족의 삶의 모습이 설화 속의 호랑이를 통해 어떻게 형상화되어 있는지 살펴볼 것이다.

　호랑이는 가축을 해치고, 사람을 다치게 하는 일이 많았던 모양이다. 그래서 설화 중에는 사람이나 가축이 호랑이한테 해를 당하는 이야기가 많이 있다. 사냥을 하던 아버지가 호랑이한테 해를 당하자 아들이 원수를 갚기 위해 그 호랑이와 싸워서 이겼다는 통쾌한 이야기가 있다. 밤중에 변소에 갔던 신랑이 호랑이에게 물려 가는 것을 본 신부가 있는 힘을 다하여 호랑이 꼬리를 붙잡고 매달려 신랑을 구했다는 흐뭇한 이야기도 있다. 또, 산골의 밭을 갈던 농부가 소를 잡아먹으려는 호랑이와 싸우다가 죽게 되었을 때 소가 호랑이를 뿔로 받아 물리치고 주인을 구했다는 의로운 소 이야기도 있다. 이러한 이야기들은 호랑이의 사납고 무서운 성질을 바탕으로 꾸며진 것이다. 그런데 사람을 많이 해친 포악하고 탐욕스런 호랑이는 자기가 살던 곳에서 쫓겨나거나, 천벌을 받아 죽는다.

고려 시중(侍中) 강감찬이 한양 판관이 되었을 때, 한양부에는 호랑이가 많아 사람을 해치는 일이 많았다. 이것을 안 강감찬이 중의 모습을 한 늙은 호랑이를 불러다가 꾸짖고, 5일 안으로 이곳을 떠나지 않으면 모두 잡아 죽이겠다고 하니, 늙은 호랑이는 무리를 이끌고 강을 건너갔다.

또,「해와 달이 된 오누이」이야기에서는 사나운 호랑이가 어머니를 잡아먹고, 동아줄을 타고 하늘로 올라가는 오누이를 잡아먹으려다가 동아줄이 끊어져 죽는다. 이렇게 사나운 호랑이가 벌을 받는 이야기에는 악(惡)을 물리치고 선(善)이 이기기를 바라는 민간의 의식이 투영되어 있다. 이런 사나운 호랑이는 탐관오리(貪官汚吏)를 뜻하기도 한다.
「호랑이와 곶감」을 비롯한 여러 이야기에서 호랑이는 아주 어리석게 표현되기도 한다.

옛날, 어느 겨울날이었다. 호랑이가 배가 고파 토끼를 잡아먹으려하니, 토끼가 말했다.
"대왕님, 대왕님께서 조그만 저를 잡수신들 시장기를 면하실 수 있겠습니까? 제가 대왕님께 맛있는 고기를 배불리 잡수실 수 있게 해드릴 테니 제가 말씀드리는 대로 해 보십시오. 그래도 배가 부르지 않거든 그 때 저를 잡수십시오."

호랑이가 좋다고 허락하니, 토끼는 호랑이를 연못가로 데리고 가서 꼬리를 깊숙이 담그고 있으면 물고기가 꼬리에 매달릴 것이라고 하였다. 호랑이가 꼬리를 빼려고 하면, 토끼는 조금만 더 참으라고 하곤 하였다. 호랑이가 꼬리를 담그고 새벽까지 있자, 연못의 물은 호랑이의 꼬리와 함께 꽁꽁 얼어붙었다. 토끼는 숨어서 호랑이가 나무꾼들에게 맞아 죽는 것을 본 후에 여유 있게 제 집으로 돌아갔다.

이것은 삶의 지혜를 담은 이야기로, 힘이 약한 자가 강한 자와의 대결에서 승리를 거두고 살아남기 위해서는 지혜가 있어야 함을 말해주고 있다.

설화 속에서 호랑이는 산신, 또는 산신의 사자(使者)로 나타나기도 하고, 구체적인 설명 없이 신이한 존재로 나타나기도 한다.

고려 태조 왕건의 선조인 호경(虎景)이 친구들과 사냥을 갔다가 날이 저물어 굴 안에서 밤을 지내게 되었다. 그런데 밤중에 커다란 호랑이가 굴 앞에 와서 사람들을 노려보며 으르렁거렸다. 겁에 질린 사람들은, 한 사람이 굴 밖으로 나가 호랑이의 밥이 됨으로써 여러 사람이 호랑이에게 해를 당하지 않도록 하자고 하였다. 호경이 선택되어 굴 밖으로 나가자, 호랑이는 간 곳이 없었다. 잠시 후에 굴이 무너져 굴 안에 있던 사람이 모두 죽었다.

호경이 마을 사람들과 함께 죽은 사람들을 장사하고, 산신에게 제사를 지내는데, 갑자기 불이 꺼지더니 큰 소리가 들렸다.

"나는 이 산을 다스리는 산신령이오. 호경을 굴 안에서 구해낸 것도 나였소. 나는 혼자 지내기가 외로워 호경과 부부의 인연을 맺고자 데려 가니 그리 아시오."

사람들이 다시 불을 밝히고 보니, 호경은 간 곳이 없었다.

이것은 산신령이 호랑이의 모습으로 나타난 예이다. 「효녀와 산신령」 이야기에서도 산신령이 호랑이의 모습으로 나타나, 눈 속에서 병든 어머니께 드릴 잉어를 찾는 소녀에게 잉어를 잡아 준다. 고소설 「전우치전」에서는 전우치가 친구를 위해 과부를 훼절(毀折)시키려 하자 호랑이가 나타나 전우치를 꾸짖는다. 이 호랑이는 신이자(神異者)로서, 저승차사인 강림의 화신이다. 「장화홍련전」에서 계모의 아들 장쇠는 장화를 재촉하여 물에 빠지게 하고 돌아오는 길에 호랑이에게 물려 죽는다. 이때의 호랑이는 신이자로서 징벌자 역할을 하고 있다. 이러한 이야기에는 호랑이를 신성한 존재로 보고, 이를 신앙의 대상으로 삼으려는 사람들의 심성이 반영되어 있다.

설화 속에서 호랑이는 사람과 마찬가지로 따뜻한 정과 의리를 지니고 있는 것으로 나타나기도 한다. 『삼국사기』에는 후백제를 세운 견훤이 어렸을 때에 호랑이가 젖을 먹이며 돌보았다는 기록이 있다. 이것은 견훤이 비범한 인물임을 알려주는 동시에 어린아이에 대한 호랑이의 따뜻한 정과 보살핌을 느끼게 해 준다.

옛날에 며느리가 날이 저물어도 돌아오지 않는 시아버지와 남편을 기다리다가 고갯마루까지 갔다. 길 옆에 시아버지가 술에 취해 자고 있는데, 호랑이가 해치려고 하였다. 며느리는 깜짝 놀라 업고 있던 아들을 호랑이에게 던져 주면서 말했다.

"호랑아, 배가 고프면 이 아이를 잡아먹고, 우리 아버님은 해치지

마라."

　며느리는 시아버지를 업고 집으로 왔다. 이를 본 호랑이는 그 아이를 잡아먹지 않고 물어다가 동네 어귀에 놓고 갔다. 이튿날 아침, 이웃 사람이 그 아이를 발견하여 집으로 데려다 주었다.

　이 이야기 속의 호랑이는 며느리의 효성에 감동하여 어린아이를 살려 주었다. 우리 민족에게 효는 인간이 지켜야 할 가장 큰 도리였다. 호랑이 설화 중에는 효자, 효부의 효성에 감동한 호랑이가 그들을 도와주는 이야기가 많이 있다. 여름철에 홍시를 구하는 효자를 등에 태워 홍시가 있는 곳으로 데려다 준 호랑이, 고개를 넘어 성묘 다니는 효자를 날마다 태워다 준 호랑이 이야기 등이 좋은 예이다.

　옛날에 한 나무꾼이 산 속에서 호랑이를 만났다. 그는 두려움에 떨다가 정신을 가다듬고, 호랑이를 '형님'이라고 불렀다. 호랑이가 그에게 형님이라고 부르는 연유를 묻자 그가 말했다.

　"우리 어머니가 첫아이를 낳았는데, 호랑이 탈을 쓰고 있어서 할 수 없이 산에 버렸답니다. 그 후, 어머니는 버린 아들이 몹시 보고 싶어 눈물을 흘린 날이 많았다고 합니다. 어머니가 버렸다는 이가 형님임이 분명합니다."

　이 말을 들은 호랑이는 그를 동생으로 생각하고, 그의 어머니를 자기 어머니처럼 봉양하였다. 호랑이는 그에게 멧돼지, 사슴, 토끼 등을 물어다 주어 어머니를 봉양하게 하고, 처녀를 물어다 주어 장가도 들게 해 주었다. 그가 어머니 돌아가신 뒤에 산에 가보니, 호랑이 새끼들이 꼬리에 베 헝겊을 묶고 있었다. 그가 그 이유를 물으니, 호랑이 새끼들은 할머니가 돌아가셨기 때문에 애도의 뜻을 표하기 위해서라고 하였다.

이 이야기에는 나무꾼을 자기의 동생으로, 그의 어머니를 자기의 어머니로 여기고 위하는 호랑이의 정과 의리가 잘 나타나 있다.

목에 비녀가 걸려 고통을 당하던 호랑이가 비녀를 뽑아준 사람에게 보물을 물어다 주거나, 좋은 묏자리를 알려 주어 은혜를 갚았다는 이야기도 있다. 우리 선조들은 두려워하던 호랑이를 의리와 정을 지닌 동물로 형상화함으로써 호랑이에게 친근감을 느끼도록 하였다.

우리 선조들은 호랑이를 다양한 모습으로 형상화하였다. 호랑이를 사납고 무섭게 표현하여 악을 물리치고 선이 이기기를 바라는 마음을 표현하였다. 호랑이를 어리석은 존재로 나타내어 삶의 지혜를 강조하기도 하였다. 때로는 신성한 존재로 여겨 신격화하기도 하였다. 정과 의리와 효성에 감동하는 인간적인 모습으로 그리기도 하였다. 설화에 나타난 호랑이의 여러 가지 모습은 사납고 무서운 동물인 호랑이에 투영된 민중 의식이 문학적으로 형상화된 것이다.

6. 토끼의 용기와 지혜

    우리는 십이지(十二支)에 따라 띠 동물을 정하고, 그 동물을 그 해의 수호 동물로 생각한다. 그리고 띠 동물이 지니고 있는 상징적 의미를 따져서 그 해의 운수를 점치기도 하고, 그 해에 태어난 사람의 운명과 관련지어 생각하기도 한다. 그래서 띠 동물은 많은 사람의 입에 오르내리는데, 보통 때에는 가볍게 생각하다가도 해가 바뀌는

토끼

정초와 어린아이가 출생하였을 때, 혼인을 앞둔 젊은이가 궁합을 볼 때에는 이를 매우 중시한다.

    단기 4344년(서기 2011년)은 신묘년(辛卯年)으로 토끼해이다. 토끼는 십이지 중 넷째 지지(地支)인 묘(卯)로, 방위로는 동쪽, 시간으로는 오전 5~7시, 띠로는 토끼, 달로는 음력 2월, 음양으로는 음(陰), 오행(五行)으로는 목(木), 색으로는 청(靑)에 해당한다.

    토끼는 한국인의 정서 속에 친근하고 사랑스런 동물이다. 작고 귀

계수나무 밑에서 약방아를 찧고 있는 토끼를 그린 민화
《한국민화》 수록

여운 생김새와 놀란 듯한 표정에서 약하고 선한 동물로, 예민하고 재빠른 동작에서 영특한 동물로 인식하고 있다. 그래서 토끼띠는 치밀하고 명석하며, 외길을 가는 학자나 교직자가 많다고 한다.

옛사람들은 밤하늘의 달을 바라보면서 계수나무 아래에서 불로장생(不老長生)의 약을 절구에 넣어 찧고 있는 토끼의 모습을 상상하였다.

그래서 토끼는 장수(長壽)의 상징, 달의 정령(精靈)으로 인식하기도 하였다.

토끼를 주인공으로 하는 판소리 「토별가(兎鼈歌)」에서 토끼는 묘방(卯方)인 동쪽을 맡은 방위신(方位神)으로, 양의 세계인 해에서 양기(陽氣)를 받아먹고, 음(陰)의 세계인 달에서 장생약(長生藥)인 음약(陰藥)을 받아먹어 그 음양 기운이 간에 들었으므로, 토끼의 간이 불로장생(不老長生)의 신령스런 약이라 하였다. 판소리계 소설 「토끼전」의 용왕이 화공(畵工)을 불러 토끼 화상을 그리는 대목에서는 토끼가 사는 공간을 신비롭게 표현하고, 토끼를 달동물 또는 선계(仙界)의 신성동물로 묘사하고 있다.

우리나라에서 토끼가 언제부터 살았는지는 정확히 알 수 없다. 그러나 고구려 고분 벽화의 달 그림에 두꺼비와 함께 토끼가 등장하고, 『삼국사기』에 토끼와 거북이의 이야기가 실려 있는 것으로 보아 토끼는 삼국 시대부터 우리 조상들의 생활과 밀접한 관련을 맺은 듯하다. 그러는 동안에 토끼는 재미있는 이야기의 주인공이 되어 사람들에게 흥미와 교훈을 주기도 하고, 사람의 행동을 풍자하기도 하였다. 옛날이야기에 나타난 토끼의 모습은 어떠한가를 적어보면 다음과 같다.

첫째, 토끼는 위기를 극복하는 용기와 지혜를 가지고 있다. 「토끼의 간」이야기를 보면, 거북이의 꾐에 빠져 용궁에 간 토끼는 용왕의 병에 자기의 간이 약이라고 하여서 자기를 데려왔다는 말을 듣고, 절망에 빠진다. 그러나 토끼는 좌절하지 않고 살아갈 방도를 궁리한다. 토끼는 궁리 끝에 산속 샘가에 간을 빼어 두고 왔으니, 가서 가져오겠다고 거짓말을 하고, 용궁을 빠져 나온다. 「호랑이와 토끼」 이야기에서 토끼는 호랑이에게 잡혀 죽게 되자, 꾀를 내어 호랑이에게 참새고기를 많이 먹게 해 줄 터이니, 참새고기를 먹고도 배가 차지 않으면, 그 때 자기를 잡아먹으라고 한다. 호랑이가 좋다고 하자, 토끼는 호랑이를 대밭으로 데리고 가서 눈을 감고 앉아 있으라고 한 뒤 대밭에 불을 지르고 도망하였다. 토끼가 호랑이에게 다시 잡히자, 토끼는 지난번의 실수를 사과하고, 물고기를 실컷 먹게 해 줄 터이니, 물고기를 먹은 뒤에 자기를 잡아먹으라고 한다. 호랑이가 좋다고 하자, 토끼는 호랑이를 연못으로 데리고 가서 꼬리를 물에 넣고 있으라고 한 뒤 시간을 끌어 호랑이의 꼬리가 얼어붙게 한 뒤 달아났다. 두 이야기에서 토끼는 용기와 지혜로 죽음의 위기에서 벗어났다.

둘째, 토끼는 사태를 직시하는 지혜와 판단 능력을 지니고 있다. 「토끼의 재판」에서는 나그네가 함정에 빠진 호랑이를 구해주었는데,

그 호랑이가 나그네를 잡아먹으려고 한다. 나그네는 하도 기가 막혀 어쩔 줄을 모르다가, 다른 이에게 물어본 후 잡아먹으라고 한다. 나그네와 호랑이는 황소·소나무·토끼를 만나 지금까지의 일을 이야기하고, 어찌하면 좋으냐고 물었다. 황소는 사람들이 죽도록 일을 시킨 뒤에 잡아먹는 것을 들어, 소나무는 사람들이 베어다가 땔감으로 쓰는 것을 들어 사람의 그릇됨을 말하고, 호랑이에게 나그네를 잡아먹으라고 한다. 그러나 토끼는 처음에 어떤 상황이었는가를 알아야 한다고 하여 호랑이로 하여금 다시 함정에 들어가게 한 후 나그네에게 어서 길을 떠나라고 한다. 토끼는 사태를 직시하는 지혜와 판단력이 있었으므로 나그네를 구해주고, 자기를 구해준 은인을 잡아먹으려한 호랑이를 다시 함정에 빠뜨려 죽게 하였다.

셋째, 토끼는 약한 자를 도와주는 착한 마음을 지니고 있다. 「까치와 호랑이」 이야기에서 까치는 '새끼 한 마리를 주지 않으면 둥우리로 올라가서 새끼들을 한꺼번에 모두 잡아먹겠다.'고 협박하는 호랑이에게 매일 새끼 한 마리씩을 주었다. 뒤늦게 이를 안 토끼는 까치에게 '호랑이는 나무에 오르지 못하니 염려하지 말고 새끼를 주지 말라.'고 한다. 이 일로 까치는 새끼를 살릴 수 있었지만, 토끼는 호랑이에게 잡혀 죽게 되었다. 그러나 토끼는 꾀를 써서 그 위기를 벗어났다. 자기의 지식과 지혜를 이용하여 억울한 일을 당한 동료를 도와준 토끼의 행동은 지식과 지혜를 가진 사람이 어떻게 처신해야 할 것인가를 일깨워준다.

넷째, 토끼는 게으름쟁이를 깨우치게 하였다. 「토끼와 개미」 이야기에서는 개미가 토끼의 등에 붙어서 피를 빨아먹으며 놀기만 하니, 토끼는 개미에게 한 번도 먹어보지 못한 맛있는 것을 줄 터이니 내려오라고 한다. 개미가 내려오자, 토끼는 밥 덩어리를 나뭇잎에 붙여 가지고 끌면서 뒷걸음질 친다. 개미는 맛있는 밥을 먹으려고 있는 힘을 다해 기어갔지만, 뒷걸음질하는 토끼를 따라잡을 수 없었다. 개미는 하루 종일 먹을 것을 따라다녔으나 먹지 못하고, 배고픔으로 허리가 잘록해진 뒤에 마음을 고쳐먹고 열심히 일했다고 한다.

다섯째, 토끼는 잔꾀를 부리거나 경망스럽게 행동하는 것을 경계한다. 「토끼와 두꺼비」 이야기에서 토끼와 두꺼비는 잘 포장된 떡 한 그릇을 얻은 뒤에 어떻게 하면 떡을 더 많이 먹을 수 있을까를 궁리한다. 걸음이 빠른 토끼는 꾀를 내어 '떡그릇을 산꼭대기로 가지고 올라가 굴려서 네가 주은 것은 네가 먹고, 내가 주은 것은 내가 먹기로 하자.'고 한다. 토끼는 구르는 떡그릇만 보고 따라갔다가 떡을 먹지 못하고, 두꺼비는 뒤따라가면서 그릇 밖으로 튕겨 나오는 떡을 널름널름 주워 먹었다고 한다. 이 이야기에서 토끼는 제 꾀에 넘어가 떡을 먹지 못하였다. 「토끼의 점」 이야기에서 토끼는 호랑이를 따라 빈 집에 들어간다. 그 때 집안에 숨어 있던 포수가 화승총을 쏘니, 방안에 있던 솜에 불이 붙었다. 총에 맞은 호랑이는 불에 타 죽고, 노루는 뛰어나가다가 다리가 째져 죽었다. 이를 본 토끼는 놀라서 죽었다. 이 이야기에서 토끼는 자신의 경망스러움 때문에 놀라서 죽고 말았다.

위에 적은 것은 우리 조상들이 마음속에 길러온 토끼의 모습이다. 이를 통해 우리 조상들은 삶의 지혜를 일깨우고, 삶의 자세를 가다듬어 왔을 것이다. 이러한 토끼의 모습은 오늘을 사는 우리들에게 삶의 자세가 어떠해야 할까를 일깨워 준다.

우리는 지금 한국 전쟁 이후 가장 큰 국난이라고 하는 경제 위기에 처해 있고, 여기서 파생되는 여러 가지 문제들이 우리를 괴롭히고 있다. 그래서 절망감을 느끼는 사람도 많이 있다. 그러나 우리는 절망하거나 포기해서는 안 된다. 우리는 토끼가 용궁에 잡혀갔을 때나 호랑이에게 잡혔을 때 보여준 용기와 지혜를 배우고, 사태를 직시하는 판단력을 배워야 한다. 그리고 남을 돕고, 게으른 자를 일깨워 주는 착한 마음을 가져야 한다. 그래서 토끼가 호랑이를 물리친 것처럼 위기를 극복하고, 재도약의 기틀을 마련해야 한다. 토끼는 제 꾀에 넘어가 손해를 보기도 하고, 자기의 능력을 과신하다가 망신을 당하기도 하며, 자기의 경망함 때문에 제풀에 죽기도 한다. 이것은 토끼의 속성에 빗대어 행동을 신중히 할 것을 일깨워 준다. 우리는 용기와 지혜를 가지고 어려움을 극복하기 위해 힘쓰되 자기를 과신하거나, 경망스럽게 행동하지는 말아야겠다.

7. 도깨비의 정체(正體)와 성정(性情)

우리나라에는 재미있는 도깨비 이야기가 많이 전해 온다. 도깨비 이야기에는 도깨비불을 본 이야기, 도깨비와 씨름한 이야기, 도깨비를 만나 소원을 성취하고 부자가 된 이야기, 거짓말을 했다가 도깨비한테 혼난 이야기 등 많이 있다.

도깨비 이야기는 어른들도 좋아하지만, 어린이들도 매우 좋아한다. 지금까지 나온 360여 권의 전래동화집에 여러 번 수록된 이야기 100화를 뽑아 수록 빈도수를 조사해 보니, 「도깨비방망이」, 「도깨비 감투」, 「혹부리영감」 등이 상위권에 자리 잡고 있다. 이것은 어린이들이 도깨비 이야기를 매우 좋아한다는 것을 간접적으로 말해 준다.

도깨비는 신이한 능력을 지니고 있지만, 귀신들과는 달리 사람들과 가까이 지내면서 도와준다. 도깨비는 거짓말한 사람, 탐욕스런 사람을 골탕 먹이고 벌을 주기도 하지만, 착한 사람을 해치는 일은 없다. 그래서 한국인은 어린 시절에 도깨비 이야기를 재미있게 들으며 상상의 나래를 펴기도 하고, 도깨비와 만나는 꿈을 꾸기도 한다. 한국인과 친근한 도깨비의 정체는 무엇일까?

도깨비의 정체

도깨비는 '돗가비', '도채비', '독갑이', '귓것', '망량(魍魎)' 등으로 불리는데, 제주도에서는 '영감'·'참봉'이라고 부른다. 도깨비는 15세기에 씌어진 『월인석보(月印釋譜)』나 『석보상절(釋譜詳節)』에는 '돗가비'로 표기되어 있다. 국어학자의 해석에 의하면, 돗가비는 '돗'과 '아비'의 합성어인데, '돗'은 '도섭'을 뜻한다고 한다. '도섭'이란 능청맞고 수선스럽게 변덕을 부리는 것을 뜻하는 말이다. 이에 따르면, '돗가비'는 '돗아비'에 'ㄱ'이 첨가된 것으로, '수선스럽고 능청맞게 변덕을 부리는 아비'라는 뜻이 된다. 이것은 도깨비의 성격을 잘 드러내는 어원 해석이어서 흥미롭다.

도깨비에 관한 문헌 기록으로 오래된 것은 『삼국유사』의 「도화녀와 비형랑」 이야기이다.

신라 25대 진지왕이 죽은 뒤에 그의 영혼이, 살았을 때 좋아하던 도화(桃花)를 찾아가 7일 간 교혼(交婚)하였다. 이에 도화가 잉태(孕胎)하여 비형(鼻荊)을 낳았다. 26대 진평왕이 그를 데려다 대궐에서 기르고 집사 벼슬을 주었다. 그는 밤마다 나가서 도깨비들과 어울려 놀다가 새벽 종소리가 나면 들어오곤 하였다. 진평왕이 이를 알고 비형에게 신원사 북쪽에 있는 내에 다리를 놓으라고 하였다. 비형이 도깨비들을 데리고 하룻밤 사이에 다리를 놓으니, 이를 '귀교(鬼橋)'라고 하였다. 또, 진평왕이 비형에게 도깨비 중에서 사람으로 출현해서 조정 정사를 도울 만한 자가 있느냐고 하니, 비형은 길달(吉達)을 천거하였다. 왕은 길달에게 집사 벼슬을 주었는데, 길달은 충성스럽고 정직하였다. 길달은 흥륜사 남쪽에 문루(門樓)를 세웠는데, 이를 길달문(吉達門)이라 하였다. 뒤에 길달이 여우로 변하여 달아나니, 비형이 다른 도깨비들을 시켜 길달을 잡아 죽였다.

이 이야기에서 도깨비는 밤에만 활동하는 야행성(夜行性)이 있고, 하룻밤 사이에 다리를 완성하거나 문루를 세울 수 있는 신통력을 지니고 있다. 진지왕의 혼령과 과부 도화 사이에서 난 비형은 인간과 신의 양면성을 지닌 신이한 존재로, 도깨비들을 통솔하고, 죽일 수도 있는 능력을 지니고 있다.

도깨비의 형상에 관한 기록을 보면, 성현(成俔, 1436~1509)이 쓴 『용재총화(慵齋叢話)』에는 "허리 위는 보이지 않고 허리 아래만 보이는데, 종이옷을 둘렀고, 다리는 살이 없이 바짝 말랐는데, 검은 칠을 한 것 같다."고 하였다. 유몽인(1558~1623)이 쓴 『어우야담』에는 모습은 보이지 않고 목소리만 내는 도깨비의 장난에 시달리던 사람이 모습을 보여 달라고 하니, 놀랄 것이라고 하면서 그려 주었는데, 무서워서 쳐다볼 수가 없었다고 한다. 도깨비가 스스로 그린 모습은 머리가 두 개, 눈이 네 개이고, 높은 뿔에 입을 벌리고 이빨을 드러냈는데, 코와 입이 터져 있고, 입과 눈동자는 모두 시뻘겋더라고 하였다. 이런 모습은 삼국 시대 이래로 전해 오는 귀면와(鬼面瓦)의 모습과 비슷하다.

지금 생존해 있는 어르신들 중에는 도깨비불을 보았다는 사람이 많이 있다. 도깨비불은 흐린 날이나 보슬비가 내리는 밤에 홀연히 나타났다가 없어지고, 없어졌다가 다시 나타나서 이리저리 옮겨 다닌다고 한다. 어렸을 때 살던 마을 앞에는 넓은 들이 있는데, 궂은 날 밤이면 들판 건너 산 밑에서 도깨비불이 노는 것을 보았다는 사람이 많았다. 나도 어느 여름밤에 들녘 끝자락에서 불빛이 사뭇 움직이는 것을 보았는데, 그것이 도깨비불이었는지는 확실하지 않다.

도깨비와 씨름하였다는 사람도 여럿 만나보았는데, 이들의 이야기를 종합하여 정리하면 다음과 같다.

전에 어떤 사람이 장에 갔다가 친구를 만나 술을 마시고 해가 진 뒤에 집에 오게 되었다. 그가 마을 가까이에 있는 상엿집 근처에 왔을 때, 숲 속에서 한 장정이 나와서 씨름을 하자고 하였다. 그가 '이 밤중에 무슨 씨름이냐?'고 핀잔을 하고 지나쳐 오려고 하니까, 그 장정이 길을 막으며, '나와 씨름을 하여 이기면 집에 갈 수 있지만, 지면 집에 못 간다.'고 하였다. 씨름을 시작한 그는 있는 힘을 다해 보았지만, 생각처럼 쉽게 이길 수가 없었다. 얼마 후 그가 잘 쓰는 왼다리감기 기술을 거니, 장정이 넘어졌다. 그가 손을 털고 오려고 하니, 장정은 한 판 더 하자고 하였다. 그는 다시 있는 힘과 기술을 다해 그를 메치고 오려고 하니, 장정은 한 번만 더 하자고 하였다. 집으로 오려고 하는데 또 씨름을 하자고 하므로, 그는 그를 다시 업어 메친 뒤에 허리띠를 끌러 옆에 있는 밤나무에 묶어놓고 집으로 왔다. 이튿날 아침에 그가 허리띠를 찾으러 그 곳에 가보니, 허리띠로 밤나무에 묶어 놓은 것은 쓰다 버린 빗자루였다.

위 이야기에서 남자가 씨름을 한 장정은 도깨비이고, 그 본체는 빗자루이다. 그는 밤에, 술에 취한 상태에서, 마을 가까운 곳에 있는 상엿집 근처에서 도깨비를 만났다. 다른 이야기에서도 도깨비를 만나는 시간은 해진 뒤이고, 만나는 공간은 마을 가까운 곳에 있는 작은 고개, 서낭당 앞 등 다양하다. 도깨비의 본체로는 부지깽이, 절굿

공이, 키로 나타나기도 한다. 씨름을 하다 보니, 도깨비는 다리가 하나더라는 이야기도 있다.

사람과 도깨비의 사랑에 관한 이야기도 많이 있는데, 조선 연산군 때 김안로가 쓴 『용천담적기(龍泉談寂記)』에는 좀 색다른 이야기가 나온다.

한 선비가 해진 뒤에 거리에 나섰다가 한 여인을 만났는데, 달빛에 비친 여인의 모습이 참으로 아름다웠다. 그가 여인에게 다가가 말을 거니, 여인이 상냥하게 받아주었다. 그는 여인을 따라 그녀의 집으로 갔다. 여인의 집은 골목길을 돌아 개천가에 있었는데, 흰 담장이 둘러있는 저택이었다. 방안에 들어가 보니, 단정한 병풍과 서화(書畵)가 눈부시게 아름답고, 수놓은 자리와 꽃방석, 화장대와 화로 등이 세간에서 볼 수 있는 물건이 아니었다. 그는 그녀와 술을 마시며 이야기하다가 옷을 벗어 횃대에 걸고, 금침(衾枕)에 들어 즐거운 시간을 가졌다. 새벽녘에 천둥소리가 요란하여 잠을 깨어 보니, 호화저택은 간 곳이 없고 돌다리 아래에서 흙덩이를 베고, 가마니때기를 덮고 누워 있는데, 악취가 진동하였다. 옷을 찾으니, 돌 틈에 끼어 있었다.

이 이야기에서 선비를 홀린 여인은 도깨비인데, 남성을 홀린 것으로 보아 암도깨비였던 것 같다. 사람과 사랑을 나누는 도깨비 이야기는 대부분 여인이 남성인 도깨비를 만나 사랑을 나누고, 돈도 얻어 잘 사는 숫도깨비 이야기이다. 그런데 위 이야기는 암도깨비 이야기여서 흥미롭다.

도깨비의 성정(性情)

옛날이야기에 나타난 도깨비의 모습은 다양한데, 얼굴 생김은 괴물 모양이고 머리에는 뿔이 하나 돋아 있다. 눈과 코와 입이 특히 크고, 큰 송곳니 두 개가 빠져 나왔다. 수염은 붉은 색이고, 몸에는 털이 숭숭 돋아있다. 그러나 언제나 이런 모습으로 나타나는 것은 아니다. 때로는 동물의 모습, 선비나 농부 또는 여인의 모습으로 나타나기도 한다. 때로는 신이한 모자나 감투를 쓰거나 등거리를 입어 모습을 감추기도 한다.

도깨비는 어둡고 조용한 곳의 동굴이나 빈 집, 빈 절, 우물, 옛 성, 계곡, 고목나무, 공동묘지 등에 자주 나타난다. 도깨비가 나타나는 시간은 주로 밤인데, 동이 트거나 새벽을 알리는 종소리 또는 닭 우는 소리가 나면 사라진다.

도깨비는 타고난 장난꾸러기이다. 그래서 남의 제사 음식을 먹어 치우는가 하면, 하룻밤 사이에 잔칫집을 뒤집어 놓기도 한다. 또 남의 집 쇠솥 뚜껑을 종이처럼 꾸겨서 솥 안에 넣어놓기도 한다. 도깨비는 고지식하고, 생각하는 바가 단순하며 건망증이 심하다.

옛날에 한 농사꾼이 열심히 일하며 돈이 생기면 항아리에 넣곤 하였다. 몇 년 뒤에는 모은 돈이 꽤 많았다. 그는 밤이면 벽장에 감춰둔 항아리를 꺼내어 돈을 세어보곤 하였다.

어느 날, 그가 돈을 세고 있는데, 창문을 두드리는 소리가 났다. 그가 창문을 열고 내다보니, 한 남자가 '자기는 건너 마을에 사는 김 서방인데, 돈 한 냥만 꿔 주면 다음 날 밤에 갚겠다.'고 하였다. 그는 방바닥에 돈이 있었으므로 거절하지 못하고 김 서방에게 한 냥을 꾸어주었다.

이튿날 밤, 김 서방은 전날 밤에 꾼 돈이라면서 그에게 한 냥을 주었다. 그 다음 날 밤에도, 또 그 다음 날 밤에도 김 서방은 꾼 돈이라면서 한 냥을 가져왔다. 이 일이 몇 년 동안 계속되었다. 그는 김 서방이 도깨비일 것이라고 생각하면서, 그 돈으로 좋은 논을 샀다.

어느 날, 김 서방이 전과 같이 돈 한 냥을 주고 가자 그는 혼잣말로 말했다. "돈 한 냥을 꾸어갔으니 이자를 열 배로 쳐도 한 냥씩 열흘만 갚으면 되는데, 몇 년 동안 갚는 것을 보면 김 서방의 건망증도 보통이 아니군." 잠시 후, 다시 창문을 두드리는 소리가 나서 내다보니, 김 서방이 창문 앞에 서서, 자기가 건망증이 심하여 돈을 매일 갚았으니, 이자를 열 배로 쳐서 열 냥만 받고, 나머지 돈은 돌려 달라고 하였다. 그는 논을 샀기 때문에 돈이 없으니, 논을 떠갈 테면 떠가라고 하였다.

그날 밤, 도깨비들이 떼로 몰려와 그 논을 떠가려고 네 귀퉁이에 말뚝을 박고 별 짓을 다 해 보았으나, 논을 떠 갈 수는 없었다. 동이 터 오자, 화가 난 도깨비들은 논에 돌멩이를 잔뜩 던져놓고 가 버렸다. 이를 본 그가 "논에 돌멩이 넣으면 내가 무서워할 줄 아나보군. 쇠똥이라면 몰라도 돌멩이는 무섭지 않다."고 하면서 집으로 돌아왔다. 그 다음 날 아침에 그가 논에 가 보니, 돌멩이는 하나도 없고 쇠똥이 가득하였다. 그 후 그는 부자가 되었다.

위 이야기에서 주인공이 부자가 된 것은 도깨비의 건망증과 단순한 사고방식 때문이라고 한다. 그러나 그 밑바탕에는 주인공이 부지런하고, 근검·절약하며 저축을 많이 하였기 때문이라고 하는 의식이 깔려 있다. 도깨비는 주인공이 부지런하고, 근검·절약하며 저축을 많이 하는 사람인 것을 알았다. 그래서 자기의 건망증과 단순 사고를 빙자하여 그를 도와서 부자가 되게 해 준 것이다. 이 이야기에서 '땅은 도깨비도 못 떠간다.'는 말이 나왔다.

옛날에 한 남자가 내에서 게를 잡고 있었다. 그 때 한 남자가 와서 메밀묵을 먹고 싶으니, 메밀묵 한 동고리를 쒀다 주면 게를 많이 잡게 해 주겠다고 하였다. 그는 내일 메밀묵을 한 동고리 쑤어다 줄 터이니, 오늘 게를 많이 잡게 해 달라고 하였다. 그 남자는 자기가 내를 거슬러 올라가면서 게를 몰아줄 터이니, 뒤따라오면서 게를 주워 담으라고 하였다. 그가 그의 뒤를 따라가니, 쇠똥 같은 것이 떠내려 왔다. 그가 이상히 여겨 주워 보니, 모두 큰 게였다. 그는 그날 게를 많이 잡았다.

이튿날, 그가 다시 게를 잡고 있는데, 그 남자가 와서 묵을 쑤어 왔느냐고 물었다. 그가 오늘 하루 더 게를 많이 잡게 해 주면 내일은 꼭 묵을 쑤어다 주겠다고 하였다. 그 남자가 대답하고 내를 거슬러 올라간 뒤에 게가 둥둥 떠내려 왔다. 그가 기뻐하며 게를 바구니에 가득 담아 가지고 와서 보니 모두 쇠똥이었다.

위 이야기에서 그 남자가 도깨비인 것을 안 주인공은 그 남자와 한 약속을 이행하지 않고 이용만 하려고 하다가 도깨비에게 놀림을 당하고 말았다. 이것은 도깨비가 약속을 이행하지 않는 사람, 의리를 지키지 않는 사람은 골탕을 먹이거나 벌을 준다는 의식을 바탕으로 한 것이다.

도깨비는 원하는 것을 무엇이든지 얻을 수 있는 요술 방망이를 가지고 다닌다. 그러므로 도깨비 방망이를 얻기만 하면 부자가 된다고 한다.

옛날에 한 나무꾼이 산으로 나무를 하러 갔다. 그가 낙엽을 긁고 있는데, 개암 하나가 눈에 띄었다. 그는 그것을 아버지를 드리겠다며 주머니에 넣었다. 개암이 다시 나오자 이번에는 어머니를 드리겠다며 주머니에 넣었다. 다시 개암이 보이자 아내를 주겠다고 하고, 그 다음에 자기 것이라고 하며 주머니에 넣었다.

그는 나무를 해 가지고 오다가 날이 저물어 빈 집으로 들어갔다. 밤중에 도깨비들이 떼를 지어 들어오므로, 그는 무서워서 다락에 숨었다. 그가 다락 문틈으로 내다보니, 도깨비들이 이상한 방망이를 가볍게 두드리며 '밥 나와라 뚝딱!' 하면 밥이 나오고, '술 나와라 뚝딱!' 하면 술이 나왔다. 도깨비들은 그 음식과 술을 배불리 먹은 뒤에 노래하며 춤을 추었다. 배가 고픈 그는 주머니에 넣어둔 개암 하나를 꺼내어 깨물었다. 개암 껍질 깨지는 소리가 크게 나니, 도깨비들은 천둥소리라며 몹시 당황하였다. 그가 다시 개암을 깨무니, 도깨비들은 하느님이 노하셔서 천둥치는 것이라며 방망이를 그대로 두고 황급히 도망하였다. 그는 그 방망이를 가지고 집으로 돌아왔다. 그가 방망이를 두드리며 금과 은과 돈을 비롯하여 필요한 것을 나오라고 하니, 그것들이 쏟아져 나왔다. 그래서 그는 큰 부자가 되었다.

이 소문을 들은 욕심쟁이 부자가 그를 찾아와 부자가 된 연유를 물었다. 그의 말을 들은 부자는 도깨비를 만나 방망이를 얻을 욕심에서 산으로 나무를 하러 갔다. 부자는 개암 하나가 나오자 '이것은 내가 먹어야지.' 하고 주머니에 넣었다. 그 다음에는 아내와 아이를 주겠다고 하고, 그 다음에야 아버지와 어머니께 드리겠다며 주머니에 넣었다. 부자가 날이 저문 뒤에 빈 집 다락에 숨어 있으니, 도깨비들이 와서 방망이를 두드리며 술과 음식을 나오게 한 뒤에 실컷 먹고 노래하며 춤을 추었다. 그 때 부자가 개암을 내어 깨무니, 도깨비들은 다락으로 올라와 부자를 끌어낸 뒤, 지난번에 속아서 빼앗긴 방망이를 내놓으라며 그를 때렸다. 그래서 부자는 도깨비한테 매만 맞고 돌아왔다.

위 이야기에서 마음씨 착하고 효성이 지극한 나무꾼은 무엇이든지 얻을 수 있는 '도깨비 방망이'를 얻어 부자가 되었다. 그러나 탐욕스런 부자는 도깨비한테 매만 맞았다. 이를 보면, 도깨비는 신통력이 있는 방망이를 가지고 다니는데, 마음씨 착하고 부지런하며 효성이 지극한 사람에게는 그것을 주어 부자가 되게 해 준다. 그러나 탐욕스런 사람에게는 벌을 내린다. 이 이야기에는 도깨비가 착한 사람에게는 복을 주지만, 악한 사람에게는 벌을 준다고 하는 의식이 깔려 있다. 이런 의식은 「혹부리 영감」 이야기에도 나타난다.

신통력을 지닌 도깨비는 무서워하는 것이 없을까?

옛날에 한 젊은 여인이 과부가 되어 몇 년을 살고 보니, 남자 생각이 간절하였다. 어느 날 밤에 한 남자가 그녀의 집에 찾아와 하룻밤 재워 달라고 하였다. 그녀는 그 남자를 반갑게 맞이하여 술과 음식을 대접한 뒤에 즐거운 밤을 보냈다. 그 후로 그 남자는 밤마다 찾아와 그녀와 즐거운 시간을 가진 뒤에 새벽에 돌아가곤 하였다. 이런 일이 계속되자, 마을 사람들이 수군대기 시작하였다.

그녀는 시댁 어른들이 알까보아 겁이 나기도 하고, 그 남자가 사람이 아니라 도깨비일 것이라는 생각이 들어 그 남자를 멀리하려고 하였다. 그러나 그 남자는 아랑곳하지 않고 밤마다 찾아왔다. 어느 날, 그녀가 그에게 무서워하는 것이 있느냐고 물었다. 그 남자는 개의 피를 무서워한다고 하면서 그녀에게 무서운 것이 무어냐고 물었다. 그녀는 떡을 무서워한다고 건성으로 대답하였다.

이튿날, 그녀는 개를 잡아 개의 피를 대문과 방문을 비롯하여 집안 곳곳에 뿌려 놓았다. 그날 밤에 그 남자는 개의 피를 보고 집에 들어오지는 못하고 욕을 하면서 떡을 집 안으로 던졌다. 그녀가 돈이라면 몰라도 떡은 무섭지 않다고 하니, 이번에는 돈을 던졌다. 그 후로 그는 다시 찾아오지 않았다.

위 이야기에서 도깨비는 여성을 좋아하고, 개의 피를 무서워한다. 다른 이야기에서는 말의 피를 무서워한다. 이 이야기에서도 도깨비는 단순한 사고 때문에 과부에게 이용당하고 만다.

도깨비는 한국인이 오래 전부터 내면 깊숙이 간직해 온 자신감과 열등감, 바라는 것과 한스러움 등의 복합심리가 만들어낸 관념적 형상이다. 그래서 도깨비에는 한국인의 꿈과 낭만, 생활의 멋과 지혜, 경험을 통해서 얻은 교훈, 가치관 등이 복합되어 있다. 도깨비는 풍농(豊農)과 풍어(豊漁)를 가져다주는 신으로 신앙되기도 한다. 도깨비는 먹고 마시고 춤추며 질펀하게 노는 것을 좋아한다. 착한 사람에게 복을 주고, 노총각이나 과부의 애인 노릇을 하기도 한다. 가난한 사람에게 재물을 가져다주거나 명당자리를 잡아 주어 잘 살게 해 준다. 신이한 능력을 발휘하여 다리를 놓아주거나 보(洑)를 막아주기도 한다. 그러나 거짓말하는 사람, 의리 없는 사람, 탐욕스런 사람에게는 벌을 준다. 이러한 도깨비의 성정은 한국인의 내면의식을 형상화한 것이라 하겠다.

8. 효동(孝洞)에서 만난 사람

　얼마 전에 나는 고향인 충남 홍성 지역에 근무하는 초등학교 교사 세 분과 함께 며칠 동안 홍성의 전설 현장을 답사하였다. 그 때 효행 마을로 이름난 충남 홍성군 홍동면 효학리 효동(孝洞)에 갔었다. 이 마을 어귀에는 조선 효종 때 호조참판을 지낸 이장신(李長新)의 효행비가 있고, 그 옆에 '清州李氏世孝村'이라고 쓴 돌이 서 있었다. 나는 나이든 어른을 만나 이장신의 효행에 관한 이야기를 들으려고 하였으나, 이에 관해 잘 아는 분이 출타하였다고 하였다. 그래서 그 이튿날 다시 찾아가 이제신 씨와 이기완 씨를 만났다. 효행 이야기의 주인공인 이장신의 9세손인 이기완(당시 76세) 씨가 들려준 이장신의 효행 이야기는 다음과 같다.

　이장신은 젊었을 때 효성이 지극하여 마을 사람들의 칭송을 받았다. 어느 해 겨울, 그의 아버지가 중한 병에 걸려 앓고 있었는데, 배와 잉어를 먹으면 병이 나을 것 같다고 하였다. 그 해는 다른 해보다 날씨가 더 추워 세상이 꽁꽁 얼어붙었으므로, 배와 잉어를 구하기가 어려웠다.
　그는 배나무가 있는 마을을 두루 찾아다니며 배를 저장해 둔 집이 있는가를 알아보았지만 소용이 없었다. 그러나 그는 실망하지 않고 혹

시나 하는 마음에서 눈을 헤치며 산 속에 있는 배나무를 찾아다녔다. 어느 날, 그는 깊은 산 속에 있는 배나무 가지에 거미줄이 겹겹이 엉켜 있는 것을 보았다. 이상히 여겨 나무에 올라가 보니, 배 하나가 거미줄에 싸여 있었다. 그는 그 배를 따다가 아버지께 드렸다. 배를 잡수신 아버지는 몸이 한결 가벼워졌다고 하면서 잉어를 먹으면 일어날 수 있을 것 같다고 하였다.

그는 잉어를 구하려고 눈길을 걸어 멀리 떨어진 곳에 있는 연못으로 갔다. 그가 두꺼운 얼음을 깨고 옷을 벗은 뒤에 작은 그물을 들고 물속에 들어가려고 하는데, 갑자기 물속에서 잉어 한 마리가 얼음 위로 뛰어올랐다. 그는 감사한 마음으로 그 잉어를 가져다가 폭 고아서 아버지께 드렸다. 잉어를 잡수신 아버지는 병이 씻은 듯이 나았다. 그 소문이 널리 퍼지자 사람들은 그를 하늘을 감동시킨 효자라고 하였다.

얼마 후, 암행어사가 인근 마을을 지나다가 이 소문을 듣고 이 마을에 와서 알아보니, 그 마을에서는 대대로 효자가 많이 났는데, 최근에는 이장신의 효행에 따른 이적이 일어났다고 하였다. 이장신의 효성에 감동한 암행어사는 그의 효성을 기리는 뜻에서 '청주 이씨 세효촌(淸州 李氏世孝村)'이라고 써 주었다. 그리고 나라에 장계(狀啓)를 올려 상을 내리게 하였다. 그의 집안에서는 암행어사가 써준 글을 돌에 새겨 마을 어귀에 세워놓았는데, 그 돌은 그가 아버지의 병 낫게 해 달라고 꿇어앉아 기도하던 돌이라고 한다.

이 마을 이름은 원래 '사나물', 또는 '석촌(錫村)'인데, 당시의 고을 원이 효자가 난 마을이니 '효동(孝洞)'이라고 부르는 것이 좋겠다고 하여 지금까지 효동(孝洞)이라고 부른다. 이곳의 행정 동명은 효학리(孝學里)이다.

이 이야기의 주인공 이장신은 조선 효종 때 사람으로, 자를 중윤 (仲允), 호를 설라옹(薛蘿翁)이라 하였으며, 관작은 증(贈) 가의대부(嘉義大夫) 호조참판(戶曹參判) 겸 오위도총부 부총관(五衛都摠府 副摠管) 이다. 이 이야기는 민간에 널리 퍼져 전해 오던 효행(孝行) 모티프를 효심이 깊었던 실존 인물 이장신과 연관 지어 꾸민 이야기이다.

이 이야기에서 이장신의 지극한 효성은 하늘을 감동하게 하여 눈 속에서 배를 얻고, 잉어가 스스로 뛰어오르게 한다. 이 이야기는 효를 인간이 지켜야 할 최고의 가치라고 생각하던 효지상주의적(孝至上主義的) 사고와 효는 만물을 감동시킬 수 있다고 믿는 효감만물(孝感萬物) 사상을 바탕으로 꾸며진 것이다. 이 이야기는 이장신의 효행을 기리기 위해 써 준 암행어사의 글씨와 효동이라는 마을이 실제로 존재하고 있어서 증거물의 구실을 하고 있다. 이런 증거물 때문에 이 이야기의 전승자들은 이를 진실되다고 믿고, 실제로 있었다고 주장한다. 이런 효행 이야기는 전해 오면서 듣는 이에게 재미를 느끼게 하는 한편, 효행의 마음과 방법을 일깨워 주었을 것이다.

효동에서 만난 이기완 씨와 이제신 씨는 이장신의 묘가 효동에서 멀지 않은 산기슭에 있는데, 그 자리는 호랑이가 잡아준 자리라고 하면서 다음과 같이 말했다.

이장신이 세상을 떠난 뒤에 상주인 그의 아들이 아버지의 묏자리를 정하지 못해 밤늦도록 걱정을 하며 혼자 마루 끝에 앉아 있었다. 그 때 호랑이가 와서 옷을 잡아당기더니, 올라타라는 시늉을 하였다. 상주는 처음에는 무서워서 정신을 차릴 수 없었으나 곧 마음을 가다듬고 호랑이 등에 올라탔다. 호랑이는 상주를 태우고 얼마를 달리더니, 한 곳에 내려놓고 땅을 파는 시늉을 하였다. 상주는 그 곳에 아버지를 묻었는데, 그 묘가 지금 있는 이장신의 묘라고 한다.

이 이야기를 들려주던 이기완 씨와 이제신 씨는 이장신의 효행 이야기와 묏자리 이야기를 어렸을 때 참판공(이장신)의 묘에 성묘 다니면서 듣고 자랐다고 한다. 지금도 그 묘에 성묘를 하거나 시제(時祭)를 지낼 때에는 이 이야기를 한다고 한다. 두 사람은 이 이야기를 통해 조상에 대한 자부심과 긍지를 느끼게 되었고, 효도하는 마음을 가지게 되었다고 한다.

얼마 전에 한국교원대학교로 교장 자격 연수를 받으러 온 충남 홍성의 한 고등학교 교감 선생님을 만났다. 이장신의 10세손인 이 교감은 효동에서 유복자로 태어나 많은 어려움을 겪으며 자랐는데, 어머니에 대한 효성이 지극하여 많은 사람의 칭송을 받고 있다. 이 교감은 효를 실천하면서 학생들에게도 열심히 가르치고 있다. 이 교감이 효도하는 마음을 갖게 된 것은 어머니의 가르침과 10대조인 이장신의 효행 이야기에 영향을 받은 바가 크다고 한다.

나는 효동을 다녀온 후 360여 년 전의 인물인 이장신의 효행담이 그의 후손들에게는 물론, 많은 사람들에게 효도하려는 마음을 일깨우며 효행을 권장하고 있음을 느꼈다. 우리는 이 이야기가 비현실적이고 황당무계하다고 일축할 것이 아니라, 이 이야기가 전해 주는 의미가 무엇인가를 깊이 생각해 보아야 한다. 이장신의 효행 이야기는 효도에 대한 관념이 점차 약해지는 현대인들의 마음에 청량제 구실을 하리라고 생각한다.

몇 해 전에 홍성 지역에 있는 두 고등학교에 가서 특강을 하던 중,

학생들에게 홍성 지역의 전설을 얼마나 아는가 물어보았다. 그런데 생각보다 많은 학생들이 그 지역의 전설에 관해 잘 모르고 있었다. 홍성 지역에는 효행에 관한 이야기로 위에 적은「청주 이씨 세효촌」이야기 외에도「복(卜) 효자와 모쟁이샘」을 비롯한 많은 이야기가 있고, 고려의 명장 최영 장군과 관련된 이야기도 있다. 학생들이 자기가 사는 지역의 전설을 잘 모르는 것은 다른 지역도 마찬가지일 것이라 생각한다. 자기가 사는 지역에 전해 오는 효행 이야기를 비롯한 여러 이야기를 학생들에게 많이 알려주어 학생들로 하여금 어려서부터 그 이야기에 담겨 있는 정신을 일깨우는 한편, 자기 고장을 사랑하는 마음을 갖게 하였으면 좋겠다.

참고문헌

Ⅰ. 한민족의 생활과 민속문화

김종대, 도깨비 날개를 달다, 서울 : 춘추사, 1991.

이몽운, 꿈풀이 사전, 서울 : 중앙일보사, 1971.

임동권, 한국 세시풍속 연구, 서울 : 집문당, 1985.

장주근, 한국의 세시풍속, 서울 : 형설출판사, 1984.

최운식, 민속적인 삶의 의미, 서울 : 한울, 1993.

최운식 외, 한국 민속학 개론, 서울 : 민속원, 2004.

Ⅱ. 한국인이 모시는 신과 신앙

강길부, 땅이름 국토 사랑, 서울 : 집문당, 1997.

김명자 외, 한국의 가정신앙, 서울 : 민속원, 2005.

김태곤, 한국 무속연구, 서울 : 집문당, 1981.

김태곤, 한국 민간신앙 연구, 서울 : 집문당, 1983.

이규태, 이규태의 600년 서울, 서울 : 조선일보사, 1993.

최운식, 전설의 현장을 찾아서, 서울 : 민속원, 1997.

최운식, 함께 떠나는 이야기 여행, 서울 : 민속원, 2002.

최운식 외, 한국 민속학 개론, 서울 : 민속원 2004.

최운식 외, 홍성의 마을공동체 신앙, 홍성 : 홍성문화원, 1999.

최운식 외, 홍성의 무속과 점복, 홍성 : 홍성문화원, 1997.

III. 일생 동안 거쳐야 하는 의례

김동욱 외, 한국민속학, 서울 : 새문사, 1994.

김의숙 외, 민속학이란 무엇인가, 서울 : 청문각, 1996.

김태곤, 한국 무속 연구, 서울 : 집문당, 1981.

민속학회, 한국 민속학의 이해, 서울 : 문학아카데미, 1994.

박경섭, 한국의 예속 연구, 서울 : 서광학술자료사, 1994.

안은회, "의례생활," 한국민속대관 1, 서울 : 고려대 민족문화연구소, 1982.

이두현 외, 한국 민속학 개설, 서울 : 일조각, 1995.

전례연구위원회, 우리의 생활 예절, 서울 : 성균관, 1992.

최운식, 민속적인 삶의 의미, 서울 : 한울, 1993.

최운식 외, 한국 민속학 개론, 서울 : 민속원, 2004.

최인학, 민속학의 이해, 서울 : 밀알, 1995.

A. 반 겐넵 저, 전경수 역, 통과의례, 서울 : 을유문화사, 1985.

프레이저 저, 김상일 역, 황금의 가지, 서울 : 을유문화사, 1975.

IV. 민속놀이와 예술

김용덕, 민속문화대사전, 서울 : 창솔, 2004.

김일출, 조선 민속탈놀이 연구, 평양 : 과학원출판사, 1958.

박전열, 봉산탈춤, 서울 : 화산문화, 2001.

소재영 외, 한국의 민속문학과 예술, 서울 : 집문당, 1998.

심우성, 한국의 민속극, 서울 : 창작과 비평사, 1975.

심우성, 한국의 민속놀이, 서울 : 삼일각, 1975.

장덕순 외, 구비문학개설, 서울 : 일조각, 1980.

전경욱, 민속극, 서울 : 한샘, 1994.

조동일, 탈춤의 역사와 원리, 서울 : 홍성사, 1979.

최상수, 한국 민속놀이의 연구, 서울 : 성문각, 1988.

최운식, 민속적인 삶의 의미, 서울 : 한울, 1997.

최운식 외, 한국 구비문학 개설, 서울 : 민속원, 1997.

최운식 외, 한국 민속학 개론, 서울 : 민속원, 2004.

한국 세시풍속사전(정월편, 봄편, 여름편), 서울 : 국립민속박물관, 2004~2005.

V. 설화의 주인공들

서대석, 한국의 신화, 서울 : 집문당, 1997.

최운식, 한국 설화 연구, 서울 : 집문당, 1994.

최운식, 한국의 민담 1·2, 서울 : 시인사, 1997.

최운식, 옛이야기에 나타난 한국인의 삶과 죽음, 서울 : 한울, 1997.

최운식, 한국 구전설화집 4~7, 서울 : 민속원, 2002.

최운식, 한국 서사의 전통과 설화문학, 서울 : 민속원, 2002.

최운식, 함께 떠나는 이야기 여행, 서울 : 민속원, 2002.

최운식 외, 전래동화 교육의 이론과 실제, 서울 : 집문당, 1998.

찾아보기

저자 최운식

충남 홍성 출생, 홍성고등학교 졸업
서울교육대학교, 서경대학교(전 국제대학) 국어국문학과 졸업
성균관대학교 대학원 국어국문학과 수료, 문학박사
서경대학교(전 국제대학) 교수, 한국민속학회장 역임
현재 한국교원대학교 국어교육과 교수

『심청전 연구』(집문당, 1982), 『심청전』(주석본, 시인사, 1984)
『문학교육론』(공저, 집문당, 1986), 『한국의 신화』(공편저, 시인사, 1988)
『한국 설화 연구』(집문당, 1991), 『민속적인 삶의 의미』(한울, 1993)
『가을 햇빛 비치는 창가에서』(계명문화사, 1993)
『한국 구비문학 개론』(공저, 민속원, 1995)
『한국의 점복』(공저, 민속원, 1995)
『백령도―명승지와 민속』(공저, 집문당, 1997)
『전설의 현장을 찾아서』(민속원, 1997)
『홍성의 무속과 점복』(공저, 홍성문화원, 1997)
『옛이야기에 나타난 한국인의 삶과 죽음』(한울, 1997)
『전래동화교육의 이론과 실제』(공저, 집문당, 1998)
『한국의 민담』 1·2(시인사, 1998), 『한국 민속학 개론』(공저, 민속원, 1998)
『한국의 효행 이야기』(집문당, 1999), 『한국의 말(馬) 민속』(공저, 집문당, 1999)
『암행어사란 무엇인가』(공저, 박이정, 1999)
『홍성의 마을공동체 신앙』(공저, 홍성문화원, 1999)
『한국 구전설화집』 4~7(민속원, 2001), 『전설과 지역문화』(공저, 민속원, 2002)
『한국 서사의 전통과 설화문학』(민속원, 2002)
『설화·고소설 교육론』(공저, 민속원, 2002)
『한국 고소설 연구』(증보판, 보고사, 2004)
『한국 구전설화집』 10(공편저, 민속원, 2005)

한국인의 삶과 문화

초판인쇄 2006년 10월 26일
초판발행 2006년 11월 8일

지은이 최운식
발행인 김흥국

발행처 도서출판 보고사
주 소 서울시 성북구 보문동 7가 11번지 2층
등 록 6-0429(1990.12)
전 화 922-5120~1(편집부) / 922-2246(영업부)
팩 스 922-6990
메 일 kanapub3@chol.com
정 가 12,000원
ISBN 89-8433-469-3 (03380)

www.bogosabooks.co.kr